中国社会建设现代化之路

○ 宋贵伦 著

中国人民大学出版社
·北京·

序

〇魏礼群

宋贵伦同志新著即将出版，可喜可贺！

第一，我与宋贵伦同志交往多年，知道此书是一部厚积薄发的新成果。

贵伦同志1983年从北京师范大学毕业后，多年在党中央和北京市宣传理论部门工作。2007年党的十七大召开后，他走上北京市委社会工作委员会书记、北京市社会建设工作办公室主任岗位，直到2018年底，达11年之久。这些年，贵伦同志为北京社会建设事业发展做出了突出贡献，在社会建设理论研究和创新实践方面多有成绩。2009年和2011年，按照中宣部的统一部署，中央媒体曾两轮集中宣传北京市社会建设先进经验。2014年2月，习近平总书记在视察北京工作讲话中，对北京市“大力加强社会建设”给予充分肯定。这些成绩的取得，与贵伦同志的个人努力是分不开的。这些年，贵伦同志结合社会建设实践探索潜心研究，发表了许多文章，出版了多部著作。比如，他主持编著的《北京社会建设概论》，荣获北京市哲学社会科学优秀成果奖一等奖；专著《十年磨一“建”：社会建设理论体系与实践路径研究》(上、下册)、《回归社会建设：40年理论与实践研究》出版后，产生了良好反响。这些年，我与贵伦同志从相识、合作到共事，有着非常密切而愉快的交往。特别是2011年我应聘到北京师范大学兼任中国社会管理研究院/社会学院院长后，我们的交往合作更加密切。他从2011年就担任中国社会管理研究院咨询委员会副主任。我主持的中国社会治理（管理）论坛已先后举办十届，他所主持的北京市委社会工作委员会、北京市社会建设促进会一直都是合作举办单位。2018年底，贵伦同志作为领军人才被引进北京师范大学国家高端智库工作，我们又成为同事，共同在母校从事社会建设研究和教学工作。这部著作，就是他近三年的研究成果，凝聚着他多年的心血，是厚积薄发的新成果。

第二，读过书稿，我认为这是一部很有价值的新成果。

这部著作的主题是我国“十四五”规划与社会建设现代化研究。全书主题鲜明、主线突出，集理论创新性、实践探索性和决策参考性于一体。大家知道，智库研究在理论与实践相结合方面要求比较高，不仅要求有较强的理论性、有必要的学理支撑，还要求有较强的实践性，能提供科学、管用的决策参考。这部著作体现了这些特点、达到了这样的要求。首先，这是一部理论性较强的著作。本书以习近平关于社会建设的重要论述为指导，对我国社会建设理论体系和实践路径进行了深入研究，提出了许多新观点，比如，关于新时代中国社会建设理论体系框架的概括，关于“十四五”时期我国现代社会治理体系的论述，关于建党百年社会工作经验的总结，关于我国社会建设现代化路径的研究，等等，都颇有见地。本书的构架，就有一定的理论学术创新性。本书从三个视域研究我国社会建设现代化：一是从宏观视域研究社会建设现代化顶层设计，二是从中观视域研究社会建设现代化运行机制，三是从微观视域研究社会建设现代化创新实践。这个研究视角让人面目一新，提出的观点给人启发。比如，关于将“民主协商”“科技支撑”纳入社会治理体系表述的重要性、关于加快推进市域社会治理现代化的必要性、关于实施“大学生社工”计划加快推进社区工作者专业化专职化的紧迫性、关于河北雄安新区社会建设创新路径，等等，都是很有见地的。据我所知，其中许多观点也被中央和地方有关部门所采纳。从中不难看出，作者对社会建设理论和实践是有深入思考和系统研究的。

第三，我多年参与、从事国家中长期规划的研究制定、社会建设和治理研究工作，对此部著作主题很有兴趣、多有思考，认为加强社会建设现代化研究很有必要。

中国社会主义现代化建设是不断向前发展的历史进程。以2021年实施“十四五”规划为开端，我国进入了一个新的发展阶段。这个阶段是全面建设社会主义现代化国家、实现中华民族伟大复兴的关键时期，在新阶段新征程上推进社会建设现代化需要面对和研究许多重大课题。一是面对世界百年未有之大变局的深刻影响，如何做到预为之谋和化险为夷，维护国家安全、社会安定，是我国推进社会建设现代化需要高度重视和深入研究的重大课题。二是面对新一轮科技革命和产业革命深入发展的深刻影响，如何实现更加充分、更高质量的就业，健全全覆盖、可持续的社保体系，完善公共卫生和疾控体系，促进人口长期均衡发展，化解社会矛盾，维护社会稳定，协调社会关系，是我国推进社会建设现代化需要高度重视和深入研究的重大课题。三是面对我国进入新发展阶段、贯彻新发展理念的深刻影响，如何适应新形势新任务新要求，是推进我国社会建设现代化需要高度重视和深入研究的重大课题。四是面对新老矛盾交织叠加的深刻影响，如何迎接挑战、化危为机，是推进我国社会建设现代化需要高度重视和深入研究的重大课题。这就要求我们，必须增强推进社会建设现代化的自觉性，必须增强推进社会建设现代化的全面性，必须增强推进社会建设现代化的协同性，必须增强推进社会建设现代化的创新性，必须增强推进社会建设现代化的系统性，必须增强推进社会建设现代化的效能性，深入研究这一系列重大课题。

推进我国社会建设现代化任重道远。当前和未来时期尤其需要抓好以下主要任务，采取更为有力的举措。一是坚持以加强党的全面领导为统领，确保社会建设现代化的正确方向。二是坚持以保障和改善民生为根本，着力增强人民群众的获得感、幸福感、安全感。三是坚持以创新和完善制度为保障，拓展共建共治共享的社会建设新局面。四是坚持以推进深化改革为动力，加快完善社会建设现代化体制机制。五是坚持以加强和创新基层社会治理为重点，全面夯实社会建设基础。六是坚持以加强和创新市域社会治理现代化为重要抓手，着力完善城乡社会建设现代化体系。七是坚持以数字社会建设为战略任务，全面提升社会建设现代化水平。八是坚持以加强精准化服务、精细化管理为关键，全面增强社会建设现代化整体效能。

总之，我们要以习近平新时代中国特色社会主义思想为指导，将理论学习、学术发展与研究解决实际问题密切结合起来，以全面建设社会主义现代化国家为奋斗目标，努力推动我国社会建设现代化不断取得理论研究和实践创造新成果，为实现中华民族伟大复兴作出积极贡献！

在本部著作付梓之际，应邀写上这些文字，是为序。

2021 年 11 月 17 日

于京师大厦

目　录

上　篇

宏观视域中的中国社会建设现代化顶层设计

中　篇

中观视域中的市域社会建设现代化运行机制

下　篇

微观视域中的基层社会建设现代化创新实践

绪　论

全域研究整体推进
中国社会建设现代化

2021 年 7 月 1 日，习近平总书记在庆祝中国共产党成立 100 周年大会上代表党和人民庄严宣告：“经过全党全国各族人民持续奋斗，我们实现了第一个百年奋斗目标，在中华大地上全面建成了小康社会，历史性地解决了绝对贫困问题，正在意气风发向着全面建成社会主义现代化强国的第二个百年奋斗目标迈进。”①

全面建成社会主义现代化强国，是一个伟大而光荣的任务和使命。作为社会主义现代化的重要组成部分，社会建设现代化的地位和作用非常重要，有许多理论和实践问题需要深入研究、切实解决。笔者十几年为此而奋斗，本书试图朝着这个方向继续努力。

笔者自 2007 年 10 月党的十七大召开之际，担任北京市委社会工作委员会书记、北京市社会建设工作办公室主任，共 11 年，在社会建设实践与理论道路上，进行了艰辛探索，主要研究成果见《北京社会建设概论》、《十年磨一“建”：社会建设理论体系与实践路径研究》（上、下册）和《回归社会建设：40 年理论与实践研究》等著作。2018 年底，笔者调任北京师范大学，作为教授、博

① 习近平．在庆祝中国共产党成立 100 周年大会上的讲话．北京：人民出版社，2021：2.

士生导师，在国家高端智库中国教育与社会发展研究院，进一步从事社会建设研究和教学工作。本书就是笔者到北京师范大学工作几年来的研究成果，主题是中国社会建设现代化。

中国社会建设现代化，是一个崭新的、复杂的、长远的系统工程。笔者认为，中国社会建设现代化要从三个视域研究和推进：从宏观视域研究和完善中国社会建设现代化顶层设计，从中观视域研究和健全市域社会建设现代化运行机制，从微观视域研究和推进基层社会建设现代化创新实践。本书也就从这三方面进行系统研究和探讨。

一、加强宏观视域中的中国社会建设现代化顶层设计

中国社会建设现代化，作为全面建成社会主义现代化强国的主要目标任务之一，是坚持以人民为中心发展思想的现代化，是坚持和完善统筹城乡的民生保障制度的现代化，是坚持和完善共建共治共享的社会治理制度的现代化，要在“两个一百年”奋斗目标背景下加强顶层设计，在“两个大局”背景下加强顶层设计，在“十四五”规划和2035年远景目标纲要背景下加强顶层设计。

（一）在“两个一百年”奋斗目标背景下加强顶层设计

习近平总书记在庆祝中国共产党成立100周年大会上指出：“中国共产党一经诞生，就把为中国人民谋幸福、为中华民族谋复

兴确立为自己的初心使命。”①回顾建党百年光辉历程，中国共产党之所以有力量、创辉煌，是因为党始终与人民在一起，始终依靠全社会共同奋斗。团结人民群众、凝聚社会力量，是中国共产党的制胜法宝。让人民生活更美好、让社会发展更进步，是中国共产党的不懈追求。在新民主主义革命时期，我们党从群众中来，到群众中去，放手发动群众，建立广泛统一战线，把人民紧密团结起来，把社会广泛动员起来，党依靠人民团结、全社会共同奋斗，打败了强大的敌人，实现了民族独立、人民解放，为实现中华民族伟大复兴创造了根本社会条件。在社会主义革命和建设时期，党通过实行一系列理论、路线、方针和政策，把广大人民群众的热情充分调动起来，把全社会力量动员组织起来，党依靠人民团结、全社会共同奋斗，实现了从新民主主义到社会主义的转变，取得了社会主义革命和建设的成就，实现了人民当家作主、社会发展进步，为实现中华民族伟大复兴奠定了根本政治前提和制度基础。在改革开放和社会主义现代化建设新时期，党坚持解放思想、实事求是的思想路线，大大激发社会创造活力，解放和发展社会生产力，走出了一条中国特色社会主义道路。党依靠人民团结、全社会共同奋斗，使人民摆脱贫困、尽快富裕了起来，为实现中华民族伟大复兴提供了充满新的活力的体制保障和快速发展的物质条件。党的十八大以来，中国特色社会主义进入新时代。党进一步依靠人民团结、全社会共同奋斗，推动党和国家事业发生历史性变革、取得历史性成就，实现了第一个百年奋斗目标，开启了实现第二个百年奋斗目标新征程，朝着实现中华民族伟大复兴的宏伟目标继续前进。

总结建党百年历史经验，汲取社会建设的智慧和力量，加强我国社会建设现代化，要坚持以人民为中心的发展思想，坚持和完善

---

① 习近平．在庆祝中国共产党成立 100 周年大会上的讲话．北京：人民出版社，2021：3.

统筹城乡的民生保障制度、共建共治共享的社会治理制度，并在这“一个中心、两项制度”的大框架内，坚持和完善中国社会建设现代化顶层设计，做到以人民为中心、社会服务和社会治理两手抓。这也是党的十九届四中全会关于坚持和完善中国特色社会主义制度、推进国家治理体系和治理能力现代化的基本要求。具体说，要从以下几个方面完善中国社会建设现代化顶层设计：一是坚持以习近平新时代中国特色社会主义思想为指导，完善理论体系；二是坚持社会服务社会治理一起抓、法治德治自治相结合，完善政策法规体系；三是坚持在党的领导下共建共治共享，完善体制机制；四是坚持把我国制度的显著优势更好地转化为社会建设现代化效能，完善综合评价体系；五是坚持从中国特色社会主义具体实际出发，完善我国社会学本土化学科体系及话语体系。

（二）在“两个大局”背景下加强顶层设计

2020年8月，习近平总书记在经济社会领域专家座谈会上指出：要统筹中华民族伟大复兴战略全局和世界百年未有之大变局，深刻认识我国社会主要矛盾发展变化带来的新特征新要求，深刻认识错综复杂的国际环境带来的新矛盾新挑战。并强调指出，要以共建共治共享拓展社会发展新局面[①]。在“两个大局”中，推进我国社会建设现代化，危机并存、危中有机、危可转机。在“两个大局”背景下完善中国社会建设现代化顶层设计，要有全局意识、危机意识、创新意识、求实意识，面对新形势，研究新情况，解决新问题，开创新局面。第一，要把握时代特征，在百年未有之大变局中寻先机，把加强社会建设当作化危为机之举，特别是要总结我国防控新冠肺炎疫情的成功经验，把我国制度的显著优势更好地体现在加强

① 习近平．在经济社会领域专家座谈会上的讲话．人民日报，2020-08-25（02）．

社会建设现代化的顶层设计中，核心是坚持党的领导、人民当家作主与依法治国相统一。第二，要把握中国特色，在中华民族伟大复兴战略全局中找落点，把加强社会建设当作治本之策。要深刻认识到，加强社会建设是共产党执政规律的本质要求，是社会主义社会建设规律的本质要求，是人类社会发展规律的本质要求。要把社会建设当作根本性、长远性、基础性工作，在整体推进“五位一体”总体布局、协调推进“四个全面”战略布局中完善我国社会建设现代化顶层设计。第三，要把握国情特点，在推进市域社会建设现代化上求突破，以点带面推进国家治理现代化。要深刻认识我国仍处于并将长期处于社会主义初级阶段的基本国情，深刻认识我国区域发展不平衡、不充分的现实状况，深刻认识我国社会建设发展仍有许多短板弱项的实际情况，以市域社会建设现代化为龙头加强顶层设计，以城带乡，以大城市带城市群，以城市群带整个国家，推动我国社会建设现代化全面、协调、可持续发展。第四，要把握规律特性，在改革创新、实践探索基础上完善顶层设计。要把社会建设当作一门科学，既不能照搬国外模式，又不能拘泥于已有经验做法，坚持正确方向，探索发展规律，创新方式方法，切实提高效能，不断推进社会建设体系和能力现代化。

（三）在“十四五”规划和2035年远景目标纲要背景下加强顶层设计

习近平总书记指出：“用中长期规划指导经济社会发展，是我们党治国理政的一种重要方式。”新中国成立以来，我国已持续制定了十四个五年规划（计划）。这在世界上是绝无仅有的。我国持续编制实施五年规划（计划）意义重大，有利于加强党的领导，把党中央的战略安排贯彻落实到经济社会发展各个领域、各个环节、全过程，是党的主张转化为国家意志的重要途径；有利于体现国家战略意图和发展目标，可以起到明确政府责任、合理配置公共资源、规范市场行为、引导和稳定社会预期的作用；有利于汇集全党、全国各族人民的智慧和力量，实现国家战略意图与人民共同意愿相统一、凝聚全社会力量共同奋斗。持续制定和实施五年规划（计划），彰显了中国特色社会主义制度的显著优势和中国共产党人的“四个自信”，以此不断推动我国经济社会发展取得巨大成就。回顾我国制定和实施十四个五年规划（计划）的发展历程，有四个里程碑：一是自 1951 年开始编制的“一五”计划（1953—1957 年），有开创之功。二是从 1981 年实施的“六五”计划开始，增加了社会发展内容，把有计划地推动经济与社会发展放在同等重要的地位。三是从 2003 年“十一五”开始，由“五年计划”改为“五年规划”，由指令性计划变为指导性规划，是社会主义市场经济条件下思想观念、发展理念的重大转变；而且，从“十一五”规划开始，社会建设（治理）开始独立成篇写入五年规划，标志着把社会建设、改革、治理放在了更加突出的地位。四是“十四五”规划揭开了全面建设社会主义国家的历史新篇章，具有划时代的意义。其显著特点是：第一，高站位顶层设计。突出体现做好“两个一百年”奋斗目标的有机衔接，围绕基本实现社会主义现代化目标，从完善中国特色社会主义制度体系、运行机制、实现路径、量化指标等维度构成了“十四五”时期乃至 2035 年经济社会发展的顶层设计和总体框架。第二，全方位统筹安排。更加注重全面性、统筹性、系统性，描绘了基本实现社会主义现代化的宏伟蓝图，把整体推进“五位一体”总体布局、协调推进“四个全面”战略布局目标任务落到了实处。第三，大比重安排。社会建设重点更加突出、内容更加丰富、发展指标和项目占比最大。第四，特别需要强调的是，“十四五”实现了历史性突破，全国各省市区、大部分市（区）都编制了“十四五”社会治理（或社会建设）规划，首次形成了国家与地方相衔接、综合与专项相配套的全国社会建设五年规划体系，为我国社会建设现代化良好开局奠定了坚实基础。

在“十四五”规划和2035年远景目标纲要背景下完善社会建设现代化顶层设计，就是要在此基础上逐步完善提升。国家“十四五”规划和2035年远景目标纲要，站在以人民为中心、坚持完善民生保障制度和社会治理制度的高度，设置了三篇关于社会建设的内容，即“提升国民素质 促进人的全面发展”“增进民生福祉 提升共建共治共享水平”“统筹发展和安全 建设更高水平的平安中国”，其中包括13章，使我国社会建设现代化的“四梁八柱”基本树立起来。许多地方的“十四五”规划，也既全面系统、又特色鲜明，值得总结借鉴。比如，笔者研究团队参与调研编制的《昆明市“十四五”时期社会建设规划》，提出了实施“六大工程”的目标任务，即实施社会建设体系构架工程、社会服务体系覆盖工程、基层社会治理固本工程、社会活力激发工程、社会环境优化工程、“平安昆明”示范创建工程。又如，我们参与调研编制的《河北雄安新区“十四五”时期社会治理规划》提出，构建社会治理现代化“八大体系”：一是全面加强党的领导，构建党的建设引领体系；二是深化行政体制改革，构建城市管理创新体系；三是推动工作重心下移，构建基层社会治理体系；四是推进共建共治共享，构建社会协同创新体系；五是推进“平安雄安”建设，构建法治社会建设体系；六是维护社会公平正义，构建矛盾多元化解体系；七是全面履行社会责任，构建社会文明建设体系；八是推动“城市大脑”建设，构建智能社会建设体系。

二、完善中观视域中的市域社会建设现代化运行机制

中国社会建设现代化，是一个接续奋斗的过程。新中国成立后，我们党就把实现社会主义现代化当作不懈追求的奋斗目标，并以此指引和鼓舞全国人民团结奋斗，取得了一个又一个历史性成就。我国社会主义现代化目标的提出和发展，大致经历了三个历史阶段：第一个阶段，新中国成立初期提出“四个现代化”建设目标。1954 年，在第一届全国人民代表大会上，周恩来在政府工作报告中，首次明确提出了建设“四个现代化”的任务。当初提出的是工业、农业、交通运输业、国防现代化。1964 年，在三届全国人大一次会议上的政府工作报告中，周恩来又进一步明确指出：“在本世纪内，全面实现农业、工业、国防和科学技术的现代化，使我国国民经济走在世界的前列。”第二个阶段，改革开放后，进一步提出了社会主义现代化“三步走”战略和建设小康社会的目标，即：第一步，实现国民生产总值比 1980 年翻一番，解决人民的温饱问题；第二步，到 20 世纪末，使国民生产总值再增长一倍，人民生活达到小康水平；第三步，到 21 世纪中叶，人均国民生产总值达到中等发达国家水平，人民生活比较富裕，基本实现现代化。第三个阶段，党的十八大后，明确提出到 2035 年基本实现现代化、到新中国成立 100 周年时全面建成社会主义现代化国家的目标。继而，党的十九届四中全会又围绕坚持和完善中国特色社会主义制度、推进国家治理体系和治理能力现代化做出了战略部署，按

照党的十九届五中全会精神，制定了“十四五”规划和2035年远景目标纲要。

市域社会建设现代化是中国社会建设现代化的切入点和突破口。党的十九届四中全会首次提出推进市域社会治理现代化。这是推进社会治理现代化乃至国家治理现代化的战略部署，意义重大而深远。在国家现代化建设中，市域现代化建设地位独特、作用重要，相对省域和县域而言，更具有空间优势、主体优势、手段优势、集约优势，更易于统筹规划、整体协调、调动资源、提高效能，可以更好发挥支柱作用、枢纽作用、平台作用、牵引作用，可以更大力度支撑国家现代化建设，承上启下连接国家与基层，聚合政府市场社会力量，带动乡村发展，是基础工程、系统工程、骨干工程、龙头工程。完善市域社会建设现代化运行机制，要把“党委领导、政府负责、民主协商、社会协同、公众参与、法治保障、科技支撑”的体制落到实处，着力构建全域性、全面性、全程性、全员性运行机制。

（一）着力构建全域性城乡一体的运行机制

不同于以往城乡服务分类管理、城乡治理分别运行的理念，市域社会建设现代化运行机制，是以整个城市为基本单元、城乡一体化的全域性运行机制。关键是在市委领导下，建立统筹兼顾、整体协调的领导体制和工作机制。在这方面，北京市走在了全国前列，自2007年始，在市、区层面建立了社会工作委员会、社会建设工作办公室，统筹协调区域社会建设工作。最近，浙江也在省、市、县层面成立了社会工委。

（二）着力构建全面性整体覆盖的运行机制

社会建设是全面性、综合性很强的工作，几乎与各方面、各层级工作有关，涉及社会服务、社会治理许多方面工作。社会建设现代化运行机制，要全面覆盖各服务管理主体和客体。在这方面，还有大量工作要做。

（三）着力构建全程性衔接贯通的运行机制

社会建设是全过程服务社会、全过程治理社会的工作，有许多环节和细节。构建市域社会建设现代化运行机制，要从服务管理最初“一米线”落实到“最后一厘米”，一站接一站、一环扣一环相衔接，闭环运行、始终贯通，把党的理论、路线、方针、政策贯彻到底、落到实处。在这方面，存在的问题还很突出。

（四）着力构建全员性共同参与的运行机制

社会建设是亿万人民的共同事业。社会建设现代化，要着力构建共商共治共建共享的运行机制，着力构建人人有责、人人尽责、人人参与的运行机制。在这方面，还有很大差距。

三、推进微观视域中的基层社会建设现代化创新实践

中国社会建设现代化，关键是抓住党建引领、改革创新、重在基层这三个着力点。2021 年 7 月，党中央、国务院印发了《关于加强基层社会治理体系和治理能力现代化建设的意见》，就统筹推进以街道乡镇和城乡社区为重点的基层社会治理现代化，做出了全

面部署。我们要认真贯彻落实。研究和推进基层社会建设现代化创新实践，要坚持问题导向、需求导向、目标导向、创新导向、效能导向，着力构建十大体系，提高五大能力水平。

（一）着力构建十大体系

一是健全基层社会建设体制，建立起党组织统一领导、政府依法履责、各类组织积极协同、公众广泛参与的工作体制。二是健全基层社会建设工作机构，做到有机构管事、有场所做事、有经费办事。三是健全基层社会服务体系，推进基本公共服务、便民服务、公益服务全面覆盖、高质量发展。四是健全基层社会治理结构，构建人人有责、人人尽责、人人享有的基层社会治理共同体。五是健全街道（乡镇）工作机制，推行“街道（乡镇）吹哨、部门报到”。六是健全社区（村）工作机制，加强社区（村）党组织、居（村）民委员会、服务站建设，构建社区（村）党建、自治、服务“三位一体”工作格局。七是健全社会组织工作体系，构建枢纽型社会组织工作体系，推动政社分开、管办分离、依法管理、有序发展。八是健全促进社会企业发展政策体系，大力发展社会服务业，引入市场机制参与社会建设。九是健全“平安社会建设”体系，落实基层平安建设责任。十是健全基层社会建设综合评价指标体系，使社会建设工作可量化、能考核。

（二）着力提高五大能力水平

一是着力提高社会化能力水平。在党建引领下，不断提高社区（村）自治组织、社会组织、社会企业、社会单位、社会公众“五社联动”的能力，不断提高共商共治共建共享的水平。二是着力提高法治化能力水平。不断提高法治国家、法治政府与法治社会一体建设的能力，不断提高自治、法治、德治相结合的水平。三是着力提高智能化能力水平。实施“网格化+”工程，加强基础设施建设、整合数据资源、拓展应用场景，推动数字社会、智慧社区（村）建设全面覆盖、高效运行。四是着力提高专业化能力水平。大力发展中国特色社会主义社会学，实施“大学生社工计划”，加强社区工作者专业化、专职化建设。五是着力提高精细化能力水平。不断提高精准服务、精细管理能力，大力提高基层社会建设规范化、科学化水平。

总之，笔者理解的中国社会建设现代化理论体系建设和实践路径，主要包含以下几方面内涵：一是坚持以人民为中心的发展思想；二是坚持和完善统筹城乡的民生保障制度、共建共治共享的社会治理制度；三是坚持和完善“党委领导、政府负责、民主协商、社会协同、公众参与、法治保障、科技支撑”的工作体系；四是紧紧抓住党建引领、改革创新、重在基层三个着力点；五是不断提高社会化、法治化、智能化、专业化、精细化能力水平；六是坚持问题导向、需求导向、创新导向、目标导向、效能导向，把我国制度显著优势更好地转化为工作效能。当前，中国社会建设现代化理论和实践，要从宏观顶层设计、中观运行机制、微观基层实践三个视域加强研究和推进。这也是笔者对本书主题的简要理解和主要内容的简单概括。

上篇

宏观视域中的中国社会建设现代化顶层设计

主题词：中国社会建设现代化，要在“两个一百年”奋斗目标背景下加强顶层设计，在“两个大局”背景下加强顶层设计，在“十四五”规划和2035年远景目标纲要背景下加强顶层设计。

上篇

一、从百年党史中汲取社会建设的智慧和力量

习近平总书记在庆祝中国共产党成立100周年大会上的讲话指出："一百年来，中国共产党团结带领中国人民以'为有牺牲多壮志，敢教日月换新天'的大无畏气概，书写了中华民族几千年历史上最恢宏的史诗。这一百年来开辟的伟大道路、创造的伟大事业、取得的伟大成就，必将载入中华民族发展史册、人类文明发展史册！"[①]百年党史蕴含无穷智慧和力量。认真学习习近平"七一"讲话，全面回顾党的百年光辉历程，深入总结党的百年宝贵经验，从中汲取加强社会建设的智慧和力量，意义重大而深远。

（一）回顾百年光辉历程，党依靠人民团结、全社会共同奋斗不断取得胜利

习近平总书记在"七一"讲话中强调指出："一百年来，我们取得的一切成就，是中国共产党人、中国人民、中华民族团结奋斗的结果。"[②]回顾百年光辉历程，中国共产党之所以有力量、创辉煌，是因为党始终与人民在一起，始终带领全社会共同奋斗。依靠人民团结、全社会共同奋斗，是中国共产党的制胜法宝。

回顾党的百年光辉历程，展望第二个百年奋斗目标，党的工作

① 习近平．在庆祝中国共产党成立100周年大会上的讲话．北京：人民出版社，2021：7.

② 同①8.

可分为四个阶段，每个阶段大致30年。在每个历史阶段，党都依靠人民团结、全社会共同奋斗，取得了历史性成就。

1. 新民主主义革命30年：党依靠人民团结、全社会共同奋斗，取得了新民主主义革命胜利的历史成就

从1921年中国共产党成立到1949年新中国成立前近30年，我们党从群众中来、到群众中去，放手发动群众、建立广泛统一战线，把人民团结起来，把全社会动员起来，形成强大的革命力量，打败了强大的敌人，取得了新民主主义革命胜利。

这一时期，开天辟地的大事变是中国共产党成立。中国共产党来自人民、植根社会。中国共产党在中国人民反抗封建统治和外来侵略的激烈斗争中，在马克思列宁主义与中国革命实践、中国优秀传统文化相结合中诞生。党从诞生之日起就具有纯洁的阶级先进性和广泛的社会代表性。党不仅把工人阶级的先进分子吸收到党内来，而且把中国社会各阶级、各阶层中符合共产党员标准的优秀分子也吸纳到党内来，使党的组织保持蓬勃生机。中国共产党不仅是中国工人阶级的先锋队，同时也是中国人民和中华民族的先锋队。中国共产党一经成立，就把为中国人民谋幸福、为中华民族谋复兴作为初心和使命。党的奋斗目标与人民的期望相一致，与广大人民群众一体同心、与全社会大多数休戚与共。中国共产党的诞生和兴旺，合乎时代潮流，适应人民意愿，是历史的选择、全社会的期望。

这一时期，中国共产党依靠人民团结、社会联合战胜了强大敌人。团结就是力量，联合才能共赢。人民大团结、社会大联合是这一时期党的工作的显著特征和取得革命胜利的重要保证。大革命时期，中国共产党积极推动同中国国民党合作，建立国民革命统一战线，给帝国主义在华的侵略势力和北洋军阀的反动统治以沉重打击。抗日战争时期，党推动建立抗日民族统一战线，工人阶级、农民阶级、城市小资产阶级、民族资产阶级、海外华侨、一部分地主买办阶级，以不同形式参加抗日民族统一战线，使抗日战争成为全民族反侵略战争，经过14年浴血奋战，取得了中国人民抗日战争的伟大胜利，为世界反法西斯战争胜利做出了突出贡献。解放战争时期，中国共产党在农村、在城市团结一切可以团结的力量，建立最广泛的民族统一战线，依靠人民积极参与和社会广泛支持，取得了“三大战役”胜利。

这一时期，以毛泽东同志为主要代表的中国共产党人，坚持马克思列宁主义与中国具体革命实际、中国优秀传统文化相结合，创造了新民主主义理论，其中，很重要的成果是关于党的群众路线和社会工作的思想理论。毛泽东发表于1925年的《中国社会各阶级的分析》，是这一时期党的社会工作的代表作，也是我党社会工作的奠基之作。毛泽东用马克思主义阶级分析和阶级斗争的学说，透彻地分析了中国社会的阶级状况，在革命发展的紧要关头，为科学制定中国革命的政策和策略奠定了理论基础。毛泽东在《〈共产党人〉发刊词》《新民主主义论》《论联合政府》《目前的形势和我们的任务》等论著中，也提出了许多重要的社会工作理论观点。在党的领导下，坚持放手发动群众、建立广泛的统一战线，以求最大限度地孤立和打击最主要的敌人，是贯穿在这些论著中的重要思想观点，是党在这个时期提出的社会工作重要理论，也是我们党取得新民主主义革命胜利的基本路线方针政策。

2. 社会主义革命建设30年：党依靠人民团结、全社会共同奋斗，取得了社会主义革命和建设的历史成就

从新中国成立到十一届三中全会召开前这近30年，党通过实行一系列理论、路线、方针和政策，把广大人民群众的热情充分调动了起来，把全社会力量组织动员了起来。党依靠人民团结、全社会共同奋斗，取得了社会主义革命和建设的巨大成就。

这一时期，党依靠发动群众、动员社会满腔热情地投入社会主义革命和建设事业。群众大发动、社会大动员，是这一时期党的工作的显著特征和取得革命和建设成就的重要保证。新中国成立前夕，在中国共产党倡议下，中国人民政治协商会议第一届全体会议召开，中国共产党、各民主党派、无党派人士、各人民团体、人民解放军、各地区、各民族以及国外华侨代表，代表四亿中国人民，充分发扬民主，开展热烈讨论，协商完成了建国大业。新中国成立后，确立了人民民主专政的国体和人民代表大会制度的政体，人民当家做了主人。中国共产党团结带领人民群众、动员组织社会力量，进行轰轰烈烈的社会主义革命和建设，消灭在中国延续几千年的封建剥削压迫制度，确立社会主义基本制度，推进社会主义建设，战胜帝国主义、霸权主义的颠覆破坏和武装挑衅，实现了中华民族有史以来最为广泛而深刻的社会变革，实现了一穷二白、人口众多的东方大国大步迈进社会主义社会的伟大飞跃，为实现中华民族伟大复兴奠定了根本政治前提和制度基础。

这一时期，党在探索中国发展道路的过程中，形成了社会主义建设的理论，其中社会工作理论也是重要方面。毛泽东《关于正确处理人民内部矛盾的问题》是这方面的代表作，也是这一时期社会工作理论的开篇之作。毛泽东指出："国家的统一，人民的团结，国内各民族的团结，这是我们的事业必定要胜利的基本保证。"[①]他认为，正确处理人民内部矛盾，对于巩固我们的新制度、建设我们的新国家十分必要。他强调指出，我们要"调动一切积极因素，团结一切可能团结的人，并且尽可能地将消极因素转变为积极因素，

① 毛泽东．毛泽东文集：第 7 卷．北京：人民出版社，1999：204.

为建设社会主义社会这个伟大的事业服务”[①]。毛泽东提出并系统地论述了社会主义社会矛盾的学说，把正确处理人民内部矛盾作为国家政治生活的主题，具体阐明了处理人民内部矛盾的一系列方针。这是这一时期社会工作的重要指导思想。毛泽东在《论十大关系》等著作中，也提出了许多重要的思想观点。他指出：“我们一定要努力把党内党外、国内国外的一切积极的因素，直接的间接的积极因素，全部调动起来，把我国建设成为一个强大的社会主义国家。”只可惜，由于后来实行“以阶级斗争为纲”，这些正确思想没有很好地付诸实践，甚至发生了十年“文化大革命”内乱。教训极为深刻。

3. 改革开放30年：党依靠人民团结、全社会共同奋斗，取得了改革开放和社会主义现代化建设的历史成就

从党的十一届三中全会召开到党的十八大前这30多年，党的改革开放方针，大大激发了社会创造活力，使整个社会活跃起来。党依靠人民团结、全社会共同奋斗，取得了改革开放和社会主义现代化建设的辉煌成就，走出了一条中国特色社会主义道路。

这一时期，中国共产党同全国各民族工人、农民、知识分子，同各民主党派、无党派人士、各民族的爱国力量团结在一起，进一步发展和壮大由全体社会主义劳动者、社会主义事业的建设者、拥护社会主义的爱国者、拥护祖国统一和致力于中华民族伟大复兴的爱国者组成的最广泛的爱国统一战线，为中华民族复兴大业汇聚各方力量。思想大解放、活力大激发，是这一时期党的工作的显著特征和取得成就的重要保证。中国共产党团结带领人民，解放思想、锐意进取，创造了改革开放和社会主义现代化建设的伟大成就。党团

① 中共中央文献研究室.建国以来重要文献选编：第10册.北京：中央文献出版社，1994：87.

结带领人民，实现了新中国成立以来党的历史上具有深远意义的伟大转折，确立党在社会主义初级阶段的基本路线，坚定不移推进改革开放，战胜来自各方面的风险挑战，开创、坚持、捍卫、发展中国特色社会主义，实现了从高度集中的计划经济体制到充满活力的社会主义市场经济体制、从封闭半封闭到全方位开放、从开展政治运动到建设和谐社会的历史性转变，实现了从生产力相对落后的状况到经济总量跃居世界第二的历史性突破，实现了人民生活从温饱不足到总体小康、再到奔向全面小康的历史性跨越，为实现中华民族伟大复兴提供了充满新的活力的体制保障和快速发展的物质条件。

这一时期，中国特色社会主义理论体系形成并发展。在马克思列宁主义、毛泽东思想、邓小平理论、“三个代表”重要思想和科学发展观指引下，把社会建设工作逐步提上重要议事日程，使我国经济社会发展走上快车道。1992 年邓小平南方谈话，科学总结了党的十一届三中全会以来的实践探索和基本经验，从理论上深刻回答了长期困扰和束缚人们思想的许多重大问题。其中，关于坚持党的基本路线一百年不动摇、发展是硬道理、两个文明一起抓、消除两极分化实现共同富裕、坚持群众拥护标准等论述，对包括社会建设在内的各项工作理论和实践，都具有重要的指导意义。2004 年党的十六届四中全会首次明确提出加强社会建设的论断和构建社会主义和谐社会的要求。2006 年党的十六届六中全会做出了《关于构建社会主义和谐社会若干重大问题的决定》。2007 年党的十七大首次把社会建设纳入中国特色社会主义事业总体布局，使我国社会建设站在了历史新起点上。

4. 新时代发展建设 30 年：党依靠人民团结、全社会共同奋斗，取得了全面建成小康社会的历史成就，将全面建成社会主义现代化国家

从党的十八大召开到新中国成立 100 周年这 30 多年，中国共产党继续依靠人民团结、全社会共同奋斗，推动党和国家事业发生历史性变革、取得历史性成就，使中国强起来，实现中华民族伟大复兴的中国梦。

这一时期，中国共产党依靠人民团结、全社会共同奋斗，自信自强、守正创新，统揽伟大斗争、伟大工程、伟大事业、伟大梦想，创造新时代中国特色社会主义的伟大成就。力量大凝聚、人心大振奋，是这一时期党的工作的显著特征和取得成就的重要保证。党的十八大以来，党以中国梦凝聚力量，以抓改革激发活力，以改作风振奋人心，极大提振了人民的精神。党团结带领人民坚持和加强党的全面领导，统筹推进“五位一体”总体布局，协调推进“四个全面”战略布局；坚持和完善中国特色社会主义制度，推进国家治理体系和治理能力现代化；坚持依规治党，形成比较完善的党内法规体系，战胜一系列重大风险挑战，实现了第一个百年奋斗目标，明确了实现第二个百年奋斗目标的战略安排，党和国家事业取得历史性成就、发生历史性变革，为实现中华民族伟大复兴提供了更为完善的制度保证、更为坚实的物质基础、更为主动的精神力量。中国共产党和中国人民以英勇顽强的奋斗，向世界庄严宣告，中华民族迎来了从站起来、富起来到强起来的伟大飞跃，实现中华民族伟大复兴进入了不可逆转的历史进程。这一时期，党和人民还面临许多艰巨繁重的任务，今后的路还更长、更伟大、更光荣。习近平总书记号召全党：“牢记初心使命，坚定理想信念，践行党的宗旨，永远保持同人民群众的血肉联系，始终同人民想在一起、干在一起，风雨同舟、同甘共苦，继续为实现人民对美好生活的向往不懈努力，努力为党和人民争取更大光荣！”①

这一时期，中国特色社会主义进入新时代，形成了马克思主义

① 习近平.在庆祝中国共产党成立100周年大会上的讲话.北京：人民出版社，2021：22.

中国化的最新成果——习近平新时代中国特色社会主义思想。这是我们党必须长期坚持的指导思想，是全党全国人民为实现中华民族伟大复兴而奋斗的行动指南。党的十八大以来，习近平总书记对加强社会建设、推进社会体制改革、创新社会治理做了全面系统论述，指导和推动我国社会建设揭开了历史新篇章，进入了全面推动社会现代化建设的历史新阶段。我们要深入学习领会、全面贯彻落实。

（二）总结百年历史经验，坚持群众路线、凝聚社会力量是重要法宝

习近平总书记在庆祝中国共产党成立100周年大会上的讲话强调要以史为鉴、开创未来，他用“九个必须”全面总结了党的百年历史经验：第一，必须坚持中国共产党的领导；第二，必须团结带领中国人民不断为美好生活而奋斗；第三，必须继续推进马克思主义中国化；第四，必须坚持和发展中国特色社会主义；第五，必须加快国防和军队现代化；第六，必须不断推动构建人类命运共同体；第七，必须进行具有许多新的历史特点的伟大斗争；第八，必须加强中华儿女大团结；第九，必须不断推进党的建设新的伟大工程。这“九个必须”中，第一、九条强调的是党的领导和建设；第二、八条强调的是增强人民和中华儿女大团结；其他诸条，主要强调的是坚持和发展中国特色社会主义及其基本保障。归纳起来，总体强调的是三个主要方面，即：党的领导、社会团结、现代化建设。这与历史上我们党关于“三大法宝”“三个活的灵魂”“三个根本标准”“三大规律”等的经验总结概括，是一脉相承又与时俱进的。其中，坚持群众路线、凝聚社会力量是重要方面。

1.“九个必须”与“三大法宝”是一脉相承又与时俱进的，统一战线仍然是重要法宝，社会工作仍然是基本问题

1938年，毛泽东在《〈共产党人〉发刊词》一文中指出：“统一战线问题，武装斗争问题，党的建设问题，是我们党在中国革命中的三个基本问题。”“统一战线，武装斗争，党的建设，是中国共产党在中国革命中战胜敌人的三个法宝，三个主要的法宝。”“九个必须”强调的三个主要方面与之是一脉相承又与时俱进的。除了中心任务由武装斗争转变为现代化建设外，在新时代，统一战线、党的建设仍然是重要法宝。习近平总书记在庆祝中国共产党成立100周大会上的讲话明确指出：“爱国统一战线是中国共产党团结海内外全体中华儿女实现中华民族伟大复兴的重要法宝。”强调指出：“新的征程上，我们必须坚持大团结大联合，坚持一致性和多样性统一，加强思想政治引领，广泛凝聚共识，广聚天下英才，努力寻求最大公约数、画出最大同心圆，形成海内外全体中华儿女心往一处想、劲往一处使的生动局面，汇聚起实现民族复兴的磅礴力量！”这也是新时代党的社会工作的基本原则和重要任务。

2.“九个必须”与“三个活的灵魂”是一脉相承又与时俱进的，群众路线也是中国特色社会主义理论体系活的灵魂，社会建设说到底是服务群众的工作

1981年，党的十一届六中全会通过了《关于建国以来党的若干历史问题的决议》，全面总结了党成立60年的历史经验，正确评价了毛泽东同志和毛泽东思想的历史地位，明确指出毛泽东思想的活的灵魂有三个基本方面，即实事求是、群众路线、独立自主。这三个方面，也即党的思想路线、工作路线、政治路线的核心要义，改革开放以来，其逐步丰富发展为“解放思想，实事求是，与时俱进”的思想路线，“一切为了群众，一切依靠群众，从群众中来，到群众中去”的工作路线，“一个中心、两个基本点”的基本路线，成为中国特色社会主义理论体系的“三个活的灵魂”。习近平总书记在“九个必须”中强调指出：“马克思主义是我们立党立国的根本指导思想，是我们党的灵魂和旗帜。必须继续推进马克思主义中国化。”而且，用大量篇幅分别重点论述了坚持实事求是、坚持群众路线、坚持走自己的路等重大问题。在谈到坚持党的群众路线时，他指出：“新的征程上，我们必须紧紧依靠人民创造历史，坚持全心全意为人民服务的根本宗旨，站稳人民立场，贯彻党的群众路线，尊重人民首创精神，践行以人民为中心的发展思想，发展全过程人民民主，维护社会公平正义，着力解决发展不平衡不充分问题和人民群众急难愁盼问题，推动人的全面发展、全体人民共同富裕取得更为明显的实质性进展！”社会建设工作说到底是服务群众的工作，是党的工作的重要方面。加强社会建设，是坚持党的群众路线的基本要求和重要任务。

3.“九个必须”与“三个根本标准”是一脉相承又与时俱进的，要坚持以人民为中心的发展思想，让广大人民群众有更多的获得感、幸福感、安全感

党的十一届三中全会拨乱反正，解放和统一了全党、全国人民的思想。改革开放后，邓小平反复强调坚持“三个有利于”的思想，提出了衡量工作得失的三个根本标准，即实践标准、生产力标准、群众拥护标准。邓小平还指出：“社会主义的本质，是解放生产力，发展生产力，消灭剥削，消除两极分化，最终达到共同富裕。”强调“把人民拥护不拥护、人民赞成不赞成、人民高兴不高兴、人民答应不答应作为制定方针政策和作出决断的出发点和归宿”。改革开放以来，党的几代领导核心都反复强调这些重要观点。

习近平总书记在强调“九个必须”时又重申了这些思想观点，并有了新发展。他强调：“走自己的路，是党的全部理论和实践立足点，更是党百年奋斗得出的历史结论。”强调：立足新发展阶段、贯彻新发展理念、构建新发展格局、推动高质量发展，并坚持在发展中保障和改善民生。强调：“江山就是人民、人民就是江山，打江山、守江山，守的是人民的心。”这是对“三个根本标准”的继承和发展。“三个根本标准”最重要的是群众拥护标准。加强社会建设要把习近平总书记关于以人民为中心，不断增强广大人民群众获得感、幸福感、安全感的要求落到实处。

4.“九个必须”与“三大规律”是一脉相承又与时俱进的，加强社会建设是深化“三大规律”认识、遵循“三大规律”的必然要求

改革开放以来，我们党不断深化对中国共产党执政规律、社会主义社会建设规律和人类社会发展规律的认识，不断推动中国特色社会主义理论与实践取得新的大发展。“九个必须”历史经验的总结，就是我们党不断深化“三大规律”认识的最新成果。我们要坚持道路自信、理论自信、制度自信、文化自信，充分发挥中国特色社会主义制度的优越性，把我国制度显著优势更好地转化为工作效能。要深刻认识到，加强社会建设是深化“三大规律”认识的必然要求。第一，加强社会建设，是中国共产党执政规律的必然要求。我们党的根本宗旨是全心全意为人民服务。社会建设说到底是服务群众的工作。习近平总书记指出：“人民对美好生活的向往，就是我们的奋斗目标。”加强社会建设，有利于团结人民、凝聚力量，不断巩固和发展党执政的阶级基础、群众基础、社会基础。第二，加强社会建设，是社会主义社会建设规律的本质要求。贫穷不是社会主义，社会建设搞不好也不是合格的社会主义。要不断保障和改善民生、加强和创新社会治理。加强社会建设，有利于增强“四个自信”，坚持和发展中国特色社会主义。第三，加强社会建设，是人类社会发展规律的必然要求。对幸福生活的追求，是推动人类文明进步最持久的力量。加强我国社会建设，与一切爱好和平的国家和人民一道，弘扬和平、发展、公平、正义、民主、自由的全人类共同价值，有利于推动构建人类命运共同体。

综上所述，“九个必须”与“三大法宝”“三个活的灵魂”“三个根本标准”“三大规律”的历史经验总结，既是一脉相承的，又是与时俱进的；既是从不同角度提出的，又是相互联系、有机统一的。归结起来，就是坚持和完善中国特色社会主义的根本制度、基本制度、重要制度，核心就是“坚持党的领导、人民当家作主与依法治国有机统一”，根本上就是坚持和发展习近平新时代中国特色社会主义思想。习近平新时代中国特色社会主义思想，充满对马克思主义的坚定信仰，充满对社会主义和共产主义的坚定信念，展现了当代中国共产党人的政治品格、价值追求、精神风范。以人民为中心的发展思想，是习近平新时代中国特色社会主义思想的核心。为人民谋幸福、为民族谋复兴是深刻理解和全面把握习近平新时代中国特色社会主义思想的金钥匙。解放思想、实事求是、与时俱进是马克思主义活的灵魂，也是习近平新时代中国特色社会主义思想的活的灵魂。在当代中国，坚持和发展习近平新时代中国特色社会主义思想，就是真正坚持和发展马克思主义，就是真正坚持和发展科学社会主义。

（三）汲取智慧和力量，坚持守正创新，推进社会建设体系和能力现代化

全面总结党的百年历史经验，从中汲取社会建设智慧和力量，就是要以习近平新时代中国特色社会主义思想为指导，把社会建设

放在更加突出的地位，当作大事抓；放在“五位一体”总体布局、“四个全面”战略布局，当作系统工程抓；把我国制度显著优势更好地转化为社会建设工作效能，当作办实事工程抓。具体说，要从以下几方面推进我国社会建设体系和能力现代化：

（1）坚持“一个中心”：坚持以人民为中心的发展思想。这是党的根本宗旨的本质要求、习近平新时代中国特色社会主义思想的核心、加强社会建设的根本原则。

（2）坚持和完善“两项基本制度”：坚持和完善统筹城乡的民生保障制度、共建共治共享的社会治理制度，是党的社会工作历史经验的科学总结、党的十九届四中全会提出的明确要求、新时代社会建设的主要任务。二者不可偏废，并有机统一在坚持以人民为中心发展思想的实践中。

（3）坚持和完善“七位一体”的社会治理体系：坚持和完善“党委领导、政府负责、民主协商、社会协同、公众参与、法治保障、科技支撑”的现代化社会治理体系。这是党的社会工作思想的继承和发展、新时代社会治理工作的总体格局。

（4）把握“三个着力点”：把握“党建引领、改革创新、重在基层”三个着力点。这是党的“三大法宝”在新时代社会建设工作中的具体体现，是加强社会建设的主要路径。

（5）不断提高“五个能力水平”：不断提高社会化、法治化、专业化、智能化、精细化能力水平。这是党的社会工作方式方法创新的时代要求、社会建设现代化的基本标准。

（6）坚持“群众三感标准”：在精细精准精良上下功夫，在共建共治共享上求实效，把我国制度显著优势更好地转化为社会建设效能，让人民群众有更多的获得感、幸福感、安全感。这是“三个有利于标准”在社会建设工作中的具体要求。

总之，回顾党的百年历史、总结党的百年经验，可以认识到社会工作非常重要。要从党的百年历史经验中汲取智慧和力量，在习近平新时代中国特色社会主义思想指引下，不断加强社会建设，努力为建设社会主义现代化国家做出新的更大贡献！

二、在“两个大局”中开创我国社会建设新局面

习近平总书记指出：统筹中华民族伟大复兴战略全局和世界百年未有之大变局，深刻认识我国社会主要矛盾发展变化带来的新特征新要求，深刻认识错综复杂的国际环境带来的新矛盾新挑战。强调要“以共建共治共享拓展社会发展新局面”。多年来，特别是党的十八大以来，我国社会建设取得了显著成效，开创了崭新局面，但仍存在不少问题。特别是在抗击新冠肺炎疫情中，一方面社会建设发挥了重要作用，另一方面也暴露出了存在的一些短板、漏洞和弱项。我们要认真学习贯彻习近平总书记重要讲话精神，抓住机遇，迎接挑战，在变局中寻先机，在全局中找落点，大力推进我国社会建设现代化，为实现第二个百年奋斗目标做出新的更大贡献。

（一）把握时代特征，在百年未有之大变局中寻先机，把社会建设当作化危为机之举

纵观世界百年风云变幻，社会建设不仅危中有机，而且是化危为机之举。要在变局中寻先机、危局中开新局。

早在 19、20 世纪之交，当工人运动迅猛发展、无产阶级政党纷纷建立、资本主义制度产生危机的时候，英国政府加强社会建设，实行了向社会底层低收入人群倾斜的分配制度等，从而使社会逐渐稳定下来。20 世纪二三十年代，资本主义世界爆发经济危机后，也是因为加强社会建设而化解社会剧烈矛盾。先是欧洲推

出“建设福利国家”的社会改革“新政”，后是美国政府以立法形式推出了“伟大社会”计划。在发展经济硬实力的同时，通过加强社会建设软实力，使资本主义处于较长稳定期。而苏联在第二次世界大战后，虽然经济一度发达，但因现代社会建设制度始终未建立起来，最终没能稳定巩固发展地位；南美一些国家，也因不重视社会建设，出现严重贫富差距，陷入了“中等收入陷阱”。教训极为深刻。

新中国成立之后，我国社会主义革命和建设取得了许多成就，但经济建设和社会发展也走过弯路。党的十一届三中全会后，实行全面改革开放政策，经济快速发展，民生显著改善。2003 年“非典”疫情后，党进一步总结经验教训，提出了以人为本、经济社会全面协调可持续发展的科学发展观，明确把加强社会建设提上了重要议事日程。特别是党的十八大以来，以习近平同志为核心的党中央把社会建设纳入“五位一体”总体布局，使我国改革发展稳定形势持续向好。

如果说，以 20 世纪中叶欧美国家推动社会政策变革为标志，世界开始进入社会建设时代的话，那么，以 21 世纪初我国提出加强社会建设为标志，整个世界进入社会全球化时代。其主要特征是以城市化、流动化、社会化、信息化为主导。

当前，世界百年未有之大变局急剧变化，百年未遇之新冠肺炎疫情仍在蔓延，但经济社会全球化的发展趋势不会改变，人类命运共同体建设步伐势不可挡。我国加强社会建设现代化，虽然面临挑战，但危中有机，是化危为机之举。只要我们坚持以习近平新时代中国特色社会主义思想为指导，把握时代特征，发挥制度优势，主动作为，扎实工作，做好该做、能做、有用、有效的事，就一定能够不断拓展社会建设新局面，不断推进社会主义现代化目标逐步实现。当前，最紧要的是“要抓紧补短板、堵漏洞、强弱项，加快完善各方面体制机制”[①]。

（二）把握中国特色，在中华民族伟大复兴战略全局中找落点，把社会建设当作治本之策

社会主义应当把社会建设搞好。加强社会建设不仅是化危为机之举，更是社会主义现代化建设的治本之策。要把加强社会建设的落脚点放在坚持和完善中国特色社会主义制度、推进社会治理体系和治理能力现代化上。

1. 加强社会建设是人类社会发展规律的本质要求

人类社会发展的历史经验告诉我们，经济建设和社会建设是现代化国家建设的两大基础，缺一不可。近些年的国际国内大量事实也证明，并不是经济发展了，社会就自然和谐稳定了。苏联解体、西亚北非动荡，有很多原因，现代社会建设制度始终没有建立起来，是重要原因之一。加强社会建设，是人类社会发展规律的本质要求，是推进国家治理现代化的根本任务。

2. 加强社会建设是中国共产党执政规律的本质要求

社会建设工作说到底是群众工作。我国社会建设以人民为中心。全心全意为人民服务是我们党的根本宗旨。社会建设与党的建设的根本目标是一致的。社会建设离不开党的领导，否则就失去了正确方向；党的建设要以社会建设为基础，否则就失去了根基，就不可能巩固和发展党长期执政的地位。这是基本道理使然，也是由我国基本国情、我党基本党情决定的。中国共产党是马克思主义

① 习近平.在全国抗击新冠肺炎疫情表彰大会上的讲话.人民日报，2020-09-09（01）.

政党，是工人阶级的先锋队，也是中华民族的先锋队。党从创立初期，就是按照马克思主义政党标准、无产阶级先锋队标准建党的，不仅从工人阶级中吸收党员，而且把符合共产党员标准的各个阶级、各个阶层中的优秀分子吸纳到党内来。这是我们党兴旺发达、长盛不衰的重要因素。我们还要看到，党执政的基础已经并继续发生深刻变化。一是党执政的社会基础已经且将继续向社区扩大延伸。大量“单位人”变成了“社区人”。要巩固和发展党长期执政的社会基础，就要高度重视、大力加强社区建设。新冠肺炎疫情防控，城乡社区的作用凸显，我们都深有体会。二是党执政的群众基础已经并将继续向社会组织扩大延伸。越来越多的人按照兴趣爱好、专业特长，以社会组织为基本形态组织和联系起来。要巩固和发展党长期执政的群众基础，就必须高度重视、大力加强社会组织建设。三是党执政的阶级基础，已经并将继续向非公有制经济组织扩大延伸。要巩固和发展党长期执政的阶级基础，必须高度重视非公有制企业发展、大力加强非公企业党的建设。加强社会建设，是中国共产党执政规律的本质要求、加强党的建设的迫切需要。

3. 加强社会建设是社会主义建设规律的本质要求

需要强调的是，20世纪中叶欧美资本主义的社会改革“新政”，是从马克思主义理论中汲取了营养。社会主义制度比资本主义制度有显著优势。中国特色社会主义走的是以社会为基、以人民为中心的共建共治共享发展道路，资本主义走的是以资本为纽带、金钱至上的道路，所以，我们有道路优越性和道路自信。中国特色社会主义坚持的是以科学的马克思主义为指导，而资本主义固守的是没落的资产阶级思想，所以，我们有理论优越性和理论自信。中国特色社会主义的制度是中国共产党领导下的政府、市场、社会“三位一体”形成合力，而资本主义是“三权分立”互相拆台，所以，我们有制度优越性和制度自信。中国特色社会主义有几千年的优秀文化传统，是资本主义文化远不可比的，所以，我们有文化优越性和文化自信。我国取得抗击新冠肺炎疫情的重要成果，就是中国特色社会主义制度优越性的充分体现，是我国多年加强社会建设成果的充分展示。

当然，我国仍处于并将长期处于社会主义初级阶段。虽然社会建设已经取得明显成效，但仍有许多短板、漏洞和弱项。什么是社会主义？邓小平同志当年讲：“搞社会主义，一定要使生产力发达，贫穷不是社会主义。我们坚持社会主义，要建设对资本主义具有优越性的社会主义，首先必须摆脱贫穷。现在虽说我们也在搞社会主义，但事实上不够格。”[①]那么，我们今天是不是也可以补充说，社会建设搞不好也不是合格的社会主义呢？笔者认为答案是肯定的。习近平总书记讲“小康不小康，关键看老乡”，就是强调要以保障和改善民生为重点加强社会建设。

（三）把握市域特点，在市域推进社会治理现代化，把社会建设当系统工程抓

党的十九届四中全会明确提出了加快推进市域社会治理现代化的目标，党的十九届五中全会和“十四五”规划进一步做出了全面部署。总结国际国内经验，现代化建设都是以城市为龙头向前推进的。习近平总书记强调指出，要把市域社会治理现代化当做社会治理现代化的切入点和突破口。这是因为，相对省域、县域而言，市域有明显的优势。一是从地位优势来说，城市是满足人民群众新需求的大平台、观察社会矛盾风险走向的晴雨表、守住社会安全底线

① 邓小平．邓小平文选：第3卷．北京：人民出版社，1993：225.

的主阵地。二是从功能优势来说，城市有治理空间的优势、治理主体的优势、治理手段的优势、治理效能的优势。三是从作用优势来说，市域治理可以发挥支撑作用，是国家治理现代化的支柱；可以发挥枢纽作用，是国家和基层治理现代化的桥梁纽带；可以发挥平台作用，是推动城乡治理的平台；可以发挥牵引作用，是带动区域发展的助推器。所以，推进国家社会治理现代化，要以市域社会治理现代化为切入点和突破口。

近些年来，我国市域社会治理现代化建设取得了初步成效，北京、上海、深圳、杭州、成都等走在了全国前列。以北京为例，就探索出了许多经验。2014 年 2 月 26 日，习近平总书记在视察北京工作的重要讲话中，对北京市“大力加强社会建设”，给予了充分肯定。

北京市十多年社会建设的主要经验，可以概括为两句话：一是当作大事抓，二是坚持两手抓。当作大事抓，即：十多年来，北京市委市政府几乎每年召开重要会议，每年出台重要文件，每年推出一系列重要举措，把社会建设当作事关全局的大事抓。坚持两手抓，即：一手抓顶层设计，不断完善社会治理体系；一手抓基层基础，不断提高社会治理能力。全市上下一年连着一年干、一件接着一件办，使北京社会建设走在了全国前列。具体来讲，北京社会建设的主要经验成效，可以归纳为“十个一”：

1. 基本形成一套市域社会治理工作体系

从纵向说，在市、区层面 2007 年后均成立党委社会工委，社区完善了党委、居委会、服务站工作机制。近两年又加强街道体制改革工作，形成了市、区、街（乡镇）、社区（村）四级社会治理工作体制；从横向说，构建“枢纽型”社会组织工作体系、加强民营经济组织党的建设。把党的领导、政府负责、全社会共建共治共享的制度体系纵向贯彻到底、横向实现全面覆盖。

2. 基本形成一套社会组织治理工作体系

一是体制创新“架桥梁”：构建“枢纽型”社会组织工作体系，让以群团组织为骨干的“枢纽型”社会组织，在政治上发挥桥梁纽带作用，在业务上发挥龙头聚合作用，在日常服务管理上发挥平台窗口作用，将社会组织分类分级联合起来。二是加强党建“配导航”：建立党建工作委员会、党组织、党建工作办公室，推动党的组织和党的工作广泛覆盖。三是完善服务“添动力”：建立购买社会组织服务制度，建立社会组织服务（孵化）一中心、多基地，开展一系列培训。四是拓宽领域“搭平台”：开展社会组织公益行活动，建设商务楼宇工作站，凡是政府可以不做的事情，支持社会组织来做。总之，让社会组织更有序、更有活力、更好地发挥作用。

3. 基本形成一套社区治理工作体系

一是基本实现社区“三有一化”：有人办事，有地方办事，有经费办事，工作规范化。特别是从 2009 年开始，市、区政府投资 60 亿元，按不低于 350 平方米标准，解决了全市 3 300 多个社区办公服务用房问题。二是基本实现社区基本公共服务体系全覆盖。把政府应当给社区提供的基本公共服务项目设施分为 10 大类、60 大项、180 多小项，叫实施“1060 工程”。市区政府各部门集中力量，分三批把社区设施项目配齐。三是推动“一刻钟社区服务圈”全覆盖。目前覆盖率 95% 左右。另外，还有开展老旧小区服务管理试点、推动农村社会服务站建设、动员驻区单位建设“社区之家”等，从而，使社区服务管理水平明显提高。在新冠肺炎疫情防控中，北京社区建设经受住了严峻考验，发挥了突出作用。

4. 基本形成一支专业化、职业化的社会工作者队伍

2008年，在全球金融危机爆发、高校毕业生就业困难和社区队伍严重不足的形势下，北京市开始实施“大学生社工计划”。2009年3月，时任中央政治局常委、国家副主席习近平同志做出批示予以充分肯定，认为北京实施“大学生社工计划”，与正在开展的大学生村官工作有异曲同工之用，是化“危”为“机”之举。北京社区工作者平均年龄39岁，具有大专以上学历的占95%左右，一支专业化、职业化的队伍已经建立起来。目前，社区工作者平均工资达到了北京市社会平均工资水平，优秀社区党委书记可以通过一定组织程序到机关和事业单位工作，形成了“既留得住又流得动”的体制，把社区当作培养人才的渠道、锻炼干部的平台。全市专业社工机构从2008年的十几家发展到600多家。北京社工获得全国社会工作职业资格证书的有3万多人，持证率超过全国10%。在防控新冠肺炎疫情工作中，有两个战场、两支队伍表现尤为突出，一个是医疗疾控战场上的医务防疫工作者队伍，一个就是城乡社区战场上的社区工作者、志愿者队伍。2021年初全国人大讨论通过的“十四五”规划和2035年远景目标纲要，把实施“大学生社工计划”、加强社区工作者专业化专职化建设列入目标任务。

5. 基本形成一支庞大的志愿者队伍

北京奥运会之后，首都志愿者成为亮丽的名片。大型志愿服务组织、日常志愿服务组织、应急志愿服务组织三类队伍迅速建立起来。

6. 基本形成一个网格化城市服务管理体系

2004年北京率先推出城市管理网格化，后经逐步完善，实行社会服务网格、治安网格和城市管理网格全面覆盖，“三网合一”，

“一体化运行”，形成了一个网格化工作体系。

7. 基本形成一套政府购买社会服务的制度体系

从 2009 年开始，市里专门设了社会建设专项资金，每年投入 2.5 亿元用于购买服务项目和管理项目、管理岗位，即：除了常规的购买服务项目外，还通过购买管理项目，支持“枢纽型”社会组织管理更多的社会组织；通过购买管理岗位，支持那些党建和业务工作做得好、非财政拨款的社会组织有人办事。

8. 共建一批北京社会建设研究基地

从 2008 年开始，北京市委社会工委与首都高校、科研机构共建立了 18 个研究基地。每年完成一批课题研究项目，为市、区决策献智献策，推动理论和实践创新。

9. 基本形成一个全覆盖的社会领域党建工作体系

街道社区党建区域化，社会组织党建工作、非公企业党建工作实现全覆盖。党建引领社会治理发展和创新，把我们党的政治优势、国家的制度优势更好地转化为社会工作优势。

10. 基本形成一套社会建设综合评价制度体系

2012 年“十二五”规划启动之后，北京市委社会工委与上海华夏社会发展研究院研究制定了一个社会建设综合评价指标体系。这个指标体系包括六大部分：党的建设、社会服务、社会管理、社会动员、社会环境、社会关系，有若干项重要指标。采用的数据全部来自各级政府，特别是统计部门的公开数据，具有客观性。2014 年以后，为了同全国 31 个省区市和大城市社会建设情况进行对比，开始全国性综合评价，每年编印一本中国社会建设蓝皮书，以便了解当前状况和今后发展趋势。

（四）把握规律特性，在加强和创新基层社会治理上下功夫求实效，把社会建设当作基础工程抓

习近平总书记指出，社会治理是一门科学。虽然社会治理与社会管理只有一字之差，但体现的是系统治理、依法治理、源头治理、综合施策。虽然国际上有一些好做法，但我们不能照搬国外模式。虽然北京等地取得了一些好经验，但也是初步的。我们应进一步探索规律，把社会建设当作系统工程抓，加强和创新基层社会治理，不断推进社会治理体系和治理能力现代化。

1. 要坚持正确方向，以科学理论为指导

要认真学习研究习近平关于社会建设的重要论述，努力构建新时代中国特色社会主义社会建设理论体系框架。笔者认为，这个理论体系框架，可以初步归纳为以下六个方面：（1）坚持“一个中心”：以人民为中心的发展思想。这是习近平新时代中国特色社会主义思想的核心。（2）坚持“两个基本点”：坚持和完善统筹城乡的民生保障制度，坚持和完善共建共治共享的社会治理制度。这是党的十九届四中全会提出的明确要求。（3）抓住“三个着力点”：党的领导、改革创新、重在基层。这可以理解为新时代中国特色社会主义社会建设的“三大法宝”。（4）完善“七位一体”的现代社会治理体系：“党委领导、政府负责、民主协商、社会协同、公众参与、法治保障、科技支撑”。党的十九届四中全会在原来的基础上，加了“民主协商”，这是我国制度体系的显著优势；加了“科技支撑”，这是社会治理现代化的基本保障。（5）提高“五化”能力：社会化、法治化、智能化、专业化和精细化。这是社会建设现

代化的基本标准。社会化是基础，法治化是保障，智能化是支撑，专业化是方向，精细化是目的。（6）在两个方面下功夫求实效：一是在把我国制度显著优势更好地转化为社会治理效能上下功夫，二是在让广大人民群众有更多的获得感、幸福感、安全感上求实效。

2. 要把握科学方法，推动创新实践

社会建设是个复杂的系统工程。要坚持正确工作导向：（1）坚持问题导向。明确了问题，就可以对症下药。（2）坚持需求导向。了解了群众迫切需求，就找到了工作着力点。（3）坚持目标导向。明确了目标，就明确了前进方向、可以确定工作步骤。（4）坚持创新导向。用创新思维、创新方法来解决问题。（5）坚持效能导向。社会建设要坚决反对形式主义，务求实效。这“五个导向”是一个协调统一的整体：从问题出发，找到迫切需要解决的问题，找到当前能够解决的问题，用创新的办法解决问题，最后取得良好的效能。

3. 要在加强和创新基层社会治理上下功夫求实效

推进我国社会治理现代化，要纳入国家治理现代化体系，要以市域社会治理现代化为切入点和突破口，要在加强和创新基层治理上下功夫求实效。当前，主要是着力做好以下工作：（1）建立健全市域社会治理领导体制，为加强和创新基层社会治理提供坚强组织保障。（2）建立健全社区区域化党建工作机制，全面加强党对基层社会治理的领导。（3）建立健全“七有”评价体系，坚持和完善统筹城乡的民生保障制度。（4）大力发展社会企业，不断满足广大群众日益增长的多层次、多样化社会服务需求。（5）构建“枢纽型”社会组织工作体系，让社会力量有序参与社会治理。（6）推行街道体制改革，把街道当作城市治理的“主战区”。（7）建立健全“五社联动”机制，构建基层社区治理共同体，即：在街道（乡镇）党委领导下，推动社区、社会组织、社会企业、社会单位、社区居民“五社联动”，共建共治共享。（8）实施“网格化+”工程，为加强和创新基层社会治理提供科技支撑。把大数据、智能化、物联网、云计算、区块链等新科技及时与网格化体系相对接，形成强大的科技支撑。（9）建立健全专业化、专职化社会工作者队伍建设体系，为加强和创新基层社会治理提供队伍保障。（10）加强社会心理服务体系建设，积极培育自尊自信、理性平和、积极向上的社会心态。

总之，要坚持以习近平新时代中国特色社会主义思想为指导，在世界百年未有之大变局中寻先机，在中华民族伟大复兴战略全局中找落点，把社会建设当作事关党和国家前途命运的全局性、长远性、基础性、根本性任务来抓，把市域社会治理现代化当作切入点、突破口，把握时代特征、中国特色、市域特性、规律特点，着力加强和创新基层社会治理，推进社会治理体系和治理能力现代化，把我国制度显著优势更好地转化为社会建设效能，让广大人民群众有更多的获得感、幸福感、安全感。

三、在“十四五”规划和2035年远景目标下推进我国社会建设现代化

按照党的十九届五中全会要求，全国上下高度重视“十四五”规划的研究编制工作。国家“十四五”规划和2035年远景目标对我国社会主义现代化建设做出了顶层设计、系统安排，尤其令人欣喜的是，从各省区市到大部分地级市（区），都制定了“十四五”时期社会治理（或社会建设）专项规划，首次形成了国家与地方相衔接、综合与专项相配套的全国社会治理五年规划体系，使我国社会建设现代化站在了历史新起点。站在历史新起点，基于“十四五”社会治理规划体系研究，这里对社会建设现代化理论体系和实践路径进行深入探讨。

中国社会建设现代化，是中国特色社会主义现代化建设的重要组成部分，而且处于基础性、长远性、根本性地位。在全面建成小康社会、实现第一个百年奋斗目标之后，以制定和实施“十四五”规划为主要标志，我国开启了全面建设社会主义现代化国家的新征程，开始奔向第二个百年奋斗目标。在这重要的历史时刻，基于我国“十四五”规划，特别是全国“十四五”社会治理规划体系，研究加强社会建设现代化问题，具有十分重要的意义。

（一）实现社会主义现代化，是党不懈追求的奋斗目标

中国共产党一经诞生，就把为中国人民谋幸福、为中华民族谋复兴确立为自己的初心和使命。我国社会主义制度一经建立，就把实现现代化作为不懈追求的目标，并以此指引和鼓舞全国人民团结奋斗，取得了一个又一个历史性成就。

1. 新中国成立后提出实现“四个现代化”目标，指引和鼓舞全国人民团结奋斗，取得了社会主义革命和建设的重大成就

新中国成立后，我国社会主义制度一建立，就明确提出了努力实现“四个现代化”的奋斗目标。1954 年，在第一届全国人民代表大会第一次会议开幕词中，毛泽东向世人宣告：将我们现在这样一个经济上文化上落后的国家，建设成为一个工业化的具有高度现代文化程度的伟大的国家。周恩来在政府工作报告中，首次明确提出了建设“四个现代化”的任务，指出：我国的经济原来是很落后的；如果我们不建设起强大的现代化的工业、现代化的农业、现代化的交通运输业和现代化的国防，我们就不能摆脱落后和贫困，我们的革命就不能达到目的。1964 年，在三届全国人大一次会议上的政府工作报告中，周恩来又进一步明确指出：“从第三个五年计划开始，我国国民经济的发展，可以按两步来设想：第一步，用十五年时间，即在一九八〇年以前，建立一个独立的比较完整的工业体系和国民经济体系；第二步，在本世纪内，全面实现农业、工业、国防和科学技术的现代化，使我国国民经济走在世界的前列。”[①] 从此，“四个现代化”的表述内容规范固定下来。党和政府

① 周恩来 . 周恩来选集：下卷 . 北京：人民出版社，1984：479.

提出的“四个现代化”目标，指引和鼓舞全国人民取得了社会主义革命和建设的重要成就。

2. 改革开放后提出社会主义现代化“三步走”战略和建设小康社会的目标，指引和鼓舞全国人民团结奋斗，取得了改革开放和现代化建设的辉煌成就

1978年，党的十一届三中全会拨乱反正，确立了以经济建设为中心的指导思想，把工作重心放在了“四个现代化”建设上。1982年，党的十二大号召为全面开创社会主义现代化建设新局面而奋斗。1987年党的十三大，根据邓小平同志的科学构想，从我国处于社会主义初级阶段的基本国情出发，确定了社会主义现代化“三步走”战略和建设小康社会的目标，即：第一步，实现国民生产总值比1980年翻一番，解决人民的温饱问题；第二步，到20世纪末，使国民生产总值再增长一倍，人民生活达到小康水平；第三步，到21世纪中叶，人均国民生产总值达到中等发达国家水平，人民生活比较富裕，基本实现现代化。随后，特别是1992年邓小平南方谈话和党的十四大后20年，我国经济社会进入快速发展时期，取得了举世瞩目的辉煌成就。

3. 党的十八大后明确提出全面建成社会主义现代化国家的目标，指引和鼓舞全国人民团结奋斗，实现了第一个百年奋斗目标、开启了第二个百年奋斗目标的新征程

2012年党的十八大明确提出了到党成立100周年时全面建成小康社会、到新中国成立100周年时实现社会主义现代化的目标。2017年党的十九大进一步明确指出，到2035年在全面建成小康社会基础上，基本实现社会主义现代化，到本世纪中叶把我国建成富强民主文明和谐美丽的社会主义现代化强国。党的十九届四中全会围绕坚持和完善中国特色社会主义制度、推进国家治理体系和治理能力现代化做出了战略部署，党的十九届五中全会为制定“十四五”规划和2035年远景目标纲要指明了方向。“十四五”规划和2035年远景目标纲要，描绘了全面建设社会主义现代化国家的宏伟蓝图。习近平总书记在庆祝中国共产党成立100周年大会上的讲话向世界庄严宣告，我国已全面建成小康社会，实现了第一个百年奋斗目标，正在意气风发地迈向第二个百年奋斗目标。

（二）用五年规划引领经济社会发展，是我们党治国理政的重要方式

新中国成立后，我国持续制定五年规划（计划），这在全世界是绝无仅有的，包括“文化大革命”期间五年经济发展计划制定也未中断，这在我国各项工作中也是十分少见的。十三个五年规划（计划）的制定和实施取得显著成效。第十四个五年规划的制定和实施具有划时代的意义。

1. 我国持续编制“五年规划（计划）”，以目标为导向，不断与时俱进、创新发展

新中国成立以来，我国已持续制定了十四个五年规划（计划），锚定大目标向前进，在坚持中不断创新发展，其中，有四个里程碑：

第一，“一五”计划开创了我国制定五年计划的先河。新中国成立后，我国自1951年开始编制第一个五年计划，经过五次修改补充，于1955年7月经第一届全国人民代表大会第二次会议审议通过。从而，开创了我国制定五年计划的先河。

第二，从“六五”计划开始增加了社会发展的内容。改革开放

后，在全面总结新中国成立以来我国经济社会发展经验教训的基础上，1981 年制定实施的第六个五年计划，增加了社会发展内容，开始改名为“国民经济和社会发展计划”，标志着我国把有计划地推动社会发展放在了重要地位。

第三，从“十一五”规划开始，“五年计划”改为“五年规划”，并将“推进社会主义和谐社会建设”独立成篇。2003 年党的十六届三中全会提出科学发展观。2004 年党的十六届四中全会提出构建社会主义和谐社会，并首次在党的文献中明确提出加强社会建设和管理问题。2006 年，按照党的十六届三中、四中、五中全会精神，制定了《国民经济和社会发展第十一个五年规划纲要》。从此，“五年计划”改为“五年规划”，而且将“推进社会主义和谐社会建设”独立成篇。从“计划”到“规划”，一字之差，标志着在社会主义市场经济历史条件下，推动经济社会发展的理念发生重要转变，逐步实现计划与市场紧密结合、有机统一。以将“推进社会主义和谐社会建设”独立成篇为标志，中国特色社会主义经济、政治、文化、社会“四位一体”建设发展新格局初步构建。2011 年颁布实施的“十二五”规划更加丰富了社会建设的内容，分社会服务、社会管理两篇共 12 章进行了全面部署，充分体现了服务、管理一起抓的思想。2016 年颁布实施的“十三五”规划，对加强和创新社会治理进行了重点部署。从“管理”到“治理”，虽一字之差，是党治国理政理念创新发展的重要标志。

第四，“十四五”规划揭开了全面建设社会主义现代化国家的历史新篇章。面对错综复杂的国际环境带来的新矛盾、新挑战，我国社会主要矛盾变化带来的新特征、新要求，“十四五”规划坚持全球眼光、战略思维，统筹兼顾、精准施策，是面向中华民族伟大复兴战略全局、积极应对世界百年未有之大变局的顶层设计、系统安排，是精准有效破解发展中突出矛盾和问题的任务部署、解决方案，揭开了全面建设社会主义现代化国家的历史新篇章。

2. 我国持续编制实施五年规划（计划）意义重大

编制实施五年规划（计划）一是党治国理政的重要方式，有利于把党中央的战略安排贯彻落实到经济社会发展各个领域、各个环节、全过程，是党的主张转化为国家意志的重要途径。二是集中体现了国家战略意图和中长期发展目标，具有引导公共资源配置方向、规范市场主体行为的功能，有利于发挥平衡各方面关系、避免宏观失衡、引导和稳定预期的作用，是政府更好地履职尽责的重要依据。三是汇集了全党全国各族人民的智慧，有利于实现国家战略意图与人民共同意愿相统一，是全国各族人民团结奋斗的共同行动纲领。

3. 持续制定五年规划（计划）彰显了中国特色社会主义制度的显著优势和中国共产党人的“四个自信”

新中国成立以来，我国从“一五”计划到“十三五”规划，通过一个个规划（计划）的分步实施、接力推进、滚动落实，一以贯之地朝着既定战略目标前进，使我国在一穷二白的基础上，迅速建立起了比较完整的工业体系和国民经济体系，人民生活实现了由解决温饱到总体小康，再到全面小康的历史性跨越，创造了世所罕见的经济快速发展和社会长期稳定“两个奇迹”，充分彰显了中国特色社会主义制度的显著优势，充分彰显了中国共产党人的道路自信、理论自信、制度自信和文化自信，成效是非常显著的。

（三）“十四五”规划站在了历史新高度，把社会建设现代化放在了突出地位

与以往13个五年规划（计划）相比，“十四五”规划无论在内容与形式上，还是在规模与质量上，都实现了历史性飞跃。具体说，有以下几个显著特点：

1. 高站位顶层设计

“十四五”规划更加注重思路性、系统性，全篇紧扣党的十九届五中全会精神，坚持以习近平新时代中国特色社会主义思想为指导，站在“五位一体”总体布局、“四个全面”战略布局高度，突出体现立足新发展阶段、贯彻新发展理念、构建新发展格局的核心要义，突出体现做好“两个一百年”奋斗目标的有机衔接，围绕基本实现社会主义现代化目标，从完善中国特色社会主义制度体系、运行机制、实现路径、量化指标等维度，构成了“十四五”经济社会发展的顶层设计和总体框架。就社会建设而言也是如此，从坚持以人民为中心的发展思想、坚持和完善统筹城乡的民生保障制度体系、共建共治共享的社会治理制度体系高度，总体策划了三篇，即：“提升国民素质 促进人的全面发展”“增进民生福祉 提升共建共治共享水平”“统筹发展和安全 建设更高水平的平安中国”，加上其中13章重点安排，是一个更加全面系统的顶层设计和框架结构，使社会建设现代化的“四梁八柱”树立了起来。

2. 全方位统筹安排

“十四五”规划更加注重全面性、统筹性，全篇按照党的十九届四中全会关于坚持和完善中国特色的社会主义制度、推进国家治理体系和治理能力现代化的总体要求和十九届五中全会的整体部

署，对“十四五”时期经济社会发展和2035年远景目标任务进行了全面安排。包括社会建设现代化方面，也是全方位、整体化的。13章任务安排，涵盖了社会建设现代化的各个方面：（1）建设高质量教育体系；（2）全面推进健康中国建设；（3）实施积极应对人口老龄化国家战略；（4）健全国家公共服务制度体系；（5）实施就业优先战略；（6）优化收入分配结构；（7）健全多层次社会保障体系；（8）保障妇女未成年人和残疾人基本权益；（9）构建基层社会治理新格局；（10）加强国家安全体系和能力建设；（11）强化国家经济安全保障；（12）全面提高公共安全保障能力；（13）维护社会稳定和安全。

3. 大分量的任务部署

“十四五”规划更加注重可行性、实操性，所以，也是历史上五年规划（计划）篇幅最长的，但并无空泛、琐碎之感，全是新思路、大战略、实任务、硬指标。“十四五”规划把社会建设放在了更加突出的地位。主要表现在：

第一，重点突出。《纲要》共19篇、65章，其中主要任务部分17篇、59章，社会建设占3篇共13章。从民生服务保障、加强创新社会治理、保障安全发展三方面进行了重点部署。

第二，遍地开花。除3篇共13章进行集中部署外，其他篇章也大都涉及社会建设内容，比如：第5篇“加快数字化发展 建设数字中国”中的“加快数字社会建设步伐”一章，第7篇“坚持农业农村优先发展 全面推进乡村振兴”中的乡村治理内容，第8篇“完善新型城镇化战略 提升城镇化发展质量”中的街道社区治理内容，第10篇“发展社会主义先进文化 提升国家文化软实力”中的“提高社会文明程度”一章，第11篇“推动绿色发展 促进人与自然和谐共生”中的引导社会组织和公众共同参与环境治理要求，第

12篇“实行高水平对外开放 开拓合作共赢新局面”中的“积极参与全球治理体系改革和建设”一章相关内容，第17篇“加强社会主义民主法治建设 健全党和国家监督制度”中的基层民主和法治社会建设内容，等等。社会建设基础性地位、综合性特点得到充分体现。

第三，占比很大。“十四五”规划从经济发展、创新驱动、民生福祉、绿色生态、安全保障等5个方面设置了20个主要指标。其中，民生福祉指标有7个，覆盖了收入、就业、教育、医疗、养老、托育等各民生领域，还有一个人均预期寿命的综合性指标，占比超过三分之一；同时，“十四五”规划还列出102项重大工程项目，其中涉及社会建设方面的就有42项，占比41%。这都是空前的。这充分说明，社会建设、改革、治理在党和国家战略布局中处于越来越重要的地位。

（四）“十四五”规划实现历史性突破，全国首次形成社会治理五年规划体系

党中央要求按照党的十九届五中全会精神，制定国家和地方“十四五”规划纲要和专项规划，形成定位准确、边界清晰、功能互补、统一衔接的国家规划体系。按照党中央的战略部署，全国上下高度重视“十四五”规划的研究编制工作，尤其是首次形成了国家与地方相衔接、综合与专项相配套的全国社会治理五年规划体系，描绘了全面开启社会建设现代化新征程的宏伟蓝图，这是历史性的新突破。

北京市委市政府曾经制定和实施《北京市“十二五”时期社会建设规划纲要》和《北京市“十三五”时期社会治理规划》。笔者

从2007年开始，曾任北京市委社会工作委员会书记、北京市社会建设工作办公室主任11年。作为市委市政府社会建设部门主要负责人和两个规划起草的具体主持人，感触颇深，一直盼望有一天全国各地社会建设规划和实施呈现“百花争艳”“竞相绽放”的局面。10年后，终于迎来这一天！这是党中央高度重视的结果。

2018年底，笔者转任北京师范大学中国教育与社会发展研究院教授，在国家高端智库专职从事社会建设研究和教学工作。两年多来，不仅带领研究团队围绕“十四五”规划完成了一系列国家级重点研究课题；而且，还承接了北京市西城区、房山区“十四五”社会治理规划、云南省昆明市“十四五”时期社会建设规划和河北雄安新区“十四五”社会治理体系发展规划的研究编制任务，从中也深切地感受到，地方党委政府对社会建设规划重视程度普遍提高、创新实践意识普遍增强。各地规划既有共性特征，又有个性特色。其共同特征是，都从全局出发，体现了中央要求，与国家和省级规划相衔接，既有顶层设计，又有基层安排，既抓社会治理，又抓民生服务，既有大局意识，又有创新意识。个性特色是，从具体实际出发，各有不同发展定位、不同预期目标、不同重点突破、不同特色品牌、不同有力抓手，形成了具有时代特征、中国特色、地域特点、规律特性的社会治理规划体系。仅以北京、昆明、雄安规划为例，便可窥见一斑。

如果用一个字简单概括，那么，北京规划的特色是“高”，昆明规划的特色是“特”，雄安规划的特色是“新”。

1. 北京规划的特色是“高”

“高”主要体现在三个方面：

第一，起点高。2007年党的十七大后，北京市在全国率先成立社会建设工作机构，市、区层面都成立了党委社会工委和政府社会建设工作办公室。市委市政府一手抓顶层设计、一手抓基层基础，持续推动社会建设工作向纵深方向发展，取得了明显成效，走在了全国前列。2014年2月，习近平总书记在视察北京工作重要讲话中，对北京市“大力加强社会建设”给予充分肯定。北京市“十四五”社会治理规划是在这样一个高起点上研究编制的：工作成效有多年快速发展的良好基础，规划编制有多年积累的成功经验。《北京市“十四五”时期社会治理规划》已正式印发，各区规划陆续印发。

第二，定位高。2014年习近平总书记视察北京工作时，给北京工作的定位是“建设国际一流的和谐宜居之都”。这是一个很高的标准。在这样一个总体要求下，《北京市“十四五”时期社会治理规划》明确指出：北京要立足首都城市战略定位，坚持贯彻新发展理念，完善超大城市有效治理体系，更高层次推动社会建设高质量发展，更大程度提升社会治理现代化水平，更多举措推进社会体制深层次改革，打造新时代共建共治共享的社会治理格局，构建人人有责、人人尽责、人人享有的社会治理共同体，为加快实现社会治理现代化和建设国际一流的和谐宜居之都打下坚实基础。在全市总体要求下，作为首都核心城区的西城区，定位更高。《北京市西城区社会治理规划》明确提出：西城区社会治理要坚持高点定位，立足“首都之都”，做到“首善之首”。

第三，标准高。《北京市“十四五”时期社会治理规划》提出，“十四五”时期要实现“六大目标”：一是党对社会治理的领导全面加强。中央、市委关于社会治理的要求得到全面落实，社会治理纳入各级党委议事日程，社会治理工作机构基本健全，社会领域党组织和党的工作有效覆盖。二是社会治理新格局基本形成。“制度健全、责任明确、统筹有力、平台完善、响应及时、治理主动、参与广泛”的北京社会治理格局有效发挥作用。三是社会主体结构基本合理。政府、市场、社会在社会治理中的作用分别得到体现，各类社会主体发展平衡。四是社会服务质量持续提升。各类人群基本生活无忧，市民生活多样化需求基本满足。五是社会治理水平不断提高。社会需要诉求表达和矛盾化解渠道通畅，以街道、乡镇为基础的基层社会服务管理综合平台有效运行，基本做到小事不出社区村、大事不出街乡镇。六是社会动员体系基本建立。各类人群和全体居民基本纳入社会动员体系，协商意识的机制基本健全，社会公众参与社会治理的积极性得到提高。为了实现上述目标，从完善社会治理体系、提升社会治理能力两大方面，部署了16项重点任务。为了确保这些任务完成，不仅明确了27项核心指标，还出台了《关于构建“七有”“五性”监测评价指标体系的实施方案（试行）》，从“幼有所育、学有所教、劳有所得、病有所医、老有所养、住有所居、弱有所扶”和市民生活需求“便利性、宜居性、安全性、多样性、公正性”12个方面，加上社会评价共13个方面，设置了16项指标，对市、区两级进行监测评价。《西城区“十四五”时期社会治理规划》则基于“红墙意识”，全面部署任务，都是高标准、高要求。

2. 昆明规划的特色是“特”

“特”主要体现在三个方面：

第一，主题定位有特色。据了解，全国各地大多数制定的是社会治理规划，而昆明市研究制定的是“十四五”时期社会建设规划。在研究过程中，昆明市委主要领导和许多同志都认为，按照党的十九届四中、五中全会精神，结合具体实际，站在“五位一体”“四个全面”高度，研究制定一个“十四五”时期社会建设规划，对于昆明市来说，定位更加全面、准确、有特色。也就是说，要把坚持以人民为中心的发展思想，坚持和完善统筹城乡的民生保障制度和坚持完善共建共治共享的社会治理制度充分体现在规划中。

第二，功能地位有特色。云南地处我国西南边疆，是多民族省份。昆明是南亚东南亚区域中心城市、全国“民族团结进步示范城市”、“全国文明城市”、世界著名旅游城市。地理位置特殊、优势独特。“高质量推进区域化中心城市建设”是习近平总书记视察昆明时提出的明确要求、指明的前进方向①。《昆明市“十四五”时期社会建设规划》所有内容都围绕这个总目标展开，明确提出指导思想是，以习近平新时代中国特色社会主义思想为指导，深入贯彻落实党的十九大和十九届二中、三中、四中、五中全会精神，学习贯彻习近平总书记考察云南重要讲话精神和关于加强社会建设的重要论述，坚定不移贯彻新发展理念，加快构建新发展格局，以满足人民日益增长的美好生活需要为根本目的，以推动高质量发展为主题，以加快推进社会治理体系和治理能力现代化为主线，准确把握“立足西南、面向全国、辐射南亚东南亚的区域性国际中心城市”的战略定位，坚持以人民为中心的发展思想，坚持党建引领、民主协商、多元参与、重心下移，坚持和完善统筹城乡的民生保障制度、共建共治共享的社会治理制度，不断增强人民群众的获得感、幸福感、安全感，为高质量推进区域性国际中心城市建设做出新的更大贡献。

第三，框架结构有特色。框架结构是规划的生命。该规划共包括三个板块、九章内容。第一个板块是第一章“发展环境”和第二章“总体要求”，这是规划的总论。第二个板块是第三到第八章，是规划的主体结构，提出了实施“六大工程”建设的目标和任务，即实施社会建设体系构架工程、社会服务体系覆盖工程、基层社会

① 习近平昆明考察 .（2021-09-08）. http://www.xinhuanet.com/topicnews/201501/0274.htm.

治理固本工程、社会活力激发工程、社会环境优化工程、“平安昆明”示范创建工程。第三个板块是第九章“保障措施”。

该《规划》提出，到2035年在全国边疆城市率先基本实现社会建设现代化的总目标和“五个更高”的具体目标：一是社会领域党的建设现代化水平更高，引领社会建设更好更快发展；二是社会服务现代化水平更高，基本公共服务实现均等化；三是市域社会治理现代化水平更高，基本实现社会治理体系现代化；四是平安昆明建设水平更高，确保边疆长期和谐稳定；五是社会文明水平更高，城市文明程度明显提高。

“六大工程”的设计和安排充分体现了昆明市委市政府关于进一步抓好社会建设的总体思路和基本要求。一是当作系统工程抓。“六大工程”紧紧围绕社会建设体制、社会服务体系、基层社会治理机制、社会动员机制、社会文明环境、社会安全稳定等六大方面做了系统安排，涵盖了社会建设的主要方面，突出了社会建设的主要任务，又体现了昆明的特点。二是当作创新工程抓。无论从“六大工程”的总体构架设计，还是在每一个工程当中的具体安排部署，都体现了在继承基础上创新的基本要求。三是当作办实事工程抓。该《规划》布置的任务，不仅尽量具体化，而且还附了一个具体项目表，明确了195项具体任务项目，明确了牵头单位和落实时间，切实把社会建设当作解决广大人民群众关心的突出问题的办实事工程来抓。

3. 雄安规划的特色是“新”

雄安新区设立于2017年。平地起高楼，乡村变现代城市，一张白纸上画美丽图画。雄安新区社会治理面临的形势，处处体现一个“新”字：

一是新历史新转变。设立河北雄安新区，是以习近平同志为核心的党中央深入推进京津冀协同发展做出的重大决策部署，是继深圳经济特区和上海浦东新区之后又一具有全国意义的新区，是重大的历史性战略选择，是千年大计、国家大事。自 2017 年 4 月河北雄安新区设立以来，在以习近平同志为核心的党中央亲切关怀下，在河北省委省政府领导下，雄安新区站在新的历史起点上，边规划建设，边创新实践，正在实现历史性转变，一个世界未来之城正在孕育而生。几年来，雄安新区社会治理也在加强中创新，在创新中加强，不断保障和改善民生，不断保持社会和谐稳定，新冠肺炎疫情防控工作取得显著成效，为“十四五”时期推进社会治理现代化奠定了坚实基础。

二是新功能新定位。习近平总书记系列重要讲话和党中央、国务院批复的《河北雄安新区总体规划（2018—2035 年）》，明确提出了“雄安新区非首都功能集中承载地、京津冀城市群重要一极、高质量高水平社会主义现代化城市”的功能和“坚持世界眼光、国际标准、中国特色、高点定位”的要求。要适应新功能，对标对表新要求，推进雄安新区社会治理现代化先行先试、率先突破，努力打造具有时代特征、中国特色、雄安特点的社会治理体系现代化示范样本。

三是新矛盾新挑战。世界百年未有之大变局，对经济社会发展带来许多不确定性。我国社会主要矛盾变化带来的新特征，对推进社会治理现代化提出了新要求。进入新时代，我国社会主要矛盾已经转化为人民日益增长的美好生活需要和不平衡不充分的发展之间的矛盾。人民对社会发展的新期待，既体现在保障和改善民生方面，也体现在加强和创新社会治理方面。这对于基础相对薄弱而又要在短时间内创先争优的雄安新区而言，任务更为艰巨，挑战尤为激烈，需要跨越式发展，下更大力气赶超全国先进水平。

四是新阶段新目标。“十四五”时期，是我国在全面建成小康社会、实现第一个百年奋斗目标的基础上，开启全面建设社会主义现代化国家新征程、迈向第二个百年奋斗目标的第一个五年，是贯彻新发展理念、构建新发展格局的第一个五年，也是雄安新区设立后全面实施经济社会发展规划的第一个五年。新阶段确定了新目标。要坚持以人民为中心的发展思想，坚持和完善统筹城乡的民生保障制度、共建共治共享的社会治理制度，坚持和完善“党委领导、政府负责、民主协商、社会协同、公众参与、法治保障、科技支撑”的社会治理体系，不断提高社会化、法治化、专业化、智能化、精细化水平，加快推进雄安新区社会治理现代化。

五是新任务新要求。党中央、国务院高度重视雄安新区建设发展和改革创新工作，近年来出台了《河北雄安新区总体规划（2018—2035年）》《关于支持河北雄安新区全面深化改革和扩大开放的指导意见》等文件，明确了雄安新区社会治理改革创新的重点任务，为健全雄安新区“十四五”时期社会治理体系指明了前进方向。在河北省委省政府领导下，近几年雄安新区社会治理工作已经有了良好开端；但与此同时也要看到，距离党中央和省委省政府的要求、广大人民群众的期待仍有差距。必须发扬不怕疲劳、连续作战的工作作风，艰苦努力、奋发有为，推动超常规发展，实现历史性跨越。

基于以上认识，在充分调研基础上，在雄安新区工委领导下，确定了《河北雄安新区社会治理现代化“十四五”规划》（简称《规划》）制定的基本思路、总体框架、主要内容，绘就了一幅崭新蓝图。突出特点有以下几个方面：

第一，明确独特主题、构建新体系。站在雄安新区社会治理历史新起点上，经研究确定，不搞“大”而“全”，而求“新”而“实”，从抓顶层设计、建立新体系入手，锚定社会治理体系现代化建设主题，制定一个雄安新区“十四五”时期社会治理体系发展规划。立足“十四五”，面向“2035”，提出了构建社会治理现代化建设“八大体系”的目标任务：一是全面加强党的领导，构建党的建设引领体系；二是深化行政体制改革，构建城市管理创新体系；三是推动工作重心下移，构建基层社会治理体系；四是推进共建共治共享，构建社会协同创新体系；五是推进平安雄安建设，构建法治社会建设体系；六是维护社会公平正义，构建矛盾多元化解体系；七是全面履行社会责任，构建社会文明建设体系；八是推动“城市大脑”建设，构建智能社会建设体系。

这“八大体系”的构建是一个新探索，力求使中央精神与雄安具体实际有机统一，使理论研究成果与实践创新经验有机统一，使国家社会治理现代化顶层设计与雄安新区先行先试探索有机统一，力求把以人民为中心的主线、保障和改善民生与加强和创新社会治理的重点落到实处，力求把坚持社会公平正义、坚持解决好人民群众最关心最直接最现实的利益问题、坚持尽力而为与量力而行相结合、坚持守住底线、坚持共建共治共享、坚持完善制度等原则具体化。

第二，对标对表先进、站在新起点。在相对落后的起点上尽快赶超先进，要靠不懈奋斗精神，也要靠务实作风。一要扬优势、固根基。雄安是在老三县根基上建新区。要处理好新城建设与老县传统的关系，把雄县、安新、容城老三县多年形成的好经验、好做法、好品牌继承下来，写进规划。为此，课题组在三县基层进行了广泛深入调研。特别是关于乡村治理、白洋淀治理、平安建设等许多内容，都写进了规划。二是学先进、补短板。雄安新区要在较短时间内赶上先进水平，就要学先进、向先进看齐，特别是作为非首都功能承载地，要向北京看齐，抓紧补短板、强弱项、堵漏洞。一个有效的办法就是实行“拿来主义”。因此，这些年来北京创造的许多好经验、好做法，也吸收进了雄安规划。比如：“一刻钟社区服务圈”建设，网格化体系建设，“街乡吹哨、部门报到”改革，等等。

第三，勇于先行先试、推出新举措。面向“未来之城”新愿景，面临一张可绘美丽图画的“新白纸”，面对先行先试、率先突破的新要求，要勇于解放思想、敢于推出新举措。雄安社会治理只有快上才能赶上，只有超常才能超越。该《规划》认真贯彻党中央要求，密切联系雄安新区实际，着力推进社会治理现代化建设先行先试、率先突破，旨在打造具有时代特征、中国特色、雄安特点的社会治理体系现代化示范样本。无论是“八大体系”的顶层设计，还是运行机制、重要举措的提出，都以改革创新为着力点。如：构建区域化“大党建”工作体系、争取比照经济特区的立法权、在新建片区开展街区制体制改革试点、在新建片区开展“物业城市”试点、开展“新时代新社区新生活”服务质量提升行动、实施政府购买社区服务、引导社会组织跨区域承接雄安政府购买服务项目、大力发展社会企业、创新京雄同城化公共服务保障机制、将社区工作者队伍建设纳入新区人才发展规划、开展国际人才管理服务试点、进行白洋淀志愿服务品牌建设、推进一社区一法律服务员、加强社会心理服务体系建设、推动“城市大脑”建设、创建全国社会治理现代化实验区等，推出了一系列改革创新举措。为了确保各项目标任务落实，根据新区发展实际，参照中央、河北和北京等社会治理规划，还设立了6个方面、53项核心指标，确保该《规划》任务可操作、有量化、能考核。

在该《规划》编制过程中，课题组又参与调研起草了《河北雄安新区创新社会治理机制实施意见》。这个文件，是中共中央、国务院《关于支持河北雄安新区全面深化改革和扩大开放的指导意见》的一个配套文件。两个文件调研起草交叉进行、互补融合、有机统一，使该《规划》的改革创新内容更加充实丰满。更重要的是，这个实施意见由省委省政府主要领导和中央相关部门亲自把关，这与此同时也大大提升了该《规划》改革创新内容的科学性、权威性。

总之，以形成全国“十四五”时期社会治理规划体系为标志，我国社会建设现代化站在了历史新起点。这个新起点，是新时代中国特色社会主义社会建设理论与实践创新成果有机结合的新起点，是我国社会建设现代化体系初步形成、现代化能力基本具备的新起点。笔者认为，中国社会建设现代化理论体系和实践路径主要包括以下几个方面：一是坚持以人民为中心的发展思想；二是坚持和完善统筹城乡的民生保障制度和共建共治共享的社会治理制度；三是构建“党委领导、政府负责、民主协商、社会协同、公众参与、法治保障、科技支撑”的体制机制；四是抓住党建引领、改革创新、重在基层三个着力点；五是不断提高社会化、法治化、专业化、智能化、精细化能力水平；六是把我国制度显著优势更好地转化为社会建设效能，让广大人民群众有更多的获得感、幸福感、安全感。

四、“十四五”时期健全我国现代社会治理体系的目标任务

党的十八届三中全会明确提出了完善中国特色社会主义制度、加快推进国家治理体系和治理能力现代化的目标。党的十九大描绘了我国到2035年基本实现现代化、到新中国成立100年时建成社会主义现代化强国的宏伟蓝图。“十三五”时期，作为国家治理现代化重要组成部分的社会治理现代化建设取得了显著成效。主要标志是，习近平总书记系列重要讲话为我们勾勒出了中国特色社会建设理论体系的基本框架，我国社会治理特别是基层社会治理创新实践呈现出良好发展势头。但也必须清醒地认识到，在中国特色社会主义事业“五位一体”总体布局和“四个全面”战略布局中，社会建设相对滞后的现状还没有从根本上改变，还存在许多发展短板、体制性障碍和薄弱环节。

“十四五”时期，是我国全面建成小康社会后迈向社会主义现代化目标的重大战略机遇期。与此同时，当今世界面临百年未有之大变局，我国现代化建设也面临许多新挑战、新考验。迎接这一系列新挑战、新考验，社会建设、改革、治理是基础性、经常性、根本性的工作，必须立足当前、面向长远，坚持问题导向、需求导向、创新导向、目标导向，按照“十四五”时期有突破、“十五五”时期上台阶、“十六五”时期基本实现的目标，扎实推进社会治理体系和治理能力现代化不断取得新成效。

在“两个一百年”的历史交汇点，在实施党的十九大确定的现

代化“两步走”目标的起步阶段，认真研究健全现代社会治理体系问题，对于实施“十四五”时期我国经济社会发展规划，推动国家治理体系和治理能力现代化具有重要的历史意义和现实意义。

（一）“十四五”时期健全我国现代化社会治理体系，首先要以习近平关于社会建设的重要论述和党中央要求为指导，确立社会建设的基本定位，明确现代社会治理体系的科学内涵

1. 要明确指导思想：坚持以习近平关于社会建设的重要论述为指导，在深入研究新时代中国特色社会主义社会建设理论体系的基础上，构建我国现代社会治理体系

社会治理理论体系蕴含在社会建设理论体系之中。研究现代社会治理体系，要以习近平关于社会建设的重要论述为指导，在深入研究新时代中国特色社会主义社会建设理论体系基础上进行。党的十八大以来，习近平总书记对加强社会建设做了全面论述，主要观点集中体现在《习近平谈治国理政》和《习近平关于社会主义社会建设论述摘编》等著作和讲话中。新时代中国特色社会建设理论体系的内涵非常丰富，习近平总书记的重要论述，为我们勾勒出了新时代中国特色社会建设理论体系的基本框架，主要包括以下几个方面：一是坚持以人民为中心的发展思想；二是牢牢把握保障和改善民生、加强和创新社会治理两个基本点；三是紧紧抓住党建引领、改革创新、重在基层三个着力点；四是不断完善“党委领导、政府负责、民主协商、社会协同、公众参与、法治保障、科技支撑”的社会治理体制；五是紧紧围绕社会治理体系和治理能力现代化目标，不断提高社会治理社会化、法治化、智能化、专业化、精细化

水平；六是在落细落小落实上下功夫，在共建共治共享上求实效。

2. 要确立基本定位：构建现代社会治理体系，要以党的十八大以来党的文献表述为基准，在明确社会治理基本定位的前提下，确立现代社会治理体系的基本定位

自 2004 年党的十六届四中全会明确提出加强社会建设以来，我国社会建设理论与实践不断取得新进展。但在理论和实践中，对社会建设内涵的认识往往不全面，甚至有偏颇。有时更多的是强调保障和改善民生，有时更多的是强调社会治理，甚至一度偏重社会管理，即便是综合讲社会建设，也往往表述成“民生服务 + 综治维稳”。从理论体系上说，这是不全面、不系统的表现；从实践运行上说，这是不一贯、不稳定的表现。说到底，是对社会建设的基本内涵以及社会建设与社会治理、社会管理的关系，还没有搞清楚、没有把握准。

党的十八大以来，习近平总书记对加强社会建设、深化社会体制改革、创新社会治理发表了一系列重要讲话，指明了前进方向。党的十八届三中全会，明确用“社会治理”代替“社会管理”，强调创新社会治理体制，强调加快推进社会治理体系和治理能力现代化。党的十九大明确从提高保障和改善民生水平、加强和创新社会治理两大方面部署社会建设工作，具有里程碑意义，确立了社会建设丰富内涵的两个基本点：一是保障和改善民生，二是加强和创新社会治理，也即社会服务与社会治理两个方面。这实质上也界定了社会建设与社会治理、社会管理之间的关系，即：作为“五位一体”总体布局重要组成部分的社会建设，是大概念；作为社会建设重要方面的社会治理，是中概念；作为社会治理中政府职能内涵的社会管理，是小概念。而现代社会治理体系是社会治理体系和治理能力现代化的重要组成部分。因此，要以习近平新时代中国特色社会主义思想为指导，以党的十八大以来党中央文献表述为基准，从社会服务与社会治理两个方面整体规划、全面部署社会建设工作，从国家治理现代化目标高度研究部署健全现代社会治理体系的任务。

3. 要把握主要内涵：我国现代社会治理体系涉及面很广，要在国家治理现代化目标下，在理论与实践基础上，深入系统研究、全面整体把握其基本内涵

应该看到，自党的十八届三中全会提出推进国家治理体系和治理能力现代化以来，虽然各个领域都有不少研究，但总体上理论研究落后于实践发展需求，甚至在许多方面还没有破题，社会治理也是如此。"十四五"时期，推动加强和创新社会治理取得新的更大发展，必须进一步高度重视、充分认识、深刻理解和准确把握现代社会治理体系的丰富内涵与重大意义。

决定现代社会治理体系内涵的因素，既有外在的，也有内在的。从外在因素说，作为国家治理体系和治理能力现代化的重要组成部分，经济建设、政治建设、文化建设、生态文明建设的现代化以及科技创新发展，都与社会建设是相互关联的，都对构建和完善现代社会治理体系起着促进或制约作用。从经济建设角度说，主要表现在中国特色社会主义市场经济结构战略调整对社会结构深刻变化的影响；从政治建设角度说，主要表现在中国特色社会主义民主政治制度对社会治理体制机制的影响；从文化建设角度说，主要表现在中国特色社会主义先进文化对社会文明的影响；从生态文明建设角度说，主要表现在自然生态环境对人的全面发展的影响；从科技创新发展角度说，主要表现在互联网、物联网、大数据、云计算、区块链、人工智能等对社会治理手段的影响。

从基本内涵上来看，现代社会治理体系可以分为社会治理体制机制、社会治理目标任务、社会治理手段方式等三个层面，综合概括为十个方面，即：现代社会制度体系，现代社会服务体系，现代社会管理体系，现代社会动员体系，现代社会价值观体系，现代社会诚信体系，现代社会工作队伍体系，现代社会法治体系，现代社会安全体系，现代社会治理方式体系。这十个方面，基本构成了我国现代社会治理体系的框架。

（二）"十四五"时期健全我国现代社会治理体系，要在认真总结国内外先进经验的同时，重点分析当前我国社会治理特别是基层社会治理的现状、存在的深层次问题、发展瓶颈短板及其产生原因

1. 要认真总结经验：新中国成立以来，特别是党的十八大以来，党的社会治理理论取得了新发展，基层社会治理实践取得了新成效，要站在社会治理体系和治理能力现代化新高度进行深入研究总结

新中国成立后，经过改革开放，特别是党的十八大以来，我国加强和创新社会治理、健全现代社会治理体系逐步取得了一系列历史性新转变：一是治理理念逐步从社会管理向社会治理转变，二是制度体系逐步从分散型向整合型转变，三是社会体制逐步从政府一元管理向政府、市场、社会多元共治转变，四是方式手段逐步从单纯行政手段向多种手段综合并用转变，五是社会结构逐步从传统社会向现代社会转变，六是运行状态逐步从社会高度集中向秩序与活力相统一转变，七是社会景象逐步从整体贫困向全面建成小康社会转变。

党的十八大以来，以习近平总书记发表一系列重要讲话为标志，开创了我国社会治理的新时代。习近平关于社会治理的重要

论述，核心是以人民为中心；关键是加强党的领导、构建共建共治共享社会治理格局；路径是深化改革、加快推进社会治理体系和治理能力现代化；目的是在更高水平上保障和改善民生、加强和创新社会治理，让人民群众拥有更多、更直接、更实在的获得感、幸福感、安全感。习近平关于社会治理的重要论述，为新时代加强和创新社会治理、健全现代社会治理体系指明了前进方向、提供了强大思想动力。

在基层社会治理方面，全国各地密切联系实际，创造性地开展工作，有许多好经验、好做法。北京市 2007 年成立市委社会工作委员会、市社会建设工作办公室，在体制机制创新、工作体系创新、政策体系创新、运行方式创新、实践模式创新等方面走在了全国前列，取得了明显成效。2014 年 2 月 26 日，习近平总书记在视察北京的重要讲话中，对北京“大力加强社会建设”给予了充分肯定。上海市自 2014 年以来，认真贯彻落实习近平总书记重要指示，把加强基层建设、创新社会治理当作“一号工程”坚持不懈抓，举全市之力在超大城市精细化治理方面创造了许多经验。浙江的“枫桥经验”、广东的社会工作创新、贵州的社会治理大数据等，都在全国发挥了引领和示范作用。在 2018 年机构改革中，北京市将市委社会工委与市民政局合署，云南昆明成立了市委社会工委，四川成都成立了市委城乡社区发展治理委员会，2021 年浙江在省、市、县普遍成立了社会工委，都产生了良好反响。

2. 要深入分析问题：从总体上讲，在“五位一体”总体布局中，社会建设相对滞后的现状还没有根本改变，存在的瓶颈主要是缺乏统筹协调，主要短板是政策碎片化，深层次原因是体制改革不到位

第一，在社会治理体制方面，主要是各类主体责任不清，缺位、越位、错位现象时有发生，没有形成工作合力。第二，在社会动员体系方面，主要问题是党建引领、激发社会内生动力不够，公众有序参与亟待加强。第三，在社会服务体系方面，主要问题是亟待建立全国一体化的基本公共服务体系。第四，在政府社会管理体系方面，主要问题是政出多门、政策碎片、重管理轻协商。第五，在社会价值观体系方面，主要问题是国家意识还不够强，社会文明程度还不高。第六，在社会诚信体系方面，主要问题是违规失信频发、监管系统不健全、惩戒力度不够。第七，在社会工作队伍体系方面，主要问题是专业力量不足、工作覆盖面不广。第八，在社会法治体系方面，主要问题是社会建设立法严重滞后。第九，在社会安全体系方面，主要问题是疏堵结合不够、防控结合不够。第十，在社会治理方式方面，主要问题是社会化、法治化、智能化、专业化、精细化的水平还不够高。总的说来，抓基本、抓基层、抓基础还不够，在国家意识教育、法治社会建设、社会文明程度及关爱弱势群体等方面，还存在许多问题，必须下大力气解决。

3. 要认真分析原因：当前我国社会治理存在问题的主要原因是，思想认识不到位、体制改革不到位、工作落实不到位，要切实有效解决

第一，思想认识不到位。应该说，全党上下对加强和创新社会治理越来越重视，但“说起来重要、忙起来次要、干起来不要”的问题还很突出。社会建设和治理说到底是服务群众的工作。应该强化重视社会建设和社会治理方面的教育。第二，体制改革不到位。在“五位一体”总体布局中，社会建设涉及面最广，最需要综合协调，而恰恰在社会建设方面，从中央到许多地方，缺乏专门机构抓统筹、缺乏专职人员抓协调、缺乏专门经费作保障，政策碎片化、政出多门、各自为政、条块分割问题突出，没有形成工作合力，推诿扯皮问题严重。十多年来，北京市社会建设取得成效的一条主要经验，就是市区两级都有专门工作机构抓统筹规划和综合协调。“十四五”时期，应当下决心解决社会建设和社会治理体制问题。第三，落实不到位。由于思想认识、体制机制、责任意识、评价体系等问题，社会建设和基层社会治理任务往往落不到实处。除了加强思想教育、体制改革外，还应该建立健全科学的综合评价指标体系和奖惩机制。

（三）“十四五”时期健全我国现代社会治理体系，要面向基层、面向未来、面向现代化把握发展趋势，尤其要注重研究和解决社会结构深刻变化带来的新问题

1. 我国社会结构情况复杂、涉及面广，研究解决社会结构问题，是加强和创新社会治理的着力点、健全现代社会治理体系的基础工程

中国特色社会主义进入新时代，我国社会主要矛盾发生了新变化，我国社会主义进入全面建设社会主义现代化国家的新阶段。面向基层、面向未来、面向现代化，更加注重保障和改善民生与加强和创新社会治理相结合，更加注重经济结构与社会结构相协调，是健全现代社会治理体系的新趋势。社会结构的新变化，集中反映了我国社会主要矛盾的新特点，决定了社会治理模式与方式的选择，要把研究解决我国社会结构深刻变化带来的新问题，当作加强和创新社会治理的重要着力点，当作健全现代社会治理体系的切入点。

我国地域辽阔，人口众多，社会结构复杂，社会结构至少包括以下几个主要方面：人口结构、家庭结构、就业结构、收入结构、消费结构、城乡结构、区域结构、组织结构、群体结构。

2. 我国社会结构已经并将继续发生深刻变化，总体仍处于不稳定状态，在各个方面存在一系列突出问题，必须引起高度重视

在人口结构方面，突出问题是老龄化越来越严重；在家庭结构方面，突出问题是空巢家庭、单亲家庭、单独家庭、留守家庭等增多；在就业结构方面，突出问题是，一方面农村仍有大量剩余劳动力，另一方面由于经济发展持续下行和机器人使用等影响，在城市大量劳动密集型企业职工面临下岗；在收入结构方面，主要问题是基尼系数仍处高位、贫富分化严重；在消费结构方面，主要问题是城乡居民仍以生存性消费为主，大病致贫等仍很突出；在城乡结构方面，主要问题是城乡发展失衡，农村快速空心化严重，甚至有逐渐消失的危险；在区域结构方面，主要问题是我国发展建设东快西慢、南强北弱、东南沿海好西北内陆差的格局仍未根本改变，特别是东北发展疲软问题突出，以大城市群为核心的区域协同发展仍存在许多体制性障碍；在组织结构方面，主要问题是政府机构过大且包揽过多、社会组织较弱作用发挥不充分、市场组织履行社会责任和参与社会治理不够；在群体结构方面，主要问题是中等收入群体规模仍然偏小、下层民众向上流动渠道变窄、新阶层兴起且情况复杂。

3. 我国社会结构的深刻变化，一方面与经济结构调整密切相关，另一方面也有自身规律特点，健全现代社会治理体系要把握社会结构和社会治理发展趋势

要看到，社会结构变化与经济结构调整是相关联的。一方面，社会结构随着经济结构的调整而变化，而又相对滞后。比如，经济分配结构会影响社会收入结构、经济产业结构会影响社会就业结构、经济投资结构会影响社会消费结构等。另一方面，社会结构变化有自身规律、受多种因素影响，特别是经济发展到一定阶段后，社会发展有一定独立性，社会结构变化呈现多样性，而且，社会结构的深刻变化，反过来会影响经济结构的深刻调整。因此，既要从经济结构变化角度研究解决社会结构变化问题，也要从加强和创新社会治理、实现社会治理现代化目标高度研究解决社会结构存在的问题。

结合当前形势综合分析判断，“十四五”时期我国社会结构变化将呈现如下几个明显趋势：一是人口老龄化趋势，二是城乡发展一体化趋势，三是社会群体多元化趋势，四是与经济结构协调发展趋势，五是区域协同发展趋势，六是社会虚拟化趋势。同时，当前我国社会治理也呈现了一些新特点、新趋势：一是城乡基层治理成为社会治理的重心，二是公共安全的地位更加凸显，三是风险治理与应急处置加强统筹，四是实体社会治理与虚拟社会治理相结合，五是社会心理服务体系建设受到重视，六是社会企业发展方兴未艾。

加强和创新社会治理，健全现代社会治理体系，要谋势而动，抓重点、抓协调、抓落实。“十四五”时期，总体上要在如下几个方面加大力度：一是深化城乡统筹改革，推动城乡融合发展；二是深化户籍改革，健全社会保障体系；三是深化产业结构改革，大力发展社会企业；四是深化收入分配改革，壮大中等收入群体；五是深化管理体制改革，构建区域发展新格局；六是深化社会组织改革，构建“枢纽型”社会组织工作体系；七是加快养老事业发展，形成养老服务供给新格局；八是深化网络社会治理，提升社会治理智能化水平。

（四）“十四五”时期，推进我国社会治理体系和治理能力现代化，要站在新起点、胸怀大格局、瞄准现代化抓好顶层设计，要坚持问题导向、需求导向、创新导向、目标导向、效能导向，抓好主要任务落实

1. 基本原则：“十四五”时期，推进社会治理现代化，要坚持以习近平新时代中国特色社会主义思想和党的十九届历次全会精神为指导，把握基本原则

第一，坚持党的全面领导，以党的建设为引领；第二，坚持以人民为中心，让广大群众有更多获得感、幸福感、安全感；第三，坚持从国情出发，充分体现时代特征、中国特色、区域特点；第四，坚持全面深化改革，推动社会治理创新实践；第五，坚持广泛动员参与，构建共商共治共建共享格局；第六，坚持搞好统筹协调，不断完善社会治理体制机制；第七，坚持搞好顶层设计，不断完善社会治理现代化体系；第八，坚持夯实基层基础，不断提高社会治理现代化能力水平。

在坚持上述原则的基础上，工作中要正确处理以下基本关系：一是社会建设与其他工作的关系，把社会建设放在“五位一体”总体布局、“四个全面”战略布局中研究和推进；二是民生工作与社会治理的关系，把保障和改善民生与加强和创新社会治理作为社会建设的两个重要组成部分结合起来一起抓；三是维稳与维权的关系，既维护好社会稳定大局，又维护好人民群众的根本利益；四是秩序与活力的关系，使社会既充满活力，又和谐有序；五是法治与德治、自治与共治、专治与智治的关系，不断提高社会治理社会化、法治化、专业化、智能化、精细化水平和社会文明程度；六是顶层设计与基层基础的关系，朝着社会治理体系和治理能力现代化

目标不断迈进。

2. 主要目标：站在“两个一百年”交汇的历史新起点，面对世界百年未有之大变局，抓住机遇、迎接挑战，朝着我国社会治理体系和治理能力现代化目标迈进

总体目标是：党的领导全面加强，保障和改善民生的水平明显提高，加强和创新社会治理的成效明显增强，现代社会治理体系初步形成，共建共治共享的格局初步形成，社会更加充满公平正义、文明诚信、活跃有序、和谐稳定，人民更有获得感、幸福感、安全感。

具体目标可以概括为“九个更加”“九个明显提高”：一是社会治理体制更加健全，党建引领、协同共治水平明显提高；二是社会服务更加完善，民生保障、公共服务水平明显提高；三是社会管理更加科学，政府履职、城乡管理水平明显提高；四是社会动员更加广泛，公众参与、社会共治水平明显提高；五是社会风气更加文明，社会诚信、公益慈善水平明显提高；六是社会心理更加健康，培育良好心态、营造和谐氛围的水平明显提高；七是社会运行更加有序，化解社会矛盾、维护社会公正水平明显提高；八是社会环境更加安全，依法治理、风险防控水平明显提高；九是社会治理方式更加现代，智能化、专业化水平明显提高。

3. 主要任务：要站在“五位一体”总体布局与“四个全面”战略布局高度，坚持问题导向、需求导向、目标导向、创新导向、效能导向，不断健全我国现代社会治理体系，全面落实“十四五”时期社会建设的主要任务

第一，健全社会治理体制，完善党委领导、政府负责、民主协商、社会协同、公众参与、法治保障、科技支撑的现代社会治理体系。

第二，健全社会治理新格局，打造共商共治共建共享的社会治理格局。

第三，健全社会治理机构，在中央和地方设立社会建设工作机构和协调机制（领导小组或委员会），加强党对社会工作的领导，加强统筹规划、综合协调。

第四，健全公共服务体系，强调在服务中加强治理，并把完善社会心理服务体系、加快社会企业发展放在更加突出地位。

第五，健全社会组织工作体系，加快推进社会组织管理体制改革，逐步实现政社分开、管办分离、取消业务主管单位，借鉴北京市构建“枢纽型”社会组织工作体系的经验，充分发挥人民团体等的“枢纽型”社会组织作用，把各类各级社会组织纳入党和政府工作主渠道。

第六，健全社区治理机制，完善“党建引领、五社联动（社区居委会、社会组织、社会企业、社会单位、社区居民）”的社区治理机制。

第七，健全社会安全体系。特别重视排除地下管网隐患，形成统一规范的城市地下管网体系，尤其把“排除城市建筑玻璃幕墙安全隐患，建立玻璃幕墙安全档案”当作大事抓。

第八，健全社会诚信体系，建立健全公民个人诚信档案，建立健全单位履行社会责任评价体系。

第九，健全社会治理能力建设体系，不断提高党组织领导力、政府负责力、社会协同力、公众参与力、法治保障力、科技支撑力、人才建设力。

第十，健全综合评价指标体系，尽快建立健全社会治理体系和治理能力现代化综合评价指标体系，为提高社会建设效能提供保障。

五、“十四五”时期完善我国社会结构的基本思路

改革开放以来，随着社会主义市场经济的发展，社会的多元化发展成为大趋势。在经济转轨和体制转型的过程中，我国社会结构已经并将继续发生深刻变化，一方面，社会流动、社会创新和社会活力空前增强，对社会改革发展起了重要的推动作用；另一方面，经济结构与社会结构发展的不协调，特别是社会结构严重滞后于经济结构的发展，给我国社会发展和社会治理带来一系列新问题、新挑战。“十四五”时期，是我国全面建成小康社会之后，开启社会主义现代化新征程的关键时期，是我国调整和优化社会结构的战略机遇期，也是跨越“中等收入陷阱”的重要窗口期。这就要求我们必须高度重视调整和优化社会结构，加强和创新社会治理，提高社会结构与经济结构的适应力、匹配度，以人民为中心，努力促进经济结构与社会结构的全面、协调、可持续发展，着力推进社会治理体系和治理能力现代化，加快构建共建共治共享的现代社会治理新格局。

（一）当前我国社会结构的现状与趋势

社会结构的子系统主要包括人口结构、家庭结构、就业结构、收入结构、消费结构、群体结构、城乡结构、区域结构、组织结构等九方面内容。当前，我国社会结构的基本现状及趋势具体情况分

析如下：

1. 关于人口结构

当前，我国人口结构呈现了五个特征：一是总量上人口增速放缓，人口自然增长率持续维持低水平，且出现明显下降趋势。二是人口老龄化加快加深，正迅速由“老龄化社会”向“老龄社会”迈进，未富先老问题形势严峻。空巢老人占比高，农村老龄化比城市老龄化问题更严重。三是总和生育率和育龄人口下降，“全面二孩”政策激励生育效应未彰。据测算，近10年来的总和生育率在1.41～1.78之间波动，总和生育率均值为1.65[①]，远低于全球水平的2.45，也低于发达国家的1.67。育龄妇女持续减少，2018年，我国15～49岁育龄妇女人数比2017年减少了700余万，其中20～29岁生育旺盛期育龄妇女减少500余万人。四是人口性别比例失衡，男女比例失调，男性比女性总量多3000万，农村男性比女性尤其多，而城市女性比男性多。男女比例失调，容易造成婚姻挤压。五是劳动人口比重进入拐点。尽管我国劳动力总人口仍然丰富，但自2012年起，我国劳动年龄人口的数量和比重连续7年出现双降，显示我国劳动人口比重进入重要拐点，劳动力短缺问题不容忽视。“十四五”时期应把人口问题摆到重要位置，加强人口结构再平衡的规划。

2. 关于家庭结构

当前，我国家庭结构的基本现状主要表现在：“421”家庭组合形式成为常见模式；家庭规模萎缩，丁克家庭、空巢家庭、单身家庭、单人家庭比例增多；隔代家庭比例迅速上升，漂泊家庭、留守

① 陈卫，段媛媛. 中国近10年来的生育水平与趋势. 人口研究，2019（1）.

家庭和分离的核心家庭比例增加；独生子女占比较大，直系家庭的数量和比重出现显著的增长，独生子女既要养老又要养小，生活压力非常大。城乡家庭结构分化明显。"十四五"时期家庭结构调整的目标任务是，高度重视家庭在国家治理和社会治理中的基础性地位，创新政府家庭职能部门建设，建立健全家庭政策体系，从多方面为家庭提供保障和支持，全面加强和提升家庭的综合功能；高度重视家庭文明建设，注重家教、家风，培养和营造良好家庭美德。

3. 关于就业结构

当前，我国就业结构的基本情况是：就业人数比例从第一产业、第二产业、第三产业依次降低，转变为第三产业、第二产业、第一产业依次降低，给现代社会治理提出新挑战；传统体制外就业人数（82.6%）远远超过传统体制内就业人数（17.4%），传统单位体制的治理功能大大弱化；农村仍有大量剩余劳动力，其转移面临困难；农民工群体频繁更换工作，缺乏稳定的职业和晋升渠道；人力资源供给与岗位需求之间不匹配的结构性矛盾仍然十分突出；就业的行业、区域分布不均衡问题依然存在，部分行业、区域和群体的就业压力仍然较大；解决就业问题具有长期性、艰巨性和复杂性。"十四五"时期我国就业结构优化的目标方向是，高度重视、千方百计增加农民和农民工收入，以乡村振兴为总抓手，系统解决好农业、农村、农民"三农"结构性和总体性问题；在单位治理之外，加快建立健全社区治理体系；制定和完善将农民工作为产业工人重要组成部分的系列配套政策。

4. 关于收入结构

当前，我国收入分配结构的基本现状表现为：基尼系数仍处于高位，贫富两极分化严重，社会不公平感和相对剥夺感加深，社会整体风险加大；城乡之间、行业之间、阶层之间、群体之间的收入差距大，影响社会秩序和谐安定；收入分配中的垄断性因素仍具有较大影响；工资性收入占 GDP 比重偏低；增加农民财产性收入仍面临不少体制性障碍。“十四五”时期我国收入分配结构调整的目标方向是，规范收入分配秩序，既要管公平，也要重效率。初次分配和二次分配都要讲公平，既要重视市场机制对收入分配的决定性作用，又要高度重视保障和改善民生，加强社会保障的兜底性作用，特别要重视解决城乡收入分配差距比较大的问题。

5. 关于消费结构

当前，我国消费结构的基本现状表现为：城乡消费结构差异明显，城市特别是大中城市居民消费结构中住房支出所占比例畸高，农村居民消费结构中医疗支出、教育支出负担较大，对其他消费造成了挤压；不同阶层之间的消费差距拉大，针对购买力较强的群体，高端化、个性化、定制化趋势日益明显，境外抢购、“海淘”现象突出；购买力较弱的群体因收入水平限制了消费升级。“电商”日益成为一种新的消费模式，深刻影响和塑造着大众的消费习惯，并给实体店消费带来重大挑战。从总体上来看，我国城乡居民正实现从“生存性消费”向“发展性消费”的全面转型。2017 年，我国城乡居民的恩格尔系数为 29.3%，首次下降到 30% 以下。“十四五”时期我国消费结构调整和优化的目标方向是，政府应增加公共服务投入，特别是在住房、医疗、教育等基本民生领域，特别向农村地区、西部地区、贫困地区倾斜。

6. 关于群体结构

当前，我国社会群体结构的基本现状表现为：精英群体与底层群体之间的边界区分日渐明显，群体内部的认同逐步形成，甚至形成一些具有较强封闭性的小型圈子；底层群体向上流动的渠道在收缩变窄，给底层群体的生存和发展带来重要影响；中等收入群体规模偏小，且社会地位较为脆弱，其生长和发展仍处于一个需要高度重视、积极支持的关键阶段；农民工群体成为我国新产业工人的重要组成部分，其内部构成日益多元化、复杂化；以大学生低收入群体为代表的“蚁族”群体，成为亟待重点关注和对待的一个重要社会群体；新社会阶层的兴起，成为中国社会发展的重要主体力量，也成为加强和创新社会治理的重要任务。从阶层结构类型看，我国经历了从倒“丁”字形社会结构向“土”字形社会结构的转变，但离“橄榄型”社会结构的形成仍具有较大距离[①]。目前，中等收入群体比例约为35%。“十四五”时期的重点任务是，加快培育和壮大中等收入群体，争取在“十四五”末期使中产阶层比例达到40%。

7. 关于城乡结构

当前，我国城乡结构的基本现状表现为：城乡之间仍具有较大的制度分割性，发展不协调、不平衡仍较明显，城市发展远远超过农村发展；城乡之间的结构差距从东部、中部、西部依次加大；城市内部和农村内部的分化均加快加大，引发新的不平衡问题；不少村庄陆续进入“消失”状态，不少城市处于“空心”状态，值得引起高度关注。“十四五”时期城乡结构调整的目标方向是，加快推进城乡一体化和城乡融合发展，既注重顶层设计，破除城乡融合发展的制度性和体制性障碍，又注重基层实践，以城乡社区为基础，探索推进城乡社区融合发展试验区建设。

① 李强．我国社会结构、社会分层的新特征新趋势．北京日报，2016-05-30.

8. 关于区域结构

当前，我国区域结构的现状表现为：区域发展不平衡一直是我国的一个基本国情；东西部发展不平衡、南北方发展不平衡、省际发展不平衡、大小城市发展不平衡、城乡发展不平衡，是普遍性、长期性的问题。这种区域发展不协调，加上地方性政策不一致，不仅会加剧地区间发展的不平衡，还会导致基本公共服务水平差距拉大，引发一系列社会矛盾和社会问题。“十四五”时期我国区域发展结构在继续深入实施西部大开发、东北振兴、中部崛起和东部率先发展战略的基础上，重点实施“一带一路”倡议、京津冀协同发展战略、长江经济带发展战略，推动区域协调向更大范围和更高层次迈进。

9. 关于组织结构

当前，我国组织结构的基本现状是：政府组织较大、市场组织较强、社会组织较小较弱，从而导致政府、市场、社会三者之间的权责关系失衡、作用发挥失调。社会组织从法律层面被纳入社会治理体系，并明确其非营利法人地位，具有里程碑意义。社会企业的培育发展应该引起高度重视。“十四五”时期，政府组织建设的目标方向是，在深化党和国家机构改革的基础上，着力推进法治国家、法治政府、法治社会一体化建设，建设现代服务型政府；市场组织建设的目标方向是，顺应社会主义市场经济发展进入全面深化改革阶段的要求，着力加快产业转型升级，高度重视实体经济高质量发展；社会组织建设的目标方向是，在继续稳步有序提高社会组织体量的基础上，高度重视社会组织质量和能力建设，优化社会组织内部结构，完善社会组织法人治理结构。

（二）"十四五"时期我国社会结构亟待解决的突出问题

我国社会结构发展的基本现状和趋势，体现了社会转型期社会结构变化的复杂性、多样性和不稳定性。"十四五"时期，我们既要重视对我国社会结构的发展趋势从总体上把握、顶层上设计，还要针对突出性的结构问题，采取更加有针对性的政策措施予以有效解决。从总体上看，我国社会结构中凸显的以下问题亟待研究解决：

1. 人口老龄化问题

人口老龄化问题既涉及人口结构，又直接影响着家庭结构、就业结构、消费结构等，是我国未来社会治理必须高度重视的问题。在我国人均预期寿命增长和社会总体生育率持续下降的双重因素影响下，我国老龄化趋势加快加深，这是"十四五"时期我国社会结构变化的重要特征。据测算，"十四五"时期我国 60 岁及以上老年人口将新增 4 800 万～4 900 万，是"十二五"时期的 1.1 倍、"十三五"时期的 1.3 倍以上。我国的老年抚养比从 1990 年末的 8.3%，提高到 2018 年末的 17%。从更长周期来看，据世界银行研究报告测算，预计到 2050 年，中国 65 岁及以上老年人口占总人口比例将达到 26%，80 岁及以上老年人口占比将达到 8%，中国将从一个"老龄化社会"快速转变为一个"老龄社会"。人口老龄化面临的主要问题包括：一是未富先老，未备先老。从整个国家的经济发展水平和人民的富裕程度来看，我国应对老龄化的经济水平支撑和社会配套保障制度还不够系统和完善，特别是养老金不足问题亟待解决。二是老龄化程度的不均衡。东部、中部、西部进入老龄化的进程和时序有所不同；城市和农村的老龄化程度不同，且不少农村的老龄化状况严重。三是老龄群体内部的分化复杂。从总体上看，高龄老人特别是农村的一些高龄老人，面临严重的养老困境；城乡的空巢老人占比较高，给养老带来较大压力；不少失能失智，甚至是有心理、精神障碍的老人群体，亟待有效的养老服务体系承接。四是鼓励生育三孩政策缺乏有效的配套政策支撑，政策效果亟待进一步激励和彰显。因此，“十四五”时期既要直面中度老龄化社会的阶段性挑战，又要为进一步的重度老龄化社会做足准备。同时，“十四五”时期也是我国应对老龄化和鼓励生育的历史交汇期，既需要积极应对和处理沉重的养老压力，又要有效提高人口生育率，从而使鼓励生育三孩政策显现良好的激励效果。

2. 收入差距继续拉大问题

我国收入分配结构面临的主要问题：一是贫富分化严重，不利于共同富裕目标的实现。在我国经济发展进入新常态且增长速度处于 7% 以下时，很有可能使更多问题被积压和难以解决。而贫富分化的加重，无疑会导致富裕群体与贫困群体之间出现巨大的鸿沟，使处于弱势的群体的社会不公平感和相对剥夺感加深，这将非常不利于社会的稳定和安全。二是收入分配差距高位运行的态势仍较强，且收入分配中的垄断性因素仍具较大影响力，降低和祛除其影响，仍面临不少瓶颈和难题。三是城乡居民之间的收入分配差距仍偏大。不论是工资性收入，还是财产性收入，均存在较大差距。这种差距使得城乡居民的获得感出现相应的差距。四是如何顺利跨越“中等收入陷阱”，进入高收入国家行列，是今后一个时期的重要任务和严峻挑战。这涉及我国如何有效应对和处理城镇化、工业化、全球化、社会转型等带来的多重复杂交叉的治理难题和困境。

3. 城乡统筹仍不够问题

我国城乡结构面临的主要问题：一是城乡发展失衡，城乡互动机制还不完善，城乡资源配置不对称，城乡一体化融合发展还面临不少体制性障碍。“十四五”时期，如何使城乡融合实现一些关键性突破和创新，至关重要。特别是在城乡人口、城乡规划、城乡产业、城乡要素、城乡空间等方面，需要有通盘整体设计。二是农村空心化问题严重。这将在“十四五”时期更加凸显，也可能会带来更为严峻的“三农”问题。不少乡村只剩下老人、妇女和小孩，这严重影响和改变了乡村社会的人口生态，不利于乡村的健康发展；在城镇化背景下，不少乡村面临迁并或撤销问题。三是农民工市民化问题在“十四五”时期将更加凸显和紧迫，亟待加快统筹和妥善解决。常住人口城镇化率与户籍人口城镇化率之间仍存在较大差距，比如 2018 年，前者是 59.58%，后者是 43.37%，两者相差 16.21%。有效缩小这个差距，仍面临不少困难，但也有不少机遇。四是城乡统筹领导体制机制还不健全。建立健全城乡统筹发展的领导体制，特别是进行一些富有成效的职能机构的改革创新，成为深入推进城乡一体化融合发展的重要保障。

4. 区域发展长期失衡问题

我国区域发展失衡面临的主要问题：一是“东快西慢、南强北弱”现象突出，东部、中部、西部发展速度呈梯次级差降低趋势。这既有客观地理位置的影响，同时也是长期历史发展的结果。二是东北振兴、中部崛起仍亟待加强。东北振兴乏力，仍面临不少体制机制障碍，思想观念的解放和转变仍是一个重要方面；中部崛起进程效果不明显，仍面临发展动力和后劲不足、缺乏强大龙头引擎等问题。三是人才分布过于集中在特大城市，特别是一线城市和省会城市。在区位上，东部成为人才聚集高地，中西部成为人才流失严重地区，很难吸引到优秀人才；一、二线城市成为人才流动的主要地区，机会多、平台好、吸引力强，而小城市既缺机会也缺平台，也很难真正留住人。四是各类资源集聚和分布在不同类型城市和农村，产生较大分化和失衡。一线城市成为资源的聚集高地，中小城市成为资源聚集的洼地；东部沿海地区的农村，普遍经济发展较快，资源丰富；西部地区，特别是西北和西南的不少农村，资源匮乏，还面临贫困问题。

5. 社会组织发展不足问题

社会组织是现代社会治理的重要参与主体，其发展状况直接影响和制约着社会治理结构的调整和优化。从总体上来看，我国政府组织较大、市场组织较强，而社会组织总体上还比较弱小，还不能适应社会治理现代化对社会组织参与社会治理的需要，这也导致政府、市场、社会三者之间的权责关系不能很好地理顺。与此同时，针对社会组织的政府监管与社会监管还不完善，尤其是社会监管、行业监管和社会组织自律发展较为缓慢。另外，缺乏健全和规范的社会组织体系，在未来的社会治理中政府购买服务的需求与社会组织的承接能力之间就会存在不匹配。除此之外，从内部结构来看，社会组织本身也面临着发展不平衡、不充分的问题[①]：一是社会组织发展体现出鲜明的区域性不平衡特征。从数量和质量来看，华东地区都远超过其他地区，其次是西南地区，然后是华南和华中地区，最后是东北地区。二是社会组织发展体现出明显的城乡差距。各地城市社会组织的发展一般都远超过农村社会组织的发展。三是社会组织的总体数量、质量，特别是专业性不足，与我国经济社会

---

① 张振．新时代我国社会组织发展取得十大新成就．中国社会科学网，2018-05-17.

发展的多样性需求还不太适应。

6. 网络社会治理被动问题

据有关专家预测，未来5～10年，我国民众平均每天在网上的时间将超过8小时。人们在网络社会工作和生活的时间将超过现实社会。实现网络社会治理体系和治理能力现代化的任务非常繁重、艰巨。到2021年底，我国有10.11亿多网民、16.42亿多手机用户、422多万家网站，是名副其实的网络大国。特别是互联网、大数据和人工智能的快速发展，重塑了经济社会运行模式，改变了人类的生产和生活方式，推动整个社会结构和社会体制的变迁和转型，大大提高了我国社会运行的虚拟性和风险性，加强了社会治理的难度。主要表现在：一是网络生态遭受污染，公序良俗面临挑战。我国网络生态整体向好，但依然存在一些不良内容，网络生态的污染源尚未得到根除[①]。网络上存在大量杂音噪音和低俗乱象，夸大事实、断章取义、造谣传谣、传播虚假信息和低俗信息屡禁不止，这让整个网络生态受到严重污染，公序良俗受到严重挑战。二是网络法律法规和政策规范建设还相对薄弱。我国互联网相关法律法规和政策规范建设与网络空间迅猛发展的形势还不相适应，除《网络安全法》之外，具有针对性、可操作性的专项政策法规供给还不够。三是网络犯罪总量攀升，打击和治理难度加大。网络犯罪已成为主要犯罪类型之一，已占到犯罪总数的近1/3，且网络犯罪具有隐蔽性、跨地域性、非接触性、即时性等特点，对其治理相较于传统犯罪案件难度更大[②]。四是虚拟社会与现实社会相互交映、相互渗透，给社会治理带来新挑战。虚拟社会与现实社会相互交映、相互渗透，使得

① 加强网络综合治理　营造清朗网络空间．中国网信网，2018-10-24.

② 魏钦恭，冯仕政．建立网络综合治理体系　提升社会综合治理能力．中国社会科学报，2017-12-15.

网络空间与现实生活的界限变得越来越模糊，每个网民无论是在线上还是在线下都深受互联网的影响。特别是一些消极、负面的网络信息和网络事件，给人们的正常生活带来重大冲击和挑战。

（三）“十四五”时期创新社会治理完善社会结构的对策

社会结构的深刻变化，必然带来社会治理体制和治理模式的重要变革，并对保障和改善民生、加强和创新社会治理提出一系列新任务、新要求。现代化的社会结构，是现代社会最牢固的基础。“十四五”时期是我国全面建成小康社会后、实现社会主义现代化目标的关键阶段，加强和创新社会治理、完善社会结构、加快推进社会治理体系和治理能力现代化的任务非常繁重，要求也更高。应当看到，社会结构的演变具有自身的规律和特点，既不可能停滞不前，也不可能一蹴而就，要把握趋势和规律，驰而不息地做好相关工作。结合“十四五”时期社会结构演化的主要趋势及面临的挑战，我国社会治理创新需要应对和处理如下六大重点任务：

1. 完善养老服务体系，有效应对人口老龄化

面对我国快速老龄化的发展趋势，建议“十四五”时期统筹构建我国老龄化应对中长期规划，建立健全家庭养老、社区养老和机构养老有效整合的养老服务体系；进一步做实养老账户和完善社会保障制度；逐步提高养老保险和社会保障的统筹层次，由县市级统筹向省市级乃至全国性统筹改革；利用公共和民营部门的资源和补充能力，建立覆盖不同收入群体和城乡地区的完善的养老服务市场，大力发展保障性的银发经济；加快研究制定老年长期照护政策体系，以系统和可持续的方式扩大长期照护融资；鼓励和倡导延迟退休，企业和个人逐步树立延迟退休的理念，同时鼓励企业给老年人提供灵活的、短期的、临时性的就业机会。与此同时，完善与三孩政策相配套的系列社会政策，尽快出台鼓励三孩生育政策并适时考虑全面放开生育政策；提升教育、医疗、社保、保障房等财政民生支出比重，并优化支出结构，解决托幼难问题；通过对生育子女提供相应补贴、增长妇女的产假时间、方便子女就学、就医给予优惠等政策来提高生育率。

2. 重视缩小收入差距，着力促进共同富裕

“十四五”时期我国收入分配结构调整的目标方向是，规范收入分配秩序，既要管公平，也要重效率。初次分配和二次分配都要讲公平，既要重视市场机制对收入分配的决定性作用，又要高度重视保障和改善民生，加强社会保障的兜底性作用，特别重视解决城乡收入分配差距比较大的问题；完善按要素分配的体制机制，促进收入分配更合理、更有序；履行好政府再分配调节职能，加快推进基本公共服务均等化，缩小收入分配差距。首先，要继续坚定不移地推进户籍制度改革，让流动人口在常住地享有更多的公共服务和生活保障，破除妨碍劳动力流动的体制机制弊端。其次，要加大对低收入地区的政府转移支付力度，缩小转移性收入的差距。只有加大对低收入地区的转移支付力度，区域间收入差距扩大的趋势才会得到有效遏制，才能实现更加平衡的发展路径，最大限度地满足人民群众的美好生活需要。最后，要深化社会体制改革，在户籍制度、档案制度、职称制度、社保制度等方面进行相配套的综合改革，为各类社会群体实现阶层流动、地位上升提供强有力的体制保障。

3. 加快城乡统筹，推动城乡融合发展

加快城乡统筹，推动城乡融合发展，是“十四五”时期我国社会治理创新的迫切需要。应树立城乡融合发展理念，坚持把城乡作为一个有机的整体，让城市与乡村各美其美、美美与共、共同发展繁荣。主要包括四个基本维度：一是推进城乡空间融合。规划一体化是城乡融合发展的先导和前提，而县域则是规划一体化的基本空间载体和空间单元。或可将城乡社区治理和社区服务专项规划作为突破口，统筹推进城乡基本公共服务和公共资源配置规划一体化。二是推进城乡产业融合。产业协同是城乡融合发展的物质保障。应立足乡村的独特禀赋和优势，着力培育新产业新业态，激发乡村经济发展新动能，以产业集群的衍生、集聚、网络和创新效应带来城乡高质量融合发展。三是推进城乡社会融合。基本公共服务均等化是实现城乡社会融合发展的关键载体。应着力补齐农村公共服务短板、农村基础设施短板，加快建立全民覆盖、普惠共享、城乡一体的基本公共服务体系和公共设施体系，实现城乡居民基本权益平等化。四是推进城乡要素融合。城乡开放是城乡融合发展的基础，城乡体制统一是城乡融合发展的前提。应加大城市公共服务和公共资源向农村延伸扩展，加大城市人才、资本、技术下乡，实现城乡要素从单向流动向双向互动转变，建立城乡统一的土地管理制度，使城市建设与乡村建设相互支撑、相得益彰。

4. 加强区域统筹，构建区域协调发展新格局

加强区域统筹，构建区域发展新格局，是有效解决新时代社会主要矛盾的必然选择。当前，我国区域发展呈现出“协调东中西、平衡南北方”的整体联动新态势，国家区域战略更加突出靶向性。“十四五”时期是我国加快区域协调发展的重要战略机遇期，需要

着力把握好如下方面：一是统筹推进新型城镇化和乡村振兴战略。区域协调发展要实现新突破，必须统筹处理好新型城镇化与乡村振兴战略之间的关系，坚持双轮驱动、不可偏废，坚持两手抓、两手都要硬。二是分类推进区域协调发展。针对不同类型的地区，制定和实施相应的区域发展战略重点。比如，针对乡村地区、革命老区、民族地区、沿边地区、资源枯竭地区等，以及综合配套改革试验区、城市新区、自由贸易试验区等，要因地制宜、综合施策，发挥各自优势，补齐短板。坚持以城市群为主体形态、以都市圈为重点、以一体化为抓手，推进区域协调高质量发展。坚持以“一带一路”为依托，带动和促进沿线各省域的开放协调发展。三是强化中央政府主体责任，建立健全区域协调发展体制机制。区域协调发展作为国家重大战略，中央政府的顶层设计、顶层协调、顶层推动尤为关键和重要。特别是跨省域的城市群、经济区、大湾区等，都需要中央政府进行统筹规划、系统安排。这就需要进一步完善中央-省级-市级等不同行政层级之间的区域协调领导体制。四是大力促进区域之间基本公共服务均等化。这是区域协调发展的核心要义。在长三角、珠三角、京津冀等地区，探索实现医疗、教育、住房等区域内统筹，实现区域内均等化和一体化发展。

5. 坚持培育与监管并重，提升社会组织治理效能

“十四五”时期，应从国家发展的战略高度认识和把握社会组织的发展，将全方位参与、高质量服务作为我国社会组织发展的两条主线。主要对策包括：一是从战略上把社会组织纳入“五位一体”总体布局，将其视为现代社会治理体系的重要主体和各项建设事业的重要力量。而社会组织从业人员则是新社会阶层人士的重要组成部分。二是深化社会组织领域的“放管服”改革，改善和优化社会组织的发展环境。应理顺政府部门和社会组织之间的关系，建立多层次监管体系，坚持合法性监管与风险性监管并重，明确以活力有序为出发点，更好服务于新时期“维护社会稳定与提升社会效率并重”双重监管目标[①]，促进社会组织按照自身发展规律整合社会资源，提供高水平的社会服务。三是社会组织要勤练内功、练好内功，提高自身的运作活力和治理效能是社会组织参与社会治理的重要前提。应建立健全社会组织法人治理结构，全面加强和改进社会组织能力建设，规范和完善政府购买社会组织服务的体制机制，更好实现政府对社会组织培育和发展的全方位支持。四是加强和完善社会组织立法建设。应健全社会组织业务管理、内部管理的法律法规建设；力争在“十四五”时期制定和出台社会组织法，着力做好与《慈善法》的有序衔接。

6. 强化网络综合治理，营造更加清朗的网络空间

网络空间已成为亿万民众的精神家园，成为现代社会发展不可或缺的信息渠道，也成为现代社会治理的前沿阵地。网络空间天朗气清、生态良好，符合人民利益；网络空间乌烟瘴气、生态恶化，不符合人民利益。“十四五”时期，强化网络综合治理，优化网络生态空间，需要着力把握好如下方面：一是全面提升网络综合治理能力，形成党委领导、政府管理、企业履责、社会监督、网民自律等多主体参与，经济、法律、教育、技术等多种手段相结合的综合治网格局。二是以社会主义核心价值观为引领，进一步强化网络意识形态引导。培育和健全虚拟社会的网络生态，核心价值观和主流意识形态的引领和示范作用尤为关键。应通过生动活泼、浅显易懂的多种形式，切实增强和提高主流意识形态的辐射力和影响力，用正面内容、正面声音占领舆论阵地，激发和传播网络正能量，培育

① 徐姗．社会组织风险监管的必要性与可行性．中国社会报，2019-06-03.

积极健康、向上向善的网络文化。三是全面加强网络法治建设，增强依法治理网络力度，推进网络依法规范有序运行，加强网民自律意识和网民文明素养，为广大网民营造一个绿色、安全、干净的网络环境，进而构建一个和谐、温馨、活泼、健康的网络共同体。四是加强网络舆情监测，主动回应社会关切。应综合运用法律、技术和行政等多种手段，及时关注网上舆情动向，有效回应网民诉求，不断完善和改进对网络自媒体的监管机制和手段建设。

总之，加强和创新社会治理与完善社会结构，是一个长远复杂的系统工程，需要全面、深入、系统地研究，也要坚持问题导向、需求导向、目标导向、创新导向、效能导向，切实解决突出问题。同时，也要看到，社会结构变化与经济结构调整是相关联的。一方面，二者具有一致性与滞后性。社会结构随着经济结构的调整而变化，而又相对滞后。比如，经济分配结构会影响社会收入结构，经济产业结构会影响社会就业结构，经济投资结构会影响社会消费结构。另一方面，二者具有相对性与独立性。社会结构变化有自身的规律。且受多种因素影响，特别是经济发展到一定阶段后，社会发展有一定的独立性，社会结构变化呈现多元化、多样性，而且，社会结构的深刻变化反过来又会影响经济结构的深刻调整。因此，既要从经济结构变化的角度研究解决社会结构变化的问题，又要从加强和创新社会治理、实现社会治理现代化目标的高度研究解决社会结构存在的问题，甚至可以说，“十四五”时期，研究和解决社会结构存在的突出问题，是加强和创新社会治理的着力点，是调整和完善经济结构、推进供给侧结构性改革的切入点。这是一切工作坚持以人民为中心发展思想的必然选择和内在要求。

六、着力构建中国社会建设综合评价指标体系

社会建设是一门科学，应当可量化、能评价。2011 年，北京市委社会工委、市社会办与上海华夏社会发展研究院合作，研究制定了“中国社会建设综合评价指标体系”，自 2012 年以来，连年对全国 31 个省（区、市）、15 个超大城市进行测评，并与“金砖五国”、G20 国家和地区相关数据进行比较研究，每年编印一本中国社会建设报告蓝皮书，产生了良好效果。应当总结推广北京经验，着力构建中国社会建设综合评价指标体系。

（一）编制试行“指标体系”的背景

2011 年印发《北京市“十二五”时期社会建设规划纲要》后，2012 年，在广泛征求意见的基础，“北京市社会建设综合评价指标体系”制定试行。北京市委社会工委与上海华夏社会发展研究院据此测评了 2013 年北京市社会建设工作情况，编写发布了《北京社会建设报告（2013）》（蓝皮书）。2013 年，党的十八届三中全会提出了加快推进社会治理体系和治理能力现代化的目标任务。2014 年 2 月 26 日，习近平总书记在考察北京工作时，对北京“大力加强社会建设”给予了充分肯定的同时，强调指出，首都治理是国家治理体系和治理能力现代化的重要组成部分，要把北京建设成为国际一流和谐宜居首善之都[①]。在学习贯彻习近平总书记重要讲

① 习近平在北京考察就建设首善之区提五点要求 . 新华网，2014-02-26.

话、总结过去一年工作、制定2014年计划的过程中，大家一致认为，实施社会建设综合评价指标体系，也要立足北京、面向全国，把北京社会建设放在国家社会治理现代化背景下，形成纵横比较、高水平、大视角的《中国社会建设报告》。一方面，在更宽广的时空中了解和把握北京社会建设的状况；另一方面，立足北京、面向全国先行先试，探索思路、形成经验，在全国推广。于是，经过深入调查研究，在已有的基础上，进一步完善“中国社会建设综合评价指标体系”，并据此开展测评，形成了首部《中国社会建设报告（2014）》（蓝皮书），不仅对北京市年度社会建设工作进行了综合评价，而且对全国31个省（区、市）和15个超大城市以及“金砖五国”、G20国家和地区进行了综合评价、横向比较。此后，陆续研究发布《中国社会建设报告》，对构建中国特色社会建设综合评价指标体系并推动社会建设科学发展进行了有益探索。

（二）制定试行“指标体系”的方法

为了科学合理地构建中国社会建设综合评价指数，形成中国特色的社会建设报告，2013年以来，课题组不断完善中国社会建设指数的结构体系和研究方法。

1. 构架中国社会建设综合指数的逻辑

架构中国社会建设综合指数体系的内在逻辑要求是：第一，要根据同类性或同质性指标来架构指标体系；第二，不同评价维度的指数既要有相对独立性，又要有互补性；第三，所筛选的每一个评价指标，要具有解释力度强和数据可采集、可比较、可跟踪的特性。按照“一强三可”的原则，每一个指标的数据都从《中国统计年鉴》《中国区域经济统计年鉴》等10种统计年鉴中获取，具有权威性和可比较、可持续评估的特质。

2. 构架中国社会建设评价体系的结构

"中国社会建设报告综合评价指标体系"的结构包括四个方面，即社会保障、社会服务、社会治理和社会环境，来源于《北京市"十二五"时期社会建设规划纲要》关于社会建设的"五大体系"，即社会服务体系、社会管理体系、社会动员体系、社会环境体系、社会关系体系。由于"社会服务体系"过于庞大，就分成了"社会保障"和"社会服务"两个部分；按照党的十八届三中全会精神，将"社会管理"改为"社会治理"，并将"社会动员"指标合并其中。中国社会建设主要发展指标共计40个（见图1）。

2013年北京市委办公厅、市政府办公厅印发《北京市"十三五"时期社会治理规划》。在研究编制该规划的过程中，认真总结了"中国社会建设综合评价指标体系"试行的经验，结合认真学习贯彻党的十八届三中全会精神，经过广泛征求意见，认真进行了修订完善，整体回归了北京市"十二五"时期社会建设规划"五大体系"的思路，并增加了"党的建设"部分，共六部分、28项核心指标（见表1）。该指标体系，经北京市委常委会、市政府常务会议讨论通过，正式纳入《北京市"十三五"时期社会治理规划》。应该说，这个逻辑框架更加科学严密了。以后几年的测评和《中国社会建设报告》也据此指标进行。

- 中国31个省（区、市）社会建设指数
  - 社会保障
    - 1.人口平均预期寿命（岁）
    - 2.城镇居民人均可支配收入（元/人）
    - 3.农村居民人均纯收入（元/人）
    - 4.城镇职工基本养老保险参保人数增长率（%）
    - 5.基本医疗保险参保人数增长率（%）
    - 6.失业保险参保人数增长率（%）
    - 7.城镇登记失业率（%）
    - 8.城镇单位就业人员平均实际工资指数（上年=100）
    - 9.城市最低生活保障平均标准增长率（%）
    - 10.常住人口平均受教育年限（年）
    - 11.文盲人口占15岁及以上人口比重（%）
    - 12.每十万人口高等学校平均在校生数（人/十万人）
  - 社会服务
    - 13.城市社区服务中心（站）覆盖率（%）
    - 14.每千老年人口养老床位（张/千人）
    - 15.每千人口医疗卫生机构床位（张/千人）
    - 16.每千人口社会服务床位数（张/千人）
    - 17.每千人口执业（助理）医师（人/千人）
    - 18.文化事业费占财政支出的比重（%）
    - 19.人均文化事业费（元/人）
    - 20.人均拥有公共图书馆藏量（册/人）
    - 21.每万人拥有群众文化设施建筑面积（平方米/万人）
    - 22.社会服务事业费占财政支出的千分比重（‰）
  - 社会治理
    - 23.每十万人口社会组织（个/十万人）
    - 24.每万人口社会服务职工（人/万人）
    - 25.每百万人口社工助工师（人/百万人）
    - 26.每万人口互联网宽带接入用户数（户/万人）
    - 27.每万人口社会志愿者服务人次（人次/万人）
    - 28.每万人口基层以上工会劳动法律监督组织提请劳动监察部门处理的案件数（件/万人）
    - 29.每万人口劳动争议结案数（件/万人）
    - 30.每万人口社区居民委员会数（个/万人）
    - 31.每万人口社会工作师（人/万人）
  - 社会环境
    - 32.建成区绿化覆盖率（%）
    - 33.人均公园绿地面积（平方米/人）
    - 34.生活垃圾无害化处理率（%）
    - 35.人均城市道路面积（平方米/人）
    - 36.亿元地区生产总值生产安全事故死亡率（%）
    - 37.自然保护区占辖区面积比重（%）
    - 38.人均工业污染治理完成投资（元/人）
    - 39.万元地区生产总值能耗下降率（%）
    - 40.污水处理率（%）

图 1　中国社会建设主要发展指标

表 1　北京市“十三五”时期社会建设主要发展指标

类别	序号	指标	目标	属性
社会服务	1	城市社区“一刻钟社区服务圈”覆盖率（%）	99.99	预期性
	2	每百户居民社区公共服务配套设施面积（平方米）	30	预期性
	3	城市社区服务管理用房面积达标率（%）	100	预期性
	4	公共文化设施覆盖率（%）	99.99	预期性
	5	每千名户籍老人养老机构床位数（张）	40	预期性
	6	人均期望寿命（岁）	>82.4	预期性
	7	五项社会保险基金收缴率（%）	≥98	约束性
	8	学前三年毛入园率（%）	95	预期性
	9	义务教育毛入学率（%）	≥100	预期性
社会管理	10	城六区常住人口比 2014 年下降（%）	15	约束性
	11	城市服务管理网格化体系覆盖率（%）	99.99	约束性
	12	单位地区生产总值生产安全事故死亡率降低（%）	【20】	约束性
	13	社区工作者持社会工作职业水平证书的比例（%）	50	预期性
社会动员	14	每万人常住人口拥有社会组织（个）	25	预期性
	15	基层自治组织选举居（村）民参与率（%）	90	约束性
	16	老旧小区自我服务管理覆盖率（%）	99.99	预期性
	17	实名注册志愿者人数占全市常住人口的比例（%）	20	预期性
社会环境	18	中心城绿色出行比例（%）	75	预期性
	19	重点食品安全监测抽检合格率（%）	>98	约束性
	20	药品抽验合格率（%）	>99	约束性
	21	群众安全感指数（%）	≥90	预期性

（续表）

类别	序号	指标	目标	属性
社会关系	22	市民公共行为文明指数	85	预期性
	23	城镇登记失业率（%）	<4	预期性
	24	企业集体合同签订率（%）	≥80	预期性
党的建设	25	社区党组织覆盖率（%）	100	预期性
	26	“枢纽型”社会组织联合党组织覆盖率（%）	100	预期性
	27	规模以上非公有制企业党组织覆盖率（%）	100	预期性
	28	商务楼宇党群工作站覆盖率（%）	100	预期性

注：（1）城六区常住人口下降百分比，是指“十三五”期末与2014年相比下降15%左右；
（2）目标值为99.99的各项指标，其目标文字表述为“基本实现全覆盖”；
（3）“【 】”内为五年内累计数。

3. 中国社会建设指数的研究与计算方法

中国社会建设指数的研究和计算，以对模糊性指标的处理、指数系统的因子分析为基础，主要通过“主成分”数学建模计算中国社会建设指数。

（1）“主成分”数学建模的基本思路是：对原来多个变量进行适当的组合，组合成一些指标，用较少的指标来近似代替原来的多个变量。这种由原来多个变量组合而成的指标，称为“主成分”数学建模。

（2）主成分是原来各个变量乘以一些系数以后加起来得到的一个指数，各个主成分之间互不相关。为了运用中国社会建设指数衡量中国的社会建设水平，并且根据这个指数，对中国31个省（区、市）进行排序，我们对原来多种与社会建设有关的评价指标（原变量）的实际观测数据进行主成分分析，求出主成分分析的全部计算结果。

（3）进行全方位的纵向横向比较。为了分析中国社会建设的特点、水平，我们不仅立足国内比较，对中国 31 个省（区、市）1 000 万以上人口的超大城市社会建设做横向比较，而且对中国与 G20 其他国家社会建设水平进行比较，对中国的北京、上海、广州、深圳社会建设水平与世界城市纽约、伦敦等进行比较。当然，还与我国上一年度及之前的社会建设水平进行纵向比较。

（三）中国社会建设的特点和趋势

我们根据 2013—2017 年相关数据分析研究，概括出这五年中国社会建设的特点和趋势。

1. 中国社会建设总体水平逐步提升

2017 年度中国社会建设综合指数得分为 72.04 分，比 2013 年的 69.92 分提高 2.12 分。

（1）31 个省（区、市）社会建设发展很不平衡、差距很大。

就 2017 年度来说，全国 31 个省（区、市）社会建设指数有 11 个高于平均水平 70.04 分，有 20 个在平均线以下。从排名上看，排在前五位的是北京市（89.33 分）、上海市（85.71 分）、浙江省（80.32 分）、江苏省（78.39 分）、天津市（77.54 分），排在后五位的是西藏自治区（66.41 分）、甘肃省（66.36 分）、贵州省（65.99 分）、云南省（65.65 分）、青海省（65.47 分），排在第一位的北京市得分比排在最后一位的青海省高出 23.86 分。

（2）全国大城市社会建设水平差异较大。

比如，2016 年，中国 15 个超过 1 000 万人口的超大城市社会治理指数平均分为 71.22 分，具体排名如下：北京（95.59 分）、广州（93.73 分）、重庆（87.11 分）、上海（85.74 分）、天津（80.47

分）、成都（72.99分）、哈尔滨（63.81分）、深圳（61.40分）、石家庄（60.58分）、苏州（57.57分）、保定（50.74分）、临沂（45.15分）、南阳（42.96分），由于郑州和武汉是刚刚达到1 000万人口的超大城市，所以当时没有拿到相关的数据，没有统计在内。从以上统计可以看出，超过平均数的有六个城市，七个城市在平均线以下，有三个城市刚刚及格，有四个城市不及格。先进与落后的差距较大。更令人担忧的问题是，从这五年的情况来看，落后的城市进步幅度也很小。

（3）中国与G20其他国家社会建设水平相比还有不小的差距。

我们从《国际统计年鉴（2016）》、国际议会联盟（IPU）、《2016年人类发展报告》、*Global Study on Homicide 2017* 中搜集了人均GDP（美元）、GDP增速（%）等18个指标，对中国与G20其他国家社会建设水平进行比较分析。

第一，中国在G20国家中排名靠前的指标如下：

GDP增速中国排名第二位，为6.9%，在G20国家中排名领先。失业率中国排名第三位，为4.1%，在G20国家中排名领先，第一名是韩国，为3.5%。每十万人口杀人犯罪率中国排名第五位，为0.8%，在G20国家中排名靠前，第一名是日本，为0.3%。R&D支出占GDP比重中国排名第七位，为2%，在G20国家中排名靠前，第一名是韩国，为4.3%。国际入境旅游人次中国排名第三位，为5 562万人，在G20国家中排名靠前，第一名是法国，为8 377万人。

第二，中国在G20国家中排名靠后的指标如下：

人均GDP中国排名第十五位，为7 925美元，在G20国家中排名靠后，第一名是澳大利亚，为56 328美元。CPI指数（2010年=100）中国排名第十四位，为141.9，在G20国家中排名靠后，第一名是日本，为103.6。出生时预期寿命中国排名第十二位，为

75.8岁，在G20国家中排名靠后，第一名是日本，为83.6岁。平均受教育年限中国排名第十八位，为7.6年，在G20国家中排名靠后，第一名是英国，为13.3年。医疗开支占GDP比重中国排名第十四位，为5.6%，在G20国家中排名靠后，第一名是美国，为17.1%。每万人口医生数中国排名第十四位，为19（人/万人），在G20国家中排名靠后，第一名是俄罗斯，为43（人/万人）。城市人口占比（城市化率）中国排名第十六位，为55.6%，在G20国家中排名靠后，第一名是日本，为93.5%。

2. 中国31个省（区、市）社会现代化建设的特点

根据《中国统计年鉴（2018）》《中国区域经济统计年鉴（2018）》《中国民政统计年鉴（2018）》《中国社会统计年鉴（2018）》等采集的中国31个省（区、市）社会建设40个指标的数据计算分析，发现了中国31个省（区、市）社会建设水平的“四个梯队”特点。

若按照80分以上、75～79分、70～74分、60～69分四个得分层次的梯队来看，那么，北京、上海、浙江、江苏、广东、天津为社会现代化建设水平的第一梯队，山东、辽宁、重庆、福建、湖北、陕西、四川、河北为第二梯队，内蒙古、山西、海南、安徽、吉林等14个省（区、市）为第三梯队，云南、青海、西藏三个省（区、市）为第四梯队。

（四）制定和试行“指标体系”的意义及思考

实践证明，制定和试行“中国社会建设综合评价指标体系”具有重大的理论意义和实践意义。

1. 充分认识社会建设对中国可持续发展的价值

习近平总书记在第二十三届圣彼得堡国际经济论坛上发表了题为《坚持可持续发展 共创繁荣美好世界》的致辞，强调“放眼世界，可持续发展是各方的最大利益契合点和最佳合作切入点”，并指出联合国2030年可持续发展议程提出协调推进经济增长、社会发展、环境保护三大任务，为全球发展描绘了新愿景。从“十四五”时期中国可持续发展面临的任务看，中国不仅要破解经济发展、生态环境的难题，而且要破解社会建设的难题。因此，从可持续发展模式的三大支柱之一“社会建设”来看，加强社会建设对中国可持续发展意义重大。要实现中国经济社会可持续发展，充分发挥中国特色社会主义制度的优越性，展现“中国模式”的价值，就必须擎起“社会建设”大旗，让中国的“社会建设”成为中国社会主义可持续发展模式的一大支柱。因此，必须放在“可持续”的视域中宣传“十三五”时期中国的发展成就，实施“十四五”时期经济社会发展规划，进一步树立和展示中国特色可持续发展的大国形象。

2. 中国社会建设成就需要科学评估、量化管理

自党的十六届四中全会首次提出“加强社会建设”以来，特别是党的十八大以来，中国社会建设成效显著，要以客观数据评估中国不同地区社会建设水平。2013—2017年，课题组根据《中国统计年鉴（2018）》《中国区域经济统计年鉴（2018）》等中的40个指标的数据，运用大数据方法，计算分析了中国31个省（区、市）、大城市和北京市各区社会建设年度客观水平，取得良好效果。

社会建设要追求大数据时代的“物理准确性”。国内大部分蓝皮书是文章汇编，定性研究较多，缺少定量研究，缺少对社会建设

数据的比较分析。为了使各类数据具有可比性、可跟踪、可预测，《中国社会建设报告》从国内各种统计年鉴以及国际统计年鉴、“金砖五国”统计报告等采集数据。先对各类原始数据进行加工，如失业保险参保人数转化为年均增长率，社会组织数转化为“每万人口社会组织数”，然后再运用主成分分析方法计算排序。每年中国社会建设指数及其各省（区、市）的排序，只要运用同样的方法，采用同样的“主成分”数学建模来计算，就会得出同样的结果，这就是“物理的准确性”，即运用同样的方法计算数据，可得出同样的结论。

3. 研究制定更加科学权威的“国家标准”非常重要而紧迫

在总结北京经验、借鉴国内外经验的基础上，国家有关部门应当抓紧研究制定更加科学权威的国家级指标体系。这个指标体系，如同北京一样，不是用以考核，给基层增加负担，主要用来综合评价，以便了解中国乃至各地社会建设的发展状况。通过纵横比较分析，看到取得的成绩、找到存在的差距、把握发展的态势、采用有力的措施，进一步有针对性地做好工作，实现全面、协调、可持续发展。

七、把我国制度显著优势更好地转化为社会建设效能

党的十九届四中全会审议通过了《中共中央关于坚持和完善中国特色社会主义制度　推进国家治理体系和治理能力现代化若干重大问题的决定》，在我们党和国家历史上第一次全面系统地论述坚持和完善中国特色社会主义制度的问题，这是我国从全面建成小康社会到全面建设社会主义现代化新阶段的重要里程碑，具有重大的理论和实践创新意义。早在20世纪50年代，我国社会主义制度建立之初，党中央就提出了社会主义现代化建设的目标。新中国成立以来，特别是改革开放以来，我国现代化建设从经济现代化建设重点突破，逐步向政治、文化、社会、生态文明、国防、外交等领域扩展延伸，取得了历史性成就，站在了历史新起点。党的十九届四中全会做出带领全党、全国各族人民朝着坚持和完善中国特色社会主义制度、推进国家治理体系和治理能力现代化目标迈进的重大决定，这标志着我国社会主义制度从建立、发展到基本成熟、初步定型的新飞跃，标志着我国社会主义现代化建设从分类推进到整体推进的新飞跃，标志着我国国家治理体系和治理能力建设从构筑"四梁八柱"、夯实基础到完善顶层设计、全面提高水平的新飞跃。

党的十九届四中全会充分肯定了我国国家制度和国家治理体系的重大成就和显著优势，充分说明了我国国家制度和治理体系具有强大生命力和巨大优势，使我们对中国特色社会主义制度的优越性有了更加全面、更加系统、更加深刻的认识，极大地增强了我们的

道路自信、理论自信、制度自信、文化自信。

党的十九届四中全会从十三个方面部署了加强和完善国家制度体系的目标任务，并强调指出，要突出坚持和完善支撑中国特色社会主义制度的根本制度、基本制度、重要制度，着力固根基、扬优势、补短板、强弱项，构建系统完备、科学规范、运行有效的制度体系，加强系统治理、依法治理、综合治理、源头治理，把我国制度优势转化为国家治理效能，为实现“两个一百年”奋斗目标、实现中华民族伟大复兴的中国梦提供有力保证。这对加强我国社会建设尤其具有重大指导意义和现实针对性。因为，在中国特色社会主义“五位一体”总体布局中，相对而言，社会建设固根基、扬优势、补短板、强弱项的任务更加艰巨繁重。

党的十九届四中全会从两方面明确提出了坚持和完善社会建设制度的要求，一是坚持和完善统筹城乡的民生保障制度，二是坚持和完善共建共治共享的社会治理制度，这充分体现了党对社会建设工作的高度重视。把我国国家根本制度的显著优势和社会建设基本制度的显著优势更好地转化为加强社会建设的效能，非常重要。

（一）把我国制度优势更好地转化为构建社会建设理论体系的效能

理论是行动的指南，理论体系建设至关重要。构建新时代中国特色社会主义社会建设理论体系，要坚持以习近平总书记关于社会建设的重要论述和党的十九届四中全会精神为遵循，以我国根本制度为核心，以我国社会建设基本制度为基础，主要围绕以下几方面内容展开：

1. 坚持以人民为中心的发展思想

人民立场是马克思主义的根本立场。坚持以人民为中心是习近平新时代中国特色社会主义思想的核心观点。党的十八大以来，习近平总书记反复强调，要把人民放在心中最高位置，坚持一切为了人民、一切依靠人民，为人民过上更加美好生活而矢志奋斗。“人民对美好生活的向往，就是我们的奋斗目标。”[①]

党的十九届四中全会把以人民为中心的发展思想放在了社会建设制度体系的显著优势地位。社会建设工作是直接服务群众的工作，与群众冷暖息息相关，是我们党人民立场、人民情怀的集中体现。随着经济社会的发展，人民对美好生活的需求也日益多样化、多层次、多方面，人民不仅对物质文化生活提出更高的要求，而且在民主、法治、公平、正义、安全、环境等方面的要求日益增长，对社会建设不断提出新的更高要求。在推动社会建设的过程中，要坚持以人民为中心的发展思想，不断实现好、维护好、发展好最广大人民的根本利益，真正做到发展为了人民、发展依靠人民、发展成果由人民共享。这既是开展社会建设工作的出发点和落脚点，也是检验社会建设工作质量和成效的最高标准。

2. 把握保障和改善民生、加强和创新社会治理两方面重点

社会建设任务千头万绪，但归结起来，主要包括两方面重点：保障和改善民生，加强和创新社会治理。这是党的十九大报告提出的明确要求。党的十九届四中全会也把坚持和完善统筹城乡的民生保障制度、坚持和完善共建共治共享的社会治理制度，作为坚持和完善国家制度的基本要求提了出来，足见问题之重要。

社会建设要坚持服务为先，以保障和改善民生为重点，着力解

① 习近平．习近平谈治国理政：第 1 卷．2 版．北京：外文出版社，2018：3.

决人民最关心最直接最现实的利益问题。当前，要按照党的十九届四中全会的部署，健全国家基本公共服务制度体系，注重加强普惠性、基础性、兜底性民生建设，保障群众基本生活。要满足人民多层次多样化需求，使改革发展成果更多更公平惠及全体人民。要健全有利于更充分更高质量就业的促进机制，构建服务全民终身学习的教育体系，完善覆盖全民的社会保障体系，强化提高人民健康水平的制度保障。社会治理是国家治理的重要方面，要坚定不移走中国特色社会主义社会治理之路，善于把党的领导和我国社会主义制度优势转化为社会治理优势，在党的领导下，实现政府、市场、社会共建共治共享。要确保人民安居乐业、社会安定有序，建设更高水平的平安中国。要完善正确处理新形势下人民内部矛盾有效机制，完善社会治安防控体系，健全公共安全体制机制，构建基层社会治理新格局，完善国家安全体系。

3. 抓住党建引领、改革创新、重在基层三个着力点

党政军民学，东西南北中，党是领导一切的。在社会建设工作中，要切实加强党的领导，把加强党的建设、巩固党的执政基础贯穿社会建设各项工作始终。要加强社区党建、社会组织党建和非公有制企业党建工作，不断扩大社会领域党的组织和党的工作的有效覆盖，巩固和扩大党执政的社会基础、群众基础、阶级基础。

与此同时，要通过社会体制改革创新，不断完善社会治理现代化体系，不断提高社会治理能力和水平，最大限度增强社会发展活力，充分发扬人民群众首创精神，使全社会创造能量充分释放、创业活动蓬勃开展。

党和国家各项工作最坚实的力量支撑在基层，经济社会发展和民生最突出的矛盾与问题也在基层。社会建设要把抓基层打基础作为长远之计和固本之策，丝毫不能放松。要格外关注基层困难群

众，时刻把他们的安危冷暖放在心上，关心他们的疾苦，千方百计帮助他们排忧解难。要推动社会治理重心下移、力量下沉、资源下投、权力下放，夯实基层基础。

4. 不断完善党委领导、政府负责、民主协商、社会协同、公众参与、法治保障、科技支撑的社会治理体系

要全面加强党对社会建设的领导，以党的建设为引领，加强和创新社会治理。要充分发挥政府在社会建设和社会治理中的主责作用，切实加强社会服务和管理。要充分发挥我国民主协商的制度优势，健全基层社会治理共商共治机制。要充分发挥社会组织、市场组织等社会单位和公众的主体地位，形成共建共治共享的社会治理格局。要坚持依法治理，切实维护社会公平正义，努力构建和谐社会。要以科技为支撑，建设智慧社会。

5. 不断提高系统治理、依法治理、综合治理、源头治理的能力和社会化、法治化、智能化、专业化、精细化水平

要不断提高系统治理能力，加强统筹规划、整体推进。要不断提高依法治理能力，大力推进法治社会建设。要不断提高综合治理能力，加强综合协调，形成工作合力。要不断提高源头治理能力，深化基层社会治理。

社会治理体系和治理能力现代化，离开社会化就没有出路，离开法治化就没有保障，离开智能化就没有支撑，离开专业化就不可能上水平。提高社会化水平，就是要充分调动广大人民群众的积极性、主动性、创造性，把社会力量广泛动员起来，把社会活力充分激发出来，深化基层群众自治，扩大公众有序参与，引导驻地单位主动支持，推动企业积极履行社会责任，形成共建共治共享的社会治理格局。提高法治化水平，就是要加快推进社会建设立法，坚持法治国家、法治政府、法治社会一体建设，切实把依法治理贯穿于社会治理全过程。提高智能化水平，就是要加快推进智慧城市建设，把“互联网+”、大数据、云计算、物联网等现代信息技术广泛运用到社会建设实际工作中。提高专业化水平，就是要打造一支专业化的社会工作者队伍，把培养一批专家型的社会治理干部作为重要任务，用科学态度、先进理念、专业知识去服务和治理社会、建设和管理城市。提高精细化水平就是要推动工作重心下移，切实解决服务群众的“最后一公里”问题。

6.努力在落细落小落实上下功夫、在共建共治共享上求实效

社会建设事关人民生活幸福安康、国家长治久安，是实实在在的事情，是亿万人民的共同事业。习近平总书记反复强调抓工作要踏石留印、抓铁有痕，要像绣花一样搞好城市精细化管理。他强调，社会建设要既尽力而为，又量力而行，一件事情接着一件事情办，一年接着一年干。

党的十九届四中全会明确指出，要建设人人有责、人人尽责、人人享有的社会治理共同体。要坚守底线、突出重点、完善制度、引导预期，完善公共服务体系，保障群众基本生活，不断满足人民日益增长的美好生活需要，不断促进社会公平正义，形成有效的社会治理、良好的社会秩序，使人民获得感、幸福感、安全感更加充实、更有保障、更可持续。

（二）把我国制度优势更好地转化为构建社会建设运行体系的效能

社会建设重在实践。把我国制度优势更好地转化为构建社会建设运行体系的效能，要把“坚持党的领导、人民当家作主与依法治

国有机统一”的根本制度体现在各个方面，把统筹城乡的民主保障制度和共建共治共享的社会治理制度落到实处，要做好以下几个方面工作：

1. 把我国制度优势更好地转化为构建社会建设工作体系的效能

社会建设工作体系要把中国特色社会主义根本制度、基本制度、重要制度具体化。从党的十六届四中全会首次明确提出加强社会建设，党中央就非常重视社会建设工作体系的建设和完善。党的十六届四中全会通过的《中共中央关于加强党的执政能力建设的决定》首次明确提出了“党委领导、政府负责、社会协同、公众参与”的社会管理体制[①]。党的十八届三中全会用“社会治理”代替“社会管理”，并在社会治理体制表述中加上了“法治保障”[②]。党的十九届四中全会进一步确立了“党委领导、政府负责、民主协商、社会协同、公众参与、法治保障、科技支撑”的社会治理体系，在已有的基础上一是增加了“民主协商”的表述，使我国社会主义协商民主制度的显著优势得到了充分的体现；二是增加了“科技支撑”的表述，使社会治理体系和治理能力现代化的要求得到了充分的体现。这使我国社会治理体系的表述更加全面、更加系统、更加完善。这个工作体系和体制，毫无疑问也是我国社会建设的工作体系和体制，要不断坚持和完善。

2. 把我国制度优势更好地转化为构建社会建设目标任务体系的效能

社会建设的目标任务是我国国家制度的本质要求和具体体现。

---

① 中共中央关于构建社会主义和谐社会若干重大问题的决议 . 北京：人民出版社，2006.

② 中共中央文献研究室 . 十八大以来重要文献选编：上 . 北京：中央文献出版社，2014：9.

党的十七大明确提出了以保障和改善民生为重点，加强社会建设的目标任务。2011 年国家“十二五”规划将社会建设分为社会服务、社会管理两编 12 章。党的十八届三中全会用“社会治理”代替“社会管理”。党的十九大从“提高保障和改善民生水平”“加强和创新社会治理”两大方面部署了社会建设的目标任务。党的十九届四中全会又从“坚持和完善统筹城乡的民生保障制度”“坚持和完善共建共治共享的社会治理制度”两个方面，明确提出了将制度优势更好地转化为工作效能的目标任务。各地区、各部门应当密切联系实际，进一步细化具体目标任务。

3. 把我国制度优势更好地转化为构建社会建设政策法规体系的效能

政策和策略是党的生命。落实社会建设的目标任务，离不开社会建设政策法规体系的逐步完善。党的十八大以来，习近平总书记亲自抓改革，党中央、国务院出台了一系列关于保障和改善民生、加强和创新社会治理的政策法规。在新一轮机构改革中，全国及地方人大常委会都新成立了社会建设委员会，这无疑是加快推进社会建设政策法规体系建设的重要举措。2008 年后北京市出台社会建设“1+4+X”系列文件，2014 年后上海市出台基层社会治理“1+6”文件，这也都是从政策法规体系建设入手加强社会建设的好经验，是将制度优势转化为社会建设效能的具体行动。

4. 把我国制度优势更好地转化为构建社会建设评价指标体系的效能

社会建设与经济建设一样，也要有可量化、能评价的指标体系。在这方面，全国各地进行了积极探索，取得了良好效果。《北京市“十二五”时期社会建设规划纲要》确定了包括“一刻钟社区服务圈”覆盖率等在内的社会建设28项主要指标。《北京市“十三五”时期社会治理规划》继续沿用了这套指标。2011年，在这套指标的基础上，北京市委社会工委、市社会办会同专业机构还研究制定了一个“中国社会建设综合评价指标体系”。自2012年以来，每年对全国31个省（区、市）、15个超大城市、北京市16个区进行测评比较，每年发布一本蓝皮书，动态掌握全市乃至全国的社会建设进展情况。相应地，北京市还围绕街道、社区、社会组织和企业社会责任等建立了一整套评价体系。这都是把我国制度优势更好地转化为社会建设效能的创新实践。

5. 把我国制度优势更好地转化为构建社会建设话语体系的效能

社会建设和社会治理概念是由中国创造的，具有鲜明的中国特色，还应当在生动丰富的实践基础上集中群众智慧进行规范提炼，逐步构建出一套本土化的中国社会建设话语体系。这也是把我国制度优势更好地转化为社会建设效能的具体体现。近年来，北京市就将“一刻钟社区服务圈”、“枢纽型”社会组织、网格化、“社会领域党建”等概念广泛应用于市委市政府的重要文件和领导讲话中，并在全国各地产生了广泛影响。经党中央、国务院批准的《北京城市总体规划（2016—2035年）》也使用了“一刻钟社区服务圈”等概念。

（三）把我国制度优势更好地转化为提高社会建设工作能力水平的效能

社会建设重在落实。要尊重发展规律，立足社会主义初级阶段的国情和不同的区域特点、不同的发展阶段，不断改进方式方法，不断提高能力水平，把我国制度优势更好地转化为社会建设创新实践的效能。

1. 把我国制度优势更好地转化为改进社会建设工作方法的效能

制度体系、目标任务明确之后，工作方法就成了关键因素，要把我国制度优势更好地转换为改进社会建设思想方法和工作方法的效能。第一，要坚持问题导向。问题就是时代的声音。要切实提高发现问题、研究问题、解决问题的能力和水平。第二，要坚持需求导向。群众的迫切需求就是号令。要切实提高解决群众最关心最直接最现实问题的能力和水平。第三，要坚持目标导向。目标任务就是前进方向。要切实提高统筹规划、分步实施、务求实效的能力和水平。第四，要坚持创新导向。改革创新就是前进的动力。要切实提高与时俱进、积极探索、创新实践的能力和水平。而且，这“四个导向”是一个有机统一的整体、环环相扣的体系：首先是发现问题，其次是从中选择群众迫切需要解决的问题，然后是从中选择在一定阶段可以解决的问题，最后是通过改革创新解决问题、取得实效。也就是说，做该做、能做、有用、有效的事。

2. 把我国制度优势更好地转化为不断提高社会建设能力的效能

第一，要不断提高系统治理的能力。社会建设和治理是长远的复杂的系统工程，要加强科学规划、分步实施，一件接着一件办、一年接着一年干，逐步实现工作目标。第二，要不断提高依法治理的能力。社会建设和治理要坚持依法办事，不断健全政策和法规体系，切实保障和改善民生，切实维护社会公平正义。第三，要不断提高综合治理的能力。社会建设和治理牵涉面广，与许多工作相交织，与各级各类组织和所有人群密切相关，要动员广泛参与，共商共治共建共享，要针对具体情况和问题综合施策，运用法律的、政策的、行政的、社会的、经济的、宣传教育的、社会心理的等手段做好工作。第四，要不断提高源头治理的能力。社会建设和治理不能简单就事论事，要学会从源头发现、研究、解决问题，多出治本之策，把问题解决在基层、解决在初始阶段。

3. 把我国制度优势更好地转化为不断提高社会建设工作水平的效能

第一，要不断提高社会化工作水平。在党的领导和政府保障下，要动员全社会广泛参与、共建共治共享。第二，要不断提高法治化工作水平。社会建设和治理决不能跟着感觉走，要坚持依法治理，坚持民主与法治相结合、法治与德治相结合。第三，要不断提高智能化工作水平。社会建设和治理要防止劳民伤财的人海战术，要充分运用智能化手段，把智慧城市、网格化体系建设好。第四，要不断提高专业化工作水平。要培养和使用一大批专业化的领导干部队伍和工作人员队伍，充分发挥企业组织、社会组织的作用，不断提高精准化服务、精细化管理水平，切实解决服务管理“最后一公里”问题。

中篇

中观视域中的
市域社会建设现代化
运行机制

主题词：市域社会建设现代化，要着力构建全域性城乡一体运行机制、全面性整体覆盖运行机制、全程性衔接贯通运行机制、全员性共同参与运行机制。

一、我国城市治理现代化面临的形势和任务

城市是各类要素资源和经济社会活动最集中的地方。在城市发展的不同阶段，因为面临的问题不同，城市的管理策略也有所不同。21 世纪以来，我国经历了快速城镇化进程，城市化率由 2000 年的 36.2% 增加到 2020 年的 63.89%，城市化率提高了 27.69%。随着城镇化进程不断加快以及城市现代化提速，城市面临的问题更加复杂多元，传统的管理理念、管理模式已经无法适应现代化城市的发展需求，治理理念开始逐步渗透到城市规划、建设、管理的方方面面，并取得显著成效。在此背景下，积极开展现代化城市治理研究显得尤为重要，特别是要厘清城市由谁来治理、治理什么、如何治理等关键问题，在治理制度和政策体系方面亟待突破与创新。

（一）我国城市治理现代化的主要趋势和基本特征

党的十八届三中全会通过的《中共中央关于全面深化改革若干重大问题的决定》首次提出“国家治理”“社会治理”“政府治理”等概念，“治理”理念代替了过去的“管理”思维。从“管理”到“治理”，虽然只有一字之差，但凸显了我们党治国理政总体方略的转变与升华。随着我国城市化进程的不断加快，城市的人口、资源等生产要素聚集效应逐步放大，城乡分割、公共卫生、老龄化、环

境污染、交通拥堵等“城市病”开始显现。城市治理必然取代城市管理，成为解决城市新问题新需求的重要方式。从北京推行党建引领“街乡吹哨、部门报到”改革，到浙江把“枫桥经验”运用于现代城市治理，再到上海、杭州利用大数据打造“城市大脑”破解超大城市治理难题等，现代城市治理的实践探索不断推陈出新，中国特色社会主义城市治理理念不断发展成熟，并展现出强大的生命力。

1. 城市治理内涵更加丰富

近年来，随着我国对城市治理重视程度的不断提高以及各地区的实践探索，城市治理开始逐步与社会治理、政府治理并列成为一个单独的研究领域，涵盖内容也越来越丰富。首先，现代城市治理是全方位治理，包含引导、管理、执法和服务等功能，涉及多个部门。只有加强统筹联动，才能提升城市治理效能。其次，现代城市治理是全周期治理，涉及城市规划、城市环境、城市服务、城市病治理、城市安全、历史文化保护等方方面面的工作，需要逐步构建功能完善、反应迅速、执行有力、监督有效的城市治理体系。最后，现代城市治理是全领域治理，不仅要做好城市建成区的治理工作，还要服务“城乡融合”发展目标，全力推进城乡要素、城乡经济、城乡空间规划、城乡基础设施建设、城乡公共服务以及城乡文化融合发展，通过全域治理提升城乡融合发展水平。

2. 城市治理理念更加科学

现阶段推进城市工作的核心目标是完善城市治理体系，提高城市治理能力，着力解决“城市病”等突出问题，不断提升城市环境质量和人民生活质量、城市竞争力，建设和谐宜居、富有活力、各具特色的现代化城市。这就决定了开展城市治理，首先要坚持以人民为中心的治理导向，把人民对美好生活的需求贯穿城市治理全过程、各方面，搭建公众参与城市治理的平台，营造社会参与的良好氛围，让每个人在参与中更好地感受城市的温度、生活的美好。其次要坚持绿色治理理念，贯彻落实“绿水青山就是金山银山”[①]的意识，发展绿色经济、建设绿色社会、倡导绿色生活、培育绿色文化，优化生产、生活、生态三大空间布局，建设人与自然和谐相处、共生共荣的宜居城市。最后要树立精细化管理意识，统筹做好城市规划、城市建设、城市管理、城市服务等方面的工作，避免城市失调、失衡和失序等问题的出现，努力营造和谐宜居的城市发展环境。

3. 城市治理格局更加宏大

传统的城市管理更多强调发挥政府作用，政府大包大揽各方面工作，但有时候效果并不理想，人民群众满意度不高。究其原因，一方面是当前城市治理越来越复杂、越来越专业，单靠政府这一单一主体很难把各个方面的工作做好；另一方面，缺少社会公众参与，没有在最大程度上倾听人民群众和社会的意见，因而无论是在工作方式上还是在工作内容方面，都与人民群众的实际需求有差距。为此，结合各地社会治理、城市治理中出现的问题以及各个城市的实践探索，国家“十三五”规划就已经提出要“构建全民共建共享的社会治理格局，提高社会治理能力和水平”，党的十九大报告在此基础上增加了“共治”一词，“共建共治共享”理念开始逐步渗透到城市、社会的方方面面。具体到城市治理领域，城市政府开始从无限政府向有限政府转变，并逐步让渡一部分权力给社会组织和社会力量，鼓励城乡群众、企事业单位、社会组织等多元主体

① 2005年8月15日，习近平总书记到浙江湖州安吉天荒坪镇余村考察时，首次提出“绿水青山就是金山银山”。

参与到城市的治理、建设中来，群策群力，整合资源，共同营造共建共治共享的城市治理格局，共同享受城市发展红利。共建共治共享的城市治理格局既是对各地实践探索的总结提升，同时也是对未来城市治理工作提出的新目标和新要求。

4. 城市治理重心更加倾向基层

基础不牢，地动山摇。党的十九大报告指出，要“推动社会治理和服务重心向基层下移”。2018 年，习近平总书记在上海考察期间指出，城市治理的“最后一公里”就在社区。党和国家各项政策落地的责任主体在基层，党委和政府联系群众、服务群众的神经末梢就在基层社区，社区是社会的基本单元，是城市运行的底盘。党的十八大以来，我们国家一些城市加大了基层治理力度，更加重视城乡社区在社会治理中的重要作用，积极推动资源和服务向基层倾斜，基层治理取得显著成效。特别是在新冠肺炎疫情防控中，街道和社区发挥了至关重要的作用，筑牢了疫情防控的基层防线。城市治理重心向基层倾斜，一是坚持党建引领，加强和改善党的领导，发挥党组织在城市治理中的核心引领、统筹协调、资源整合等作用，严格落实党委政府的主体责任，真正做到对群众呼声“有求必应”，努力将党的政治优势转化为城市精细化治理优势。二是强化多元参与，畅通社会力量的参与渠道，不拘一格利用专业机构、专业人才的专业优势，推动形成基层治理的整体合力。三是建立协同有序的工作机制，建立健全联系服务群众机制和激励担当作为机制，确保城市治理取得实效。

5. 城市治理方式更加智慧

近年来，随着我国城市化进程的快速推进，以及城市经济结构、社会结构、人员构成结构和人们需求的不断变化，城市面临的问题更加复杂多样，这对城市治理提出了更高的挑战和要求。在此背景下，为有效解决城市治理难题，各大城市进行了积极的探索与创新，如协商治理、网格化治理、数字化治理、绣花式治理等城市治理新方式层出不穷，提高了城市治理的现代化水平。特别是随着大数据时代的到来，大数据技术为城市治理提供了新的工具和手段，在城市治理中的作用越来越明显。未来，通过对数据资源的分析利用来为城市治理提供决策支持，以及通过大数据技术手段来提高城市治理能力和水平将会成为主流，城市治理的智慧化和智能化水平也将会随着大数据的充分应用而不断提高。

（二）我国城市治理现代化的有益探索

党的十八大以来，在习近平新时代中国特色社会主义思想的指引下，各城市积极探索创新，努力破解实践难题，城市治理取得了新突破、新进展、新成效。

1. 坚持高效治理，把制度优势转化为治理效能

党的十九届四中全会指出，要“加强系统治理、依法治理、综合治理、源头治理，把我国制度优势更好转化为国家治理效能”。坚持系统治理，积极推动政府单向管理向政府主导、社会多元主体共同治理转变。坚持依法治理，积极运用法治思维和法治方式来化解社会矛盾，破解社会治理难题。坚持综合治理，推动治理手段从以行政手段为主的单一手段向多种手段综合运用转变。坚持源头治理，标本兼治、重在治本，把治理关口从事后处置向事前和事中延伸来转变。近年来，基层协商议事机制的建立、网格化治理模式的推广普及、街道“大部制”改革的探索推进、城市综合管理体制改革创新等，推动了城市治理的发展进步，有效提高了城市治理的效率和

质量。

2. 坚持专项治理，全面提升城市品质

专项治理是解决群众反映强烈、长期存在的城市痼疾的有效举措。党的十八大以来，为解决城市发展中存在的街巷环境脏乱差、垃圾乱堆、污水乱排等问题，各大城市开展了积极的探索与实践。比如，北京制定了《首都核心区背街小巷环境整治提升三年（2017—2019年）行动方案》，编制了《核心区背街小巷环境整治提升设计管理导则》，从色彩、气质、风格等方面，对背街小巷建筑外立面、市政设施、城市家具等十大类36项元素明确规范管控标准，同时设立“街巷长”，全面提升背街小巷综合治理能力，努力打造环境优美、文明有序的小街小巷。上海积极开展垃圾分类专项治理，通过源头减量、全程分类，大幅提升末端资源化利用和无害化处置能力。同时，上海发布实施了《上海市生活垃圾管理条例》，率先将垃圾分类纳入法治框架，引领垃圾分类“新时尚”。西安通过开展“烟头革命”“厕所革命”，逐步优化城市生活品质环境，努力将西安打造成为绿色之城、花园之城、宜业宜居之城。长沙在全市范围内全面开展建筑工地噪声和餐饮油烟污染整治工作，下发《2017年建筑工地噪音和餐饮油烟污染整治工作方案》，全力推进达到规模要求的建筑工地扬尘与噪声在线监测系统建设全覆盖，推进餐饮服务单位油烟净化设施安装全覆盖，全面整治油烟超标排放及露天烧烤违法行为，有效遏制了城区建筑施工噪声扰民行为和餐饮油烟、异味、废气排放等污染行为。

3. 坚持科技治理，提高城市现代化水平

科技是支撑城市治理的重要抓手，科技的发展与变革极大地推动了治理理念和治理模式的创新，助力城市治理走向现代化。近年来，随着大数据、云计算、物联网、人工智能等新兴技术的快速发展与应用，其在城市治理中发挥的作用越来越明显，并开始逐步颠覆传统的城市治理模式。比如，上海市开发建设的上海城市运行管理和应急处置系统，整合接入了公共安全、绿化市容、卫生健康等 30 多个部门的 100 多项基础数据，通过针对城市管理的痛点、难点、堵点开发智能化城市应用场景，实现了从预警到处置的闭环管理，大大提高了城市管理的智能化和精准化水平。杭州于 2016 年在全国率先提出建设城市大脑，致力于解决城市治理问题。在推进建设“城市大脑”的过程中，杭州构建了“中枢系统 + 部门（区县市）平台 + 数字驾驶舱 + 应用场景”的核心架构，并以此为载体，通过数字化手段打通信息壁垒，推动数据汇聚，为优化公共资源配置、宏观决策指挥、事件预测预警、治理“城市病”等提供支持，赋能城市治理能力智能化、集约化和人性化，推动政务服务、民生服务和社会治理数字化。2020 年 4 月，合肥诞生了全国首个“城市中台”。合肥城市中台可以打破传统自上而下的部门间信息化系统相对割裂的信息化建设模式，推动数据业务化、业务数据化，实现数据资源有效分类、技术资源充分共享、业务服务高度协同，促进业务部门服务应用相互衔接，变“群众来回跑”为“部门协同办”，让企业和群众办事更加方便、快捷、高效。

4. 坚持协商治理，提高城市居民的满意度

党的十九届四中全会将“民主协商”纳入社会治理体系，这既是对以往社会治理思想的拓展和升华，也是为了更好满足人民日益增长的美好生活需要。在传统的城市管理阶段，由于更多强调发挥城市政府单一主体作用，虽然政府部门做了许多工作，但是老百姓的满意度和认可度并不高。究其根源，就在于政府部门做的很多工作并非老百姓所急所想的工作。近年来，为了统筹解决这一问题，各大城市开始鼓励社会公众广泛参与到城市治理中来，积极推行协商式治理。比如，朝阳区在总结麦子店街道“三问”工作经验的基础上，创新提出了党政群共商共治模式，通过搭建四级议事协商平台，完善议事协商程序，逐步构建了区、街乡、社区（村）、小区（楼门）四级常态化的协商体系，有效解决了人民群众关心的热点问题，拓宽了居民参与城市治理和协商共治的渠道。济南市坚持协商于民、协商为民的理念，积极改变过去大包大揽的做法，通过发挥党组织的核心引领作用，以协商的方式解决群众关心的问题，营造了一种有事多商量、遇事多商量、做事多商量的良好氛围，推动了基层治理由“一元管理”向“多元治理”转变。在新时代，协商民主通过参与协商各方的理性表达最终化解矛盾、达成共识，是完善新时代城市基层社会治理的有效路径。

5. 坚持创新治理，切实提升城市治理能力

随着我国城市化进程的不断加快和新型城镇化战略的不断推进，我国城市的数量不断攀升，城市规模不断扩张，城市人口不断增加，城市系统的运行管理越来越复杂，城市治理领域面临的新问题越来越多，亟待通过改革创新来解决。比如，厦门市把“多规合一”改革作为提升城市治理体系和治理能力现代化的重要抓手，探索形成了“一个战略”统筹多规合一、“一张蓝图”支撑规划编制、“一个平台”支撑空间管理、“一张表单”推动审批改革、“一套机制”保障改革推进的改革成果，解决了城市发展中不平衡、不协调和不可持续的问题。针对基层治理中“看得见的管不了，管得了的看不见”等问题，北京市在总结平谷区探索实践的基础上，形成了“街乡吹哨、部门报到”的创新模式，通过切实赋予街道（乡镇）更多自主权，推动重心下移、力量下沉，建立基层治理的应急机制、服务群众的响应机制，打通了抓落实的“最后一公里”。为进一步理顺街道、社区管理体制，提升基层治理能力和服务水平，深圳市罗湖区坚持问题导向，以强化基层治理为目标，自下而上推行“社区—街道—区级”改革。其中，街道改革以“大部制”为突破口，以减负、归位、赋权、整合为重点，通过机构编制结构性调整，着力构建权责清晰、分工合理、人力资源优化、运转高效协调的街道工作新模式，街道过去的“22+2+7”架构调整为“5+2+2”架构，进一步理顺了条块分工，实现了各类社会管理和公共服务的人财物、责权利的高效整合，促进了各部门之间的横向联动互动、资源共享。

（三）我国城市治理现代化建设的思考

通过分析党的十八大以来我国城市治理的基本趋势特征与实践探索经验，并结合新冠肺炎疫情防控暴露出来的城市治理中存在的不足与问题，提出以下探讨思路。

1. 制定“全周期管理”政策体系，提升城市治理效能

2020 年 3 月 10 日，习近平总书记在赴湖北省武汉市考察疫情防控时提出，要着力完善城市治理体系和城乡基层治理体系，树立“全周期管理”意识，努力探索超大城市现代化治理新路子。针对传统头痛医头、脚痛医脚的城市治理方式，要研究制定“全周期管理”政策体系，从全过程、全要素、全场景的角度，统一理念、目标、组织以及规则，形成系统、协调、完备的城市治理体系，增强社会弹性和城市韧性。具体来说，实施“全周期管理”要解决好三个关键问题：一是抓好数据收集，充分发挥新一代信息技术的支撑作用，推动数据聚合、关联、激活，构建智慧治理体系。二是抓好能力提升，切实提高风险研判能力和统筹协调能力。三是抓好效能优化，切实把制度优势转化为治理效能，把更好满足人民群众美好生活需要落实到城市治理的各个环节。实施“全周期管理”，重点是要实施三大举措：一是上下结合，在“全周期管理”中形成各层级间的有效衔接机制，重点是建立常态化下沉机制和基层治理支持系统。二是平战结合，把应急治理放在更加重要的位置，打通应急处置与常态运行，探索建立科学高效的平战转换机制。三是专群结合，更好地发挥党建引领作用，统筹好政府、市场和社会的力量，让群众知情、参与、监督，调动每一个“城市细胞”的积极性，真正形成基层社会治理共同体。

2. 加强应急治理体制机制建设，提升城市重大突发事件应对能力

习近平总书记在中央政治局常委会会议研究应对新型冠状病毒肺炎疫情工作时的讲话指出，这次疫情是对我国治理体系和能力的一次大考，我们一定要总结经验、吸取教训[①]。针对这次疫情应对中暴露出来的短板和不足，健全城市应急管理体系，提高处理急难险重任务能力，是当前及下一阶段城市治理的重点任务。一是进一步厘清应急相关部门的职责权限，加强部门之间的协作沟通，建立集中统一高效的领导指挥体系，做到指令清晰、系统有序、条块畅达、执行有力。二是有序引导社会力量参与，建立健全以政府为主导，社会组织、志愿者、企业以及公众等多元主体参与的应急治理格局，完善集重大突发事件研判、评估、决策、指挥、执行、反馈等于一体的协同机制，提高应急工作合力与效率。三是搭建城市突发事件风险监测预警平台，完善城市风险监测预警机制，推动跨部门、跨层级、跨区域应急信息的互通共享，及时了解突发事件的基本情况、风险等级、影响范围等，实现第一时间发现、第一时间跟踪、第一时间引导、第一时间处置，努力将城市风险控制在萌芽状

① 习近平.在中央政治局常委会会议研究应对新型冠状病毒肺炎疫情工作时的讲话.求是，2020（4）.

态。四是完善应急治理的制度体系和标准规范，健全突发事件信息发布机制，建立健全应急信息直通汇报制度。五是健全重大疾病医疗保险和救助制度，完善应急医疗救助机制，在出现突发疫情等紧急情况时，确保医疗机构先救治、后收费。六是按照集中管理、统一调拨、平时服务、灾时应急、采储结合、节约高效的原则，健全统一的应急物资保障体系，研究制定重要商品储备实施办法。

3. 完善社会力量参与机制，打造现代城市共建共治共享新格局

党的十九届四中全会审议通过的《中共中央关于坚持和完善中国特色社会主义制度　推进国家治理体系和治理能力现代化若干重大问题的决定》指出，要“坚持和完善共建共治共享的社会治理制度，保持社会稳定、维护国家安全”。这为推进城市治理现代化指明了方向。坚持和完善共建共治共享的城市治理制度，要完善社会组织参与制度，拓宽社会力量参与城市治理的渠道，健全社会组织、企业、公众等多元主体参与城市建设、城市治理机制，充分发挥社会力量资源、技术、人才等优势，实现城市共治共管、共建共享。一是要完善线下协商机制。依托楼门、社区、街道搭建线下协商议事平台，完善协商议事规则和程序，定期组织召开协商议事会议，专题协商解决城市治理中的重大问题。二是要创新线上参与机制。依托微信、微博、QQ 等新兴互动平台，搭建城市网上协商议事平台，定期发布议题，鼓励多元主体通过平台讨论城市公共事务，共同商议解决办法，强化广大群众的家园意识，增加老百姓对城市的归属感，夯实城市治理的群众基础。三是要建立城市治理项目征集机制。坚持问题导向和需求导向，突出分类指导，面向社会大众，建立城市治理项目征集机制和治理难点解决机制，用一个个治理项目来打通社会大众参与城市治理渠道，不断提高城市治理的社会参与水平。

4. 健全城市数据监测分析与智能决策机制，提高现代城市的智慧化水平

党的十九大报告强调，要“提高社会治理社会化、法治化、智能化、专业化水平”，“善于运用互联网技术和信息化手段开展工作”。大数据、云计算、物联网等新技术的蓬勃发展，为解决城市治理难题提供了新手段和新机遇。要清醒认识当前城市治理中的短板问题，创新理念、制度、机制、方法等，不断提升城市治理的智能化水平。一是要积极推动大数据、云计算、物联网和人工智能等新技术在城市治理中的应用，整合城市公共数据和社会数据，探索建立城市数据监测分析和智能决策中心。二是要着力推进基于数据图谱的专业数据分析，积极开展数据的分类梳理与监测分析工作，将分析结果与城市自身发展情况进行比对，并通过分析研究数据变动与城市发展之间的联系和规律，逐步形成用数据来描绘城市发展情况的数据图谱。基于数据图谱，对城市治理情况进行实时监测，定期形成数据监测报告，为城市主政者提供城市治理领域的决策支撑，从而提高城市治理的智能化水平。

5. 强化“韧性城市”顶层设计，提高现代城市的“免疫力”

城市作为开放的复杂系统，其在发展中面临的不确定性因素和未知风险也不断增加，如何提升城市的预见性和应对能力，“韧性城市”便应运而生。近年来，国内外各大城市、国际机构陆续开展了“韧性城市”建设实践。比如，伦敦出台了《管理风险和增强韧性》政策报告，联合国减灾署实施了“让城市具有韧性”的计划，北京成为国内首个将“韧性城市”建设纳入城市总规的城市等。现代城市治理离不开风险防控，也离不开应急处突，更离不开灾后恢复，要加强“韧性城市”的顶层设计，将“韧性城市”理念贯穿治理制度设计和政策体系中，覆盖城市规划、设计、建设、管理和运维的全过程。一是编制“韧性城市”建设专项规划，设立“韧性城市”建设领导小组，构建多级联动的综合管理平台，创新多元参与的社会共治模式，制定各类突发事件预案，持续提升城市发展中的经济、设施、服务、治理和生态等韧性程度。二是完善“韧性城市”政策体系，围绕专项规划做配套，强化组织保障、资金保障和倾斜政策保障，重点建立事前预防、事中处理、事后恢复政策体系，全面提升政府面对重大突发事件的应对能力和城市系统受到冲击后的“重组”、“学习”以及“转型”等能力。三是研究制定“韧性城市”综合评价指标体系，并聘请第三方机构定期开展评估，建立“评估-反馈”的有效互动机制，根据评估结果引领指导“韧性城市”建设。

6. 推动城市公共服务社会化供给，提高城市公共服务水平

20 世纪 70 年代，西方一些国家兴起新公共管理改革浪潮，公共服务社会化是其重要内容。公共服务社会化的实质是政府收缩公共服务范围，将原来由政府承担的一些公共服务职能让渡给非政府公共组织和私人部门，形成以政府为主导、各种社会主体共同参与的公共服务供给格局。推进现代城市治理，公共服务供给是关键。一是积极推动政府购买服务改革创新，建立健全公共服务市场诚信机制，进一步放宽政府购买服务的范围和内容，鼓励允许更多的社会组织、社会企业向政府提供公共服务，不断拓宽服务内容来源，提高城市公共服务的多样化水平。二是建立社会组织专项培育机制，从为政府提供公共服务的社会组织中精选一批进行培育，助力社会组织发展壮大，扩大政府购买公共服务的规模，促进公共服务供给精准化高端化，提高社会组织提供公共服务的能力和水平。三是建立政府购买社会组织服务的考核验收机制，科学履行政府在公共服务供给中的管理职能，调动社会力量在公共服务市场中的积极作用，提升财政资金使用效率，提高社会力量承接公共服务的能力，优化公共服务供给质量。

7. 创新完善舆情引导工作机制，构建城市现代传播体系

习近平总书记在中共中央政治局就全媒体时代和媒体融合发展举行第十二次集体学习时指出，要坚持移动优先策略，让主流媒体借助移动传播，牢牢占据舆论引导、思想引领、文化传承、服务人民的传播制高点。推进现代城市舆论工作创新，既要深化宣传工作体制机制改革，也要加强新兴技术应用，进而全面提升现代城市舆论宣传引导能力。一是创新舆情工作机制，提高舆论引导能力。加强党对主流传播媒体的全面领导，完善宣传部门对互联网自媒体的全面管理，构建党领导、部门主管、多元参与的新型舆论工作体系。建立城市舆情监测机制，定期开展舆情信息监测、比对、分析，全面把握舆论动态。建立城市舆情信息发言人制度，及时针对重点舆情召开发布会，快速回应各类舆情事件。二是加强新兴技术应用，提升传播监管效力。深化5G、人工智能、VR等技术在信息采集、生产、呈现等方面的应用，推动传统媒体升级，创新建设城市5G传媒实验室等新型传播体验空间，提升信息生产传播效率。深化区块链等技术在舆论监测、信息溯源等方面的应用，实时监控互联网、论坛、博客、微博、微信平台媒体等舆论动态，提升舆情监管能力。三是加快传播资源整合，打造多元传播矩阵。建立覆盖全域、层次清晰、受众多样、种类齐全的城市综合数字化传播平台，全面接入城市各类传播主体与应用，加快整合城市传媒资源，构建横向到底、纵向到边的舆论引导与传播体系，打造大融合传播矩阵，切实提升现代城市舆论引导力。

8. 建立健全地上地下设施统筹协调机制，提高城市规划建设管理水平

2019 年 11 月，习近平总书记在上海考察时强调，提高城市治理现代化水平，要统筹规划、建设、管理和生产、生活、生态等各方面，发挥好政府、社会、市民等各方力量。由于城市发展中一直存在“重地上轻地下”的问题，城市地上功能与地下功能严重失衡，尤其是部分城市在地下设施建设规划方面还存在重视程度不够、投入力度较小、规划建设不科学等问题，这进一步加剧了城市地上地下协同建设的矛盾。而现代城市作为一种全新的城市形态，其地上功能与地下功能必然是高度协调的。因此，推进建设现代城市，就需要统筹好城市地上建设与地下建设的关系，切实提升城市功能完整度。一是创新城市规划协调机制，提高城市地上地下规划协调水平。建立以城市规划部门为主导、市政设施建设管理部门参与的新型城市规划协调机制，合理界定各方事权与责任，加强城市地上规划与地下规划对接，提高城市规划的科学性。二是创新城市建设协调机制，提高城市地上地下协同建设水平。建立城市地上地下设施建设体系，明确职责范围，协调推进城市地上设施与地下设施建设，确保同步建设、同步建成、同步投用，切实提高城市排水、防涝、防洪和防灾减灾能力。三是创新城市建设管理机制，提高城市地上地下协调运行水平。建立以交通、通信、水电燃气等管理运行主体为核心的城市地上地下设施管理机制，强化设施共用、信息共享，探索完善市政设施统筹协调运行管理模式。

9. 出台城市历史文化保护法规，延续城市历史文脉

2014 年 2 月，习近平总书记在北京考察工作时指出，历史文化是城市的灵魂，要像爱惜自己的生命一样保护好城市历史文化遗产。要本着对历史负责、对人民负责的精神，传承历史文脉，处理好城市改造开发和历史文化遗产保护利用的关系，切实做到在保护中发展、在发展中保护。一是将历史文化保护工作纳入国民经济和社会发展的总体规划中，从整体发展的角度进行保护；同时，明确相应保护部门的具体职责，吸引社会力量参与，整合各方资源，形成保护利用合力。二是建立历史文化保护专项基金，从财政预算中拿出一部分资金，专款专用，用于历史文化的定期维护；积极吸引社会资本参与历史文化保护，逐步构建政府主导、社会力量参与的保护新格局，支持财政资金相对薄弱的城市开展历史文化保护工作。三是建立历史文化保护信息发布机制，加强与传统媒体的互动交流，充分发挥微博、微信、公众号、客户端等新媒体的作用，定期发布历史文化保护情况，增强社会各界的知情度和参与度。

二、推进我国市域社会治理体系现代化

党的十九届四中全会审议通过的《中共中央关于坚持和完善中国特色社会主义制度　推进国家治理体系和治理能力现代化若干重大问题的决定》明确提出，要“加快推进市域社会治理现代化”。对于这样一个事关全局的基础性、长远性、根本性战略目标和重大任务，要以顶层设计为基础，以探索创新为动力，在理论和实践上不断取得新成果。具体地说，要以习近平新时代中国特色社会主义思想为指导，以现实重大问题为中心，坚持以问题为导向、以需求为导向、以目标为导向、以创新为导向、以效能为导向，着力构建中国特色市域社会治理现代化理论体系、制度体系、运行体系、政策体系。

（一）以习近平新时代中国特色社会主义思想为指导，构建我国市域社会治理现代化理论体系

市域社会治理现代化是一个新概念，但城市治理不是新问题。长期以来，对城市治理有不少误区：一是认为只是具体的事，二是认为只是行业部门的事，三是认为只是基层的事。其实，现代城市治理，不仅是具体的现实问题，而且是重大的理论问题；不仅是行业部门的事，而且是全社会的事；不仅是基层的事，而且是事关全局的事。党的十八以来，党中央高度重视城市治理问题，习近平总书记做出一系列重要指示，党的十九届四中全会把加快推进市域社

会治理现代化当作推进国家治理现代化的行动纲领，具有重大的理论和实践指导意义。

1. 市域社会治理现代化在国家治理现代化中具有重要地位和作用

在国家治理现代化建设中，市域社会治理现代化有独特优势。一是有治理空间优势。市域治理既不像省域那样大而泛且发展不平衡，也不像县域那样以农村为主，而是有城有乡，既包括城市街道社区，又包括乡镇农村。更重要的是，市域治理一改过去城乡分治的概念，体现了城乡治理融合体的理念和系统治理的理念。从市域空间范围视角统筹研究、综合解决城与乡及城乡接合部治理问题，能有效破解条块分割、政策碎片问题，取得事半功倍的效果。二是有治理主体优势。市域党组织、政府组织、经济组织、社会组织、自治组织、公民等多元治理主体并存，比省域好动员，比县域更全面，而且易于整合资源，有利于构建“党委领导、政府负责、民主协商、社会协同、公众参与、法治保障、科技支撑”的社会治理体系，有利于形成共商共治共建共享的基层社会治理新格局。三是有治理手段优势。城市资源有相对优势，市域治理可以更加有效地运用党建、行政、法律、经济、文化、道德、心理、科技、民规民约等一系列手段开展综合治理。四是有治理效能优势。不像省域那样有时鞭长莫及，也不像县域那样有时力不从心，市域治理有集约优势，能够更加有效地立足当前、面向长远解决城市服务管理、社会和谐稳定问题。

在国家治理现代化建设中，市域社会治理现代化有特别重要的作用。一是支柱作用。城市治理现代化是国家治理现代化的骨干工程。没有城市治理现代化，就没有国家治理现代化。随着城市化的不断推进，以市域治理现代化为支柱的国家治理现代化大厦将不断高大起来。二是枢纽作用。市域治理对上承担贯彻党中央决策部署的重要责任，对下指导基层一线工作，是推动基层治理的组织者、领导者。抓住了市域治理这个关键环节，就可以起到“一子落而满盘活”的效果。三是平台作用。市域治理是国家治理的“主战区”、大舞台。在市域治理这个平台上，各级各类组织和社会公众可以大显身手，可以更好形成基层社会治理共同体，更好形成共商共治共建共享的社会治理新格局。四是牵引作用。市域治理具有以城带乡的引擎作用。市域作为城市和农村两种社会形态的结合体，是统筹推进城乡一体化的有效载体。把市域作为完整的治理单元，能够充分发挥城市的辐射带动作用，推进城乡一体化、基本公共服务均等化，让治理成效更多、更公平地惠及城乡居民。市域具有以点带面的示范作用。与县域相比，市域治理对象更多样、治理问题更典型、治理体系更完备，需要市域层面加强顶层设计、进行宏观指导。与省域相比，市域直面基层一线，直面社会治理各类问题，需要拿出微观层面的操作方案和具体解决办法。

2. 我国市域社会治理现代化任务紧迫而艰巨

推进市域治理现代化是国家治理现代化的必由之路。第一，城市是满足人民群众新需要的大平台，有利于提高社会公共服务水平。城市对人民群众生活的新需要感受最直接、最灵敏，同时又有充足的资源和手段及时有效回应人民对美好生活的新期盼，有利于从主动适应社会主要矛盾历史性转变出发，让人民群众有更多的获得感、幸福感、安全感。第二，城市是观察矛盾风险走向的晴雨表，有利于提高社会治理水平。我国经济社会发展中出现的一些新情况新问题，往往最先在城市显现。分析掌握城市矛盾风险的规律特点，有利于从总体上把握我国现阶段社会矛盾的风险态势，提高防范化解风险的预见性、实效性。第三，城市是守住安全稳定底线的主阵地，有利于提高维护社会安全的水平。当前矛盾风险系统性、跨界性、传导性特点突出，市域越来越成为防范化解矛盾风险的关键层级。加快推进城市治理现代化，有利于以市域为主阵地，充分发挥市域资源手段优势，从事前、事中、事后的整体视角进行防范，从源头、传导、转化的关键环节进行化解，防止矛盾风险向上传导、向外溢出。

加快推进我国市域治理现代化已经到了关键时期。一是我国正处于“两个一百年”奋斗目标历史交汇期。我国已全面建成小康社会，开启了全面建设社会主义现代化国家的新征程。在这一历史时刻，推进市域治理现代化已经成为时不我待的任务。二是我国正处于城市化进程关键期。作为世界上最大的发展中国家，我国城市化率已达到60%以上，刚刚进入城市化国家行列。在这一历史时期，无论从巩固提高我国城市化成果质量讲，还是从进一步加快推进城市化进程讲，加快推进市域治理现代化都显得十分重要而紧迫。三是我国正处于全面深化改革紧要期。经过40多年的改革开放和经济的快速发展，我国改革已进入“深水区”。从某种程度上讲，这个“深水区”就在市域，改革的重点、难点、焦点问题主要在市域治理现代化的过程中。因此，以市域社会治理现代化问题、需求、目标、创新、效能为导向，研究解决全面深化改革问题就十分关键，这也是一个十分重要的思想方法和工作方法。

3. 努力构建具有时代特征、中国特色、市域特点、规律特性的市域社会治理现代化理论体系

城市治理是一门科学。我国市域治理现代化是一个崭新的重大理论和现实课题。理论是行动的指南，理论体系建设至关重要。要以习近平新时代中国特色社会主义思想为指导，努力构建具有时代特征、中国特色、市域特点、规律特性的现代城市治理理论体系框架。这包括以下几方面主要内容：

一是坚持“一个中心”。坚持以人民为中心的发展思想，这是习近平新时代中国特色社会主义思想的核心观点，也是做好党和国家所有工作的核心理念。二是坚持和完善“两项基本制度体系”。其一，是坚持和完善统筹城乡的民生保障制度，特别是坚持和完善“幼有所育、学有所教、劳有所得、病有所医、老有所养、住有所居、弱有所扶”的“七有”民生保障体系。其二，是坚持和完善共建共治共享的社会治理制度，特别是坚持和完善“党委领导、政府负责、民主协商、社会协同、公众参与、法治保障、科技支撑”的“七位一体”社会治理体系。这是党的十九届四中全会提出的明确要求，也是我国现代城市治理的基本思路。三是坚持“三个工作着力点”，即坚持党建引领、改革创新、重在基层。这是习近平总书记和党中央反复强调的，也可以理解为新时期党的工作的“三大法宝”。四是坚持“六化标准”，即系统化、社会化、法治化、智能化、专业化、精细化。这也是党的十八大以来，党中央和习近平总书记所反复强调的。五是坚持不断实现“九个更加、九个明显提高”的目标任务。（1）社会治理体制更加健全，党建引领、协同共治水平明显提高；（2）社会服务更加完善，民生保障、公共服务水平明显提高；（3）社会管理更加科学，政府履职、城市管理水平明显提高；（4）社会动员更加广泛，公众参与、社会共治水平明显提高；（5）社会风气更加文明，社会诚信、公益慈善水平明显提高；（6）社会心理更加健康，培育良好心态、营造和谐氛围的水平明显提高；（7）社会运行更加有序，化解社会矛盾、维护社会公正水平明显提高；（8）社会环境更加安全，依法治理、风险防控水平明显提高；（9）社会治理方式更加现代，智能化、专业化水平明显提高。

（二）以坚持和完善中国特色社会主义制度为基础，构建我国市域社会治理现代化制度体系

党的十九届四中全会明确提出了坚持和完善中国特色社会主义制度体系十三个方面的重大任务。其中，社会建设相比“五位一体”总体布局建设的其他方面，属于“加长版”，提出了两项基本制度，即：坚持和完善统筹城乡的民生保障制度，满足人民日益增长的美好生活需要；坚持和完善共建共治共享的社会治理制度，保持社会稳定、维护国家安全。我国现代城市治理的核心是坚持“一个中心、两个基本点”，即：以人民为中心，不断保障和改善民生、加强和创新社会治理。既不能偏离这个中心，也不能离开社会服务谈社会治理，要在坚持和完善中国特色社会主义根本制度、基本制度的基础上，构建以“一个中心、两个基本点”为核心的我国市域社会治理现代化重要制度体系。当前，重点是在以下三个方面实现突破：

1. 建立健全我国市域社会治理现代化统筹协调的制度体系

近十多年来，特别是党的十八大以来，我国城市治理取得了显著成效。其中一个重要的因素，就是许多城市有统筹协调的特别是社会治理的体制机制。在这方面，北京市做得比较好。自 2007 年以来，北京就建立了统筹协调的社会治理制度体系：市、区两级有社会建设领导小组工作机制，有党委社会工委（与民政局合署办公）工作机构，工作覆盖面纵向可以到街道（乡镇）、社区（村），横向可以到社会组织和非公有制经济组织，为基层社会治理提供了坚强的组织保障。上海、成都、珠海、昆明、浙江等部分省市也先后建立了相应的工作机制。但从总体上说，面对新形势、新任务、新要求，常态化、长效化、规范化的现代城市治理制度体系还没有

全面建立起来，顶层缺乏设计、整体缺乏规划、城乡缺乏统筹、条块缺乏协调的问题还很突出。破解这些问题，关键是要建立健全综合协调、统筹规划的领导体制，形成纵向到底、横向到边的工作机制。当前和今后一个时期，要抓住完善市域社会治理领导体制这个关键，把共建共治共享的社会治理基本制度和“党委领导、政府负责、民主协商、社会协同、公众参与、法治保障、科技支撑”的社会治理体系落到实处。一是建立健全体制机制。在市、区、街（乡镇）三级建立健全党委书记挂帅的区域化社会治理工作委员会，建立健全党管社会的统筹协调机制。二是设立专门的工作机构。在市、区两级党委设立社会工作专门机构（可与民政部门合署办公），建立健全党委部门牵头抓总的工作体制。三是形成工作体系。在街道（乡镇）、社区（村）落实基层社会治理责任制，确保“三有一化”（有人办事、有地方办事、有经费办事、工作规范化）。四是落实工作责任。要把市域社会治理现代化纳入总体布局，有规划、有安排、有落实、有检查。

2. 建立健全以“七有”为主要内容的国家基本公共服务保障制度体系

市域社会治理现代化说到底是服务群众的工作。党的十九届四中全会明确指出，要坚持和完善统筹城乡的民生保障制度，坚持和完善以“七有”为主要内容的国家基本公共服务保障体系，要注重加强普惠性、基础性、兜底性民生建设，保障群众基本生活。“十三五”时期，由于采取扶贫攻坚等重大举措，我国民生保障取得了历史性成就。但我国仍处于并将长期处于社会主义初级阶段的基本国情没有变，人民日益增长的美好生活需要和不平衡不充分的发展之间的矛盾没有变，特别是由于全球性经济下行的压力、新冠肺炎疫情的冲击，我国民生保障和基层社会服务面临许多问题和挑战。在加快推进市域社会治理现代化的进程中，要以建立健全“七有”保障体系为重点保障民生，以基本实现“一刻钟社区服务圈”全覆盖为重点改善民生，在保障和改善民生中加强和创新基层社会治理，重点应做好以下三件事：

一是着力做好群众关心的事。比如，制定并试行“七有”综合评价指标体系，使统筹城乡的民生保障制度全面、系统、有效落实。在这方面，北京市已经走在了前面，制定并试行了“七有”“五性”评价体系，经验值得借鉴。评价指标的落实，要实行“高位统筹”，在中央、省、市、区县层面建立“七有”民生工作联席会议机制，依据“七有”评价指标体系，定期通报评价结果，分析民生工作形势，协调部署工作。民生指标标准和要求，应由党委政府统筹研究提出，不应完全按照部门意见。联席会议机制要发挥统筹作用，协调多部门共同解决民生工作的重点、难点问题。

二是切实做好群众身边的事。比如，明确提出五年基本实现“一刻钟社区服务圈”全面覆盖的目标，让城乡居民有更多的获得感、幸福感、安全感。北京市早在“十二五”时期、“十三五”时期就已将其列入规划，而且，每年列入市政府为民办实事项目中。经过十年的努力，已覆盖全市95%左右的城市社区。事实上，全国不少地方也在开展此项工作，推动这项工作也水到渠成。“一刻钟社区服务圈”建设综合评价指标体系，要涵盖社区基本公共服务、社区便民服务、社区公益服务、社区特色服务、社区综合治理、社区安全等方面，要按照“十四五”规划，认认真真抓落实，一件接着一件办，一年连着一年干，五年基本实现全覆盖。

三是力所能及地办好符合现代城市治理发展方向的事情。比如，发达地区可以朝着现代化目标先行一步，按照“幼有善育、学有优教、劳有厚得、病有良医、老有颐养、住有宜居、弱有众扶”的目标，制定更高水平的指标体系。又如，推动创新实践，在“七有”保障领域逐步实现重点突破，率先在医疗、养老保险报销等方面打破体制和户籍限制，实现全国“一张网”“一本账”“一卡通”。

3. 建立健全市域社会治理现代化精细化管理制度体系

习近平总书记反复强调，大城市治理要像绣花一样，加强精细化管理。在这方面，上海、杭州等长江三角洲地区走在了全国前列。但全国大部分城市还有明显差距，距离现代城市治理标准还相差很远。近期应当做好以下三方面的重点工作：一是建立健全综合评价指标体系。近些年来，许多城市和研究单位都制定了社会治理评价指标体系。2012 年，笔者在北京市委社会工委、市社会办主持工作期间，曾与上海华夏社会发展研究院合作，研究制定了一套“中国社会建设综合评价指标体系”，包括社会服务、社会管理、社会动员、社会环境、社会关系、党的建设六个方面若干项指标，并采用政府部门权威统计数据，每年对全国各省（区、市）和大城市进行评价比较，每年编写出版一本社会建设蓝皮书，产生了良好反响。建议在总结经验的基础上，制定统一规范的中国市域社会治理现代化建设综合评价指标体系，有效推动现代城市治理科学发展。二是建立健全应急防控制度体系。新冠肺炎疫情再次给人类敲响了警钟，它告诫我们：现代化建设能力和水平，不仅包括发展的能力和水平，还应包括应急的能力和水平。当前我国正在加快推进的突发公共卫生事件应急制度体系建设，就是一个良好的开端。三是建立健全“城市体检”制度体系。比如，建立健全城市地下管网风险防范制度体系。城市地下管网存在许多重大隐患。早在 2014 年，国务院办公厅就印发了关于全面搞好城市地下管网管理的文件，要求五年完成排查和整改任务。尽管全国各地做了不少工作，但对这个文件并没有全部落实到位。又如，建立健全城市建筑物装饰安全隐患防范制度体系。几年前，上海市曾经做过一件非常有意义的事情，市社会工作党委组织协调专业社会组织对全市高大建筑物玻璃幕墙安全问题进行了统一排查。这项工作应该成为全国现代城市治理的经常性工作纳入制度体系。改革开放40多年来，全国城镇的发展如雨后春笋，城镇大楼林立。许多楼房的玻璃、墙等外立面装饰材料临近“预期寿命”，安全隐患大，应该尽快建立健全“城市体检”制度体系，并予以立法保障。像人们每年体检一样，各个城市每年都要提交“城市体检”报告，有问题定期复查。各级规划建设部门应当依法承担起这一职责。

（三）以共建共治共享为目标，构建我国市域社会治理现代化运行体系

现代城市治理从根本上说就是要打破“见物不见人”的传统管理模式，核心是坚持以人为本，加强和创新基层社会治理，建设人人有责、人人尽责、人人享有的社会治理共同体。党的十八大以来，我国基层社会治理取得了明显成效，在新冠肺炎疫情防控中发挥了重要作用，但也暴露了许多问题。既有重视不够、认识不到位的问题，也有观念陈旧、工作不到位的问题。现代城市治理一方面要实现工作重心下移，扎扎实实做好基层工作，夯实基层基础；另一方面，要纳入市域社会治理现代化总体布局，加强顶层设计，搞好统筹协调。也就是说，要上下互动、左右联动，在全局视野中，在市域社会治理现代化的目标下，做好城市治理具体工作。

1. 抓住街道体制改革这个“牛鼻子”，构建“战区式”市域治理新格局

街道（乡镇）是我国现代城市治理的基本单元。街道体制改革是城市治理体制改革的“牛鼻子”。近几年，为适应现代城市治理

的新需求，全国许多地方在街道体制改革方面进行了新探索，特别是上海市的街道“大部制”改革、北京市的“街乡吹哨、部门报到”改革，得到了党中央的充分肯定，在全国产生了良好反响。但就全国而言，街道体制改革滞后仍然是制约现代城市治理的主要障碍。当前，深化街道管理体制改革，推动重心下移、力量下沉、资源下投、权力下放，特别是推行街道“大部制”改革，以街道为“主战区”构建市域社会治理新格局，势在必行。

一是明确街道职能定位。高度认识街道在市域社会治理中的基础地位、基层社会治理中的主导地位，强化街道党工委和办事处作为区委区政府派出机关的基本属性，以做强做实街道为方向，优化街道职能配置，全面负责辖区内地区性、社会性、群众性工作的统筹协调，充分履行党的建设、公共服务、公共安全、城市管理、社会治理等综合管理职能，建设文明街道、活力街道、宜居街道、平安街道。

二是推行街道“大部制”改革。总结推广上海、北京等地的经验，推动街道体制整体性改革，依据职责定位综合设置组织机构，将向上对口的科、站、队、所等科室进行资源整合和优化调整，人员编制实行总量管理、动态调整，聚焦街道主责主业，构建符合基层治理实际的大部制模式，有效解决职责交叉、多头分散、条块分割、管理碎片化等问题。推动服务管理重心下移，理顺和明确权责关系，优化职能部门下沉街道的管理体制，其日常工作、人员管理、经费管理一般应由街道统筹管理使用，主要负责人由街道党工委负责任免，事前应书面征求区级业务主管部门的意见。

三是优化街道治理机制。加强党对街区社会治理的领导，优化党组织领导基层治理体制机制，以赋权增效为方向，强化政治功能和服务功能，提升统筹协调能力和组织动员能力。创新党建引领社会治理方式，以共建共治共享为目标，构建街道社区党建工作协调委员会机制。按照“集中”和“下沉”的改革方向，明确街道综合执法平台的法律地位，设立街道综合行政执法机构，实行“一支队伍”管执法，加强专业部门执法与街道综合执法有效衔接，建立健全综合执法的管理、培训、考核等机制。优化街道扁平化工作流程，推动形成决策、执行、反馈闭环流程，提升基层行政管理效能，实现服务管理精细化，快速回应群众诉求。

四是加强街道基础保障。加强依法治理，加快推动街道立法研究，加快研究出台城市街道办事处条例。优化基层管理职能体系，建立健全街道（乡镇）职责清单、赋权清单和工作事项准入制度。综合考虑街道实有人口、辖区面积、街区功能、社会单位、历史文化等治理要素，科学划分行政区划设置，推动编制资源下沉，统筹服务管理资源配置，形成保障基层的鲜明导向。扩大“互联网＋基层治理”应用，推动大数据、互联网、区块链等信息技术与基层治理深度融合，提升基层公共服务精准化、城市管理精细化水平。

2. 推动基层社会治理机制创新，构建“五社联动”社区治理共同体

建设人人有责、人人尽责、人人享有的社会治理共同体，构建基层社会治理新格局，这是党的十九届四中全会提出的明确要求。近几年，各地创新实践，在构建基层社会治理共同体方面有许多新探索、好做法；但基层社会治理体系不健全、合力不足、互动不够的问题仍很突出，在市域社会治理中尤其如此。市域社会治理现代化的基础工程是构建基层社会治理共同体，着力点是构建“1+5+N”社区治理现代化体系，不断提高系统治理、依法治理、综合治理、源头治理能力：

“1”是以街道（乡镇）为主导，建立健全区域党建工作委员会和地区社会治理委员会工作机制，加强综合协调。在市域社会治理

中，区级范围太大，社区没有行政权，街道（乡镇）相对区级和社区而言，加强综合协调、整合区域资源更便捷、更有效。要把街道（乡镇）区域化党建委员会和地区社会治理委员会机制做实。“5”是在社区党组织引领下，推动社区居委会、社会组织（业委会等）、社会企业（物业企业等）、驻地社会单位与社区居民“五社联动”，共建共治共享。“N”是综合运用有关加强法治、德治、自治、智治的方式方法，比如，社区社会治安综合治理工作站、社区文明劝导队、志愿者工作、街巷长、小巷管家、楼宇工作站、居民（村民）公约、网格化等，不断推进基层社会治理创新实践。

这其中需要进一步强调如下几项重点工作：一是推行社会领域基层党组织社区党委属地管理体制。党的领导是中国特色社会主义制度的最大优势。要把社会领域基层党组织纳入属地社区党委管理，全面加强党对基层社会治理的领导，把党的领导的政治优势、制度优势更好地转化为基层社会治理的效能。二是坚持和完善社区“三位一体”工作格局。借鉴北京等地经验，把社区党委、社区居委会、社区服务站三大机构做实做强，既有明确分工，又形成工作合力。社区党委牵头抓总，并负责搞好区域化党建工作；社区居委会的主要职责是搞好社区居民自治；社区服务站是政府延伸到社区的公共服务平台，负责落实政府基本公共服务相关任务、组织社区公共服务。从而形成社区党建、社区自治、社区服务“三位一体”的工作格局。这样，既有利于各司其职，又凸显中国社区社会主义特色，切实把“坚持党的领导、人民当家作主与依法治国有机统一”的国家根本制度优势更好地转化为社区治理效能。三是把破解城市小区物业工作难题当作加强和创新基层社会治理的重要着力点。城市住宅小区物业长期存在企业小散乱低、职能定位不清晰、业主委员会运行难、政府监管不到位、党建引领力度弱等普遍性问题。在新冠肺炎疫情防控中，一方面，物业企业做出了突出贡献，另一方面，也使存在的问题更加凸显，到了非下大力气系统解决不可的地步。要把小区物业工作纳入城市基层治理新格局，切实推进工作重心下移、力量下沉、权力下放、资源下投到街道（乡镇）。要加强社区党委的统一领导，加快推进业主委员会（物业管理委员会）建设。要有计划、分类别推进物业服务管理全面覆盖，加快推进物业企业转型升级，加快推进物业工作社会化、法治化、专业化、智能化建设。四是大力推动驻地社会单位公共资源与社区共享，使社会单位成为“社区之家”。北京市推动“社区之家”建设几年来初见成效，广电总局、新华社等中央机关为驻地社区做出了很大贡献。

3. 充分运用现代化技术手段，构建“网格化 +”智慧社区工作体系

党的十九届四中全会把“科技支撑”作为主要组成部分写进了全会决议。运用大数据、物联网、区块链、人工智能等新时代信息技术，为市域社会治理赋能增效，持续提升社会治理现代化水平，是时代特征、现实要求。近些年来，基层社会治理现代化建设成效显著，特别是网格化工作全面铺开。但是，距离全面覆盖、多网融合、一体运行的目标相去甚远，即使是网格化体系已经建立起来的地区，空转、自转、不转的现象也比较突出。对此，提出以下建议：

一是实施“网格化 +”工程，为市域社会治理现代化全面赋能。不“另起炉灶”，不搞“两张皮”，以网格化为依托，将大数据、互联网、物联网、云计算、区块链、人工智能、微信圈等现代技术对接起来，形成全模式网格化基层社会治理系统。同步提升城市管理领域发现和解决问题的能力，通过技术体系创新和体制机制创新，实现管理更精细、服务更精准、城市更智慧。坚持以人民为中心的发展思想，实现更多群众事项在线上全程办理，让百姓少跑腿、数据多跑路，不断提升公共服务均等化、普惠化、便捷化水平。推广

“健康码”经验，将安全、高效、易用的身份认证技术运用于更多领域，运用大数据、区块链技术，破解流动人口服务管理难题，对各类人群进行精细化管理、贴心式服务。通过网格化体系建立实体社区空间和网络虚拟空间的紧密联系，借鉴社区动员先进经验，发挥网络社会动员的多元倍增效应，提高线上线下相结合的社会动员水平。

二是在市域社会治理中打破“信息孤岛”，消除“数据烟囱”，优化队伍结构，切实为基层减负。充分总结网格化、雪亮工程、城市大脑建设经验，在基层全面推进整合信息系统、优化工作流程、共享数据信息等工作，推动技术融合、业务融合、数据融合，形成覆盖全国、整合各方、统筹利用、统一接入的市域社会治理平台，实现跨层级、跨地域、跨系统、跨部门、跨业务的协同管理和服务。大力推进数据治理，实现部门信息资源的共建共享，避免数据的重复采集、分析，最大限度地提升信息资源的使用效率，最大限度地节省人力物力。杜绝“指尖上的形式主义”，让基层干部切实从眼花缭乱的报表、手机微信群中解脱出来，让基层有更多精力为群众服务、抓工作落实。对基层工作中沉淀在各部门信息系统中的丰富数据资源进行深度挖掘，避免人海战术和运动式采集，充分展现大数据在精准预测、智能决策方面的独特魅力。推广“街乡吹哨、部门报到”经验，整合各类协管员队伍、公益性就业岗位、社区（村）志愿者队伍，按照“专职力量一格一员、专业力量一员多格、兼职力量一格多员”的原则，将人员力量下沉到网格，充实基层工作队伍。

三是坚持问题导向，破解市域社会治理中的突出矛盾和问题，为基层工作提质增效。充分发挥网格化体系在“治理大城市病”中的基础性作用，针对治污减霾、疫情防控、保障和改善民生、维护社会和谐稳定，以及当前治理“大城市病”中存在的突出问题和暴露的复杂矛盾，将大气污染治理、水污染治理、公共设施建设、市容环境美化、街面秩序维持等与治理大城市病相关事项纳入网格化体系，分级负责、高效运转，全面覆盖、责任到人。在重大会议活动期间，各级基层政府和社区（村）依托严密的基础网格、专兼结合的网格员队伍、先进的信息系统，开展指挥调度、视频监控、矛盾隐患排查、动员发动群众、事件发现处置、突发事件迅速处置等工作，为重大会议活动提供安全、祥和、文明的社会环境。完善基层社会治理的“云网端”体系，借助新基建，提升基层社会治理的云计算能力和宽带网水平，丰富 App、小程序等各类应用客户端，实现“天上有云、地上有网、中间有端”，加快推进城乡地区网格化服务管理全覆盖。切实保障数据安全，强化关键数据资源保护能力，增强数据安全预警和溯源能力。制定数据资源确权、开放、流通、交易相关制度，完善数据产权保护制度。加大对技术专利、数字版权、数字内容产品及个人隐私等的保护力度，维护广大人民群众利益、社会稳定、国家安全。

（四）以全面深化改革推动创新实践为动力，构建我国市域社会治理现代化政策体系

党的十九届四中全会明确指出，我国国家制度和国家治理体系具有“坚持改革创新、与时俱进，善于自我完善、自我发展，使社会充满活力的显著优势”。加快推进市域社会治理现代化，要进一步发挥这一优势，全面深化改革、推动创新实践，构建我国现代城市治理政策保障体系。从完善市域社会治理政策角度说，建议抓住以下几个关键环节：

1. 加快推进更加开放包容的社会组织政策体系建设

在党的领导下，政府、市场、社会“三位一体”形成合力，是我国根本制度的显著优势。随着社会结构的深刻变化，社会公众的组织形态已由以单位组织形态为主，逐渐转变为以社会组织形态为主。社会组织按照行业、专业、兴趣、爱好组织起来，将成为新常态。如何把社会公众更好地动员起来、组织起来，在党的领导下有序参与社会治理，越来越成为迫切需要解决的重大问题。改革开放以来，我国社会组织快速发展，在经济社会发展中发挥着越来越重要的作用。但总体而言，社会组织发展仍然存在许多问题，在社会治理中，有序参与、有效融入、有力发挥作用还不够，这些问题在防控新冠肺炎疫情中暴露得也比较明显。因而，除了社会组织自身能力需要不断提高外，社会组织治理体系也有待完善。在市域社会治理中，一方面传统社会关系有“撕裂”倾向，另一方面也有向新的社会组织“聚合”的势头。无论从服务角度还是从管理角度来说，党和政府都应该主动作为，坚持疏堵结合，加快推进更加开放包容的政策体系建设，进一步把社会力量纳入党和政府工作主渠道，进一步激发社会创造活力。

一是创新体制，实行分类管理。构建“枢纽型”社会组织工作体系，是以人民团体为骨干，在不同层级构建同类别、同性质、同领域社会组织联合体，以便于党和政府有效联系、服务和管理，有序纳入党和政府工作主渠道。

二是创新运行体系，赋予一定权限。授权“枢纽型”社会组织在政治上发挥“桥梁纽带”作用，在业务上发挥引领聚合作用，在日常服务管理上发挥平台作用，在党的领导和政府依法监管下，带领成员单位有序有效参与社会治理、加强自我管理。

三是创新政策体系，完善保障措施。出台加强社会组织建设系列文件，推出一系列政策措施，包括建立健全社会组织党建工作机制、政府购买社会组织服务体系、社会组织服务（孵化）体系、社会组织管理规范等等，大力支持社会组织发展和发挥作用，不断加强自身建设。

四是创新方式方法，推动服务基层。提高动员群众、组织群众、服务群众的能力，推动社会组织服务基层、融入社区治理共同体。

2. 加快推进专业化职业化社会工作队伍政策体系建设

社会治理是一门科学，要培养一支专业化干部队伍和社会工作人才队伍。近十多年来，我国社会工作人才队伍建设取得了历史性突破。到 2021 年，全国社区工作者达 400 多万，取得全国社会工作者职业水平证书的人员已突破 80 万。但社会工作者队伍发展不充分、不平衡的问题依然非常突出，专业化、职业化、规范化、现代化的程度还不高。在防控新冠肺炎疫情中，一方面，社会工作者特别是社区工作者做出了突出贡献；另一方面，力量不足、水平不高等问题也更加凸显出来。在推进市域社会治理现代化进程中，要加快推进社会工作人才队伍专业化、职业化步伐。

一是化危为机，大力推动专业化。从 2021 年开始，持续在全国社区实施“大学生社工计划”，在解决高校毕业生就业困难的同时，解决社区工作者力量不足、专业化程度不高的问题。一方面，高校毕业生创历史新高，2021 年就有 874 万，今后几年会只增不减；另一方面，受行政事业单位机构改革、经济下行压力、新冠肺炎疫情冲击的影响，我国当前和今后几年就业形势异常严峻。而城乡社区居委会人员又严重不足，据民政部有关部门负责人介绍：全国有 65 万个城乡社区、400 多万名城乡社区工作者。如果按平均每个社区十个工作者计算（北京市规定每个社区人员编制一般在

13人以上），缺口也有250万人。实施“大学生社工计划”，既可以有效缓解当前高校毕业生就业难的问题，又可以有效解决社区工作者力量不足、专业化程度不高的问题。北京市2009年开始实施“大学生社工计划”，到2021年，全市3.5万社区工作者中具有大专以上学历的占95%，平均年龄39岁。

二是立足长远，大力推动职业化。中国特色的社区工作者应当是正式职业化工作者。国家要明确将专职社区工作者列入正式职业序列，给予较高社会地位。

三是完善政策，大力推动规范化。要紧紧围绕专业化、职业化、规范化、现代化目标，建立健全社区工作者选聘、培养、使用、评价、奖惩机制。要形成长效机制，确保“大学生社工”持续不断“进得来”。要加强教育培训，确保基层社会治理“用得上”。要不断提高待遇，确保社区工作者人才“留得住”。要创新体制机制，让优秀人才能够“流得动”，使社区不仅成为社区工作者干事创业的平台，也成为培养选拔人才的渠道。经过十多年的努力，北京市在这方面形成了一整套政策体系、工作体系，走在了全国前列，经验值得总结推广。

3. 加快推进民生领域社会企业发展政策体系建设

党的十九大明确提出，要创新公共服务提供方式，鼓励支持社会力量兴办公益事业，满足人民多层次多样化需求。社会企业是以社会效益最大化为目标，依靠商业手段提供社会服务的企业组织，具有解决困难群体就业、精准服务民生、参与社会治理、开发消费市场等多重价值与功能，是当前实现稳就业、保民生、促消费的有力抓手，是促进经济转型升级、实现高质量发展的新生动力，也是推进基层治理现代化的创新实践。面对新时代社会主要矛盾的新变化和新冠肺炎疫情常态化防控的新挑战，大力发展社会企业，加快推动社会服务业转型升级，是非常重要而紧迫的任务，在大城市尤其如此。近十多年来，我国社会企业有了突破性发展，但整体上还处于起步阶段，规模偏小、力量分散、管理失范、水平较低，远远不能满足现代城市社会服务的广泛需求，是基层社会治理格局中急需补上的短板。当前，要抓紧研究制定相关政策，大力推动社会企业发展。

一是推出鼓励社会企业发展政策。尤其强调“加快民生服务领域社会企业发展”，从国家层面释放大力支持社会企业发展的政策信号。促进社会企业发展，最重要的是营造良好的发展环境。其中，出台专项法律法规、确立合法性地位、明确认证标准、开放公共服务市场、提供扶持政策等，是发达国家通行的做法。我国要从实际出发，制定相关管理办法和政策措施，鼓励各地积极探索。

二是将社会企业纳入“两新一重”建设投资范围，优化社会企业融资环境。新型城镇化建设包括提升城镇公共服务、改造老旧小区和发展社区服务业。这都属于基层社会治理范畴，是社会企业创新创业的广阔领域。政府相关投资要给予社会企业平等市场机会，清理废除与企业性质挂钩的不合理规定。在竞争评标中增加社会效益考察，引导养老、托幼、物业、家政、文体等民生领域企业朝社会企业转型发展。金融管理部门要引导各大商业银行、投融资机构增加普惠金融、绿色金融、社会影响力债券及影响力投资产品，提高社会企业贷款融资的可获得性。

三是分行业建立社会企业政策扶持体系。建议由国家发改委牵头，推动教育、养老、医疗、助残、环保、农业农村、公共文化及体育、社区服务、物业管理等的主管部门，在行业政策中明确倡导社会企业发展模式。结合解决基层社会治理热点难点问题，在乡村治理中探索以社会企业模式实现乡村振兴的新路径；在城市社区中引导物业服务企业向社会企业转型，对社会企业参与老旧小区改造给予政策支持。政府购买服务项目应向社会企业开放，并使其享有同等条件下的优先采购权。

四是开展社会企业试验区建设。借鉴国外先进经验，总结北京、成都、深圳福田、佛山顺德等地本土实践，研究社会企业试验区建设方案。因地制宜，探索社会企业认证标准。促进不同民生服务领域支持政策融通，推动市场监督、民政、财税等部门政策集成创新。研究相关土地、融资、人才、税收优惠政策。设立政府引导社会企业发展基金。鼓励社会企业行业组织和支持型机构发展。

五是加大社会企业的研究和宣传力度。国家社科基金要增加对社会企业研究的支持力度，重点资助社会企业基础理论及实践研究、社会影响力评估及社会企业政策研究。把社会企业理论与实践纳入省部级领导干部培训内容。鼓励更多国家级创新创业大赛、示范区建设、试点项目增加社会企业内容。选拔奖励各领域优秀社会企业，培育社会企业家群体，倡导社会企业家精神，增进社会各界对社会企业的认知度。相关部门应为优秀社会企业参与“一带一路”建设提供条件，以社会企业家为代表讲好中国故事。

三、创新我国市域社会治理现代化运行机制

加快推进市域社会治理现代化，是以习近平同志为核心的党中央做出的战略部署，具有重大而深远的意义，要加强理论研究和实践创新，特别是要加强对创新我国市域社会治理现代化运行机制问题的研究。

（一）我国市域社会治理现代化概念的提出和研究状况

我国市域社会治理现代化，在理论上是一个新概念，在实践上是一个新事物，研究和推进工作仍处于初始阶段，但已有良好的开端，呈现良好的发展势头，为当前和今后工作奠定了良好的基础。

1. 我国市域社会治理现代化概念提出的过程

2013 年，党的十八届三中全会首次在党的文件中明确提出推进国家治理体系和治理能力现代化，并用“社会治理”代替“社会管理”，对推进社会治理现代化提出了明确要求。2014 年 2 月 26 日、3 月 5 日，习近平总书记分别在北京视察工作时和在全国人大上海代表团发表讲话时，反复强调城市建设和管理的重要性。2017 年，党的十九大进一步部署了社会治理任务，并强调社会治理重在基层，要实现重心下移。在学习贯彻党的十九大精神的过程中，社会治理现代化理论研究和实践创新产生了一系列新成果。其中，“市

域社会治理现代化”就是重要成果之一。较早在媒体公开发表有关文章并产生较大影响的是中央政法委秘书长陈一新。他提出:“市域社会治理是国家治理在市域范围的具体实施，是国家治理的重要基石”[①]，推进市域社会治理现代化的初衷是“打造新时代‘枫桥经验’城市版”[②]。其实，在城乡规划领域，“市域”是一个早已被广泛使用的概念。根据原建设部于1998年发布的《城市规划基本术语标准》(GB/T 50280-98),“市域”(administrative region of a city)是指“城市行政管辖的全部地域”。“市域”是区域的一个具体层级，在市域之上有全国和省域及都市圈，与市域平行的还有(自治)州域、(自治)盟(旗)域，市域之下则有县域。在各层级上都可以形成城镇体系，即“在一定地域范围内具有不同规模等级、职能分工明确、相互联系紧密、空间分布有序的城镇群体”[③]。与之对应，在城乡规划实践中，可以在各层级编制城镇体系规划，从而形成全国-省域-都市圈-市/州/盟/旗域-县域等层级构成的完整的城镇体系规划结构。“市域”概念的提出，是为了在“市管县”体制改革的背景下，加强城市行政管辖的全部地域范围内的城镇体系规划工作，从而推动城乡协调发展[④]。1982—1983年，国家改革市县分治的行政管理体制，逐步确立“市管县”的新行政体制，要求地级市发挥中心城市的辐射带动作用，对所辖县实行全面领导，推动城乡协调发展。随后，1984年国务院颁布的《城市规划条例》即要求，“直辖市和市的总体规划，应当把市的行政区域作为统一的整体，合理部署城镇体系”。1989年全国人大颁布的

① 陈一新.推进新时代市域社会治理现代化.人民日报，2018-07-17.

② 陈一新.以新思路新方式开展市域社会治理现代化试点.法制日报，2020-01-03.

③ 董黎明，孙胤社.市域城镇体系规划的若干理论方法.地理学与国土研究，1988(3).

④ 顾元.市域社会治理的传统中国经验与启示.中共中央党校(国家行政学院)学报，2020(4).

《城市规划法》要求，“设市城市和县级人民政府所在地镇的总体规划，应当包括市或者县的行政区域的城镇体系规划”。1991 年，建设部颁布的《城市规划编制办法》则提出，城市总体规划应当包括设市城市编制的市域城镇体系规划和县人民政府所在地的镇编制的县域城镇体系规划。2005 年住房和城乡建设部颁布的《城市规划编制办法》提出，“城市总体规划包括市域城镇体系规划和中心城区规划”，列举了市域城镇体系规划应当包括的七个方面的内容，并要求在编制城市总体规划纲要时就应该包含市域城镇体系规划纲要。根据上述法律法规，众多城市编制了单独的城镇体系规划，或者至少在其总体规划中包含了市域城镇体系规划的内容。

通过对“市域”概念的提出过程进行梳理可知，“市域”的存在前提是指“设市（区）城市”，“市域”是相对于“中心城区”而言的广域概念，即“设市（区）城市”行政管辖的全部地域。由是观之，市域社会治理，就是在“设市（区）城市”行政管辖的全部地域开展的社会治理，既包括在其中心城区内开展的社会治理，也包括在中心城区外围的广域范围内开展的社会治理。

中央有关部门负责人在有关文章和讲话中指出，市域社会治理是国家治理在市域范围内的具体实施，是国家治理的重要基石。市域层面具有较为完备的社会治理体系，具有解决社会治理中重大矛盾问题的资源能力，是将风险隐患化解在萌芽、解决在基层的最直接、最有效力的治理层级，是推进基层治理现代化的前线指挥部。

2019 年 11 月，党的十九届四中全会全面部署了坚持和完善中国特色社会主义制度、推进国家治理体系和治理能力现代化的战略任务，把加快推进市域社会治理现代化作为重点任务提了出来，因而，其成为国家治理现代化的重要目标任务。

2019 年 12 月，全国市域社会治理现代化工作会议在北京召开，会上部署启动了市域社会治理现代化试点工作，明确提出：“所有副省级市、地级市和自治州以及地（盟）、新疆生产建设兵团师市、直辖市下辖的区（县）均可申请试点，自愿申报”[①]。这实际上是向全国所有处于地级和副省级的行政区开放试点机会。根据中央政法委的前期部署，纳入全国市域社会治理现代化试点第1期并通过省委政法委考核初审的试点地区，将于2022年底之前接受由中央政法委组织的复审验收，目前各试点地区正在加紧落实、加快推进。

2021年2月，中共中央、国务院印发的《关于全面推进乡村振兴　加快农业农村现代化的意见》提出“推动城乡协调发展”“城乡基本公共服务均等化水平明显提高”等明确要求，而市域社会治理现代化能够通过统筹协调城乡社会发展有力地推动乡村振兴。

2021年3月，国家“十四五”规划和2035年远景目标纲要出台，明确提出了加强和创新市域社会治理、推进市域社会治理现代化的任务要求，推进市域社会治理现代化在全国各地如火如荼地展开。

2021年4月，中共中央、国务院印发了《关于加强基层治理体系和治理能力现代化建设的意见》，全国上下正在认真学习领会和贯彻落实，市域社会治理现代化的研究和推进进入快车道。

2. 我国市域社会治理现代化建设的研究状况

在当前研究中，国内众多学者把市域社会治理的实施范围界定为设立市辖区的市[②]，这样就把不设区的四个市（俗称“直筒子市”，包括广东省中山市、东莞市，甘肃省嘉峪关市，海南省儋州市）排除在外了。事实上，中山市、东莞市、嘉峪关市都是全国第一批市域社会治理现代化试点城市。还有一些学者把市域社会治理

① 陈一新. 以新思路新方式开展市域社会治理现代化试点. 法制日报，2020-01-03.

② 成伯清. 市域社会治理：取向与路径. 南京社会科学，2019（1）；陈成文，陈静，陈建平. 市域社会治理现代化：理论建构与实践路径. 江苏社会科学，2020（1）.

的实施范围界定为市管县体制下的地级市[①]。这一界定同样并不准确，因为把直辖市、副省级城市排除在外了。实际上，哈尔滨、济南、青岛、南京、宁波、成都等众多副省级城市，都是全国第一批市域社会治理现代化试点城市。还有学者认为，市域社会治理的实施范围还应该包括自治州[②]。根据2015年修订的《立法法》，自治州也参照设区的市而同样拥有地方立法权。但是自治州在本质上并不是城市，只有州府所在地而没有自己的独立市区，自治州行政管辖的地域全部由县和县级市组成。既然自治州不是“设市城市”，没有自己独立的“中心城区”，其行政管辖的全部地域也就谈不上“市域”，而是“州域”。不设区的市虽然不设区，但是在本质上仍然是城市，因为其行政管辖的全部地域均为市直接管理的街道和乡镇。另外，四大直辖市也都在推进市域社会治理现代化工作，并确立其若干市辖区作为试点地区。但是直辖市市域范围大、人口众多，从治理规模和复杂性来看，其社会治理接近省域社会治理。特别是重庆直辖市行政管辖的全部地域面积和常住人口规模，甚至大于海南省、台湾省和宁夏回族自治区。而直辖市市辖区本身既不是独立的“设市城市”，它们在推进市域社会治理现代化试点工作中也面临本级地方立法权缺失、地方财政权和行政权不完整的问题。

这里把市域社会治理的实施范围界定为所有级别的城市，因为市域是城市区域的概念，而不是城市行政级别的概念。这些城市，绝大部分设市（区）。市域社会治理联结了省域社会治理和县域社会治理，弥补了省域社会治理发展不平衡和县域社会治理发展不充

① 姜晓萍，董家鸣．市域社会治理现代化的理论认知与实现途径．社会政策研究，2019（4）；徐汉明．市域社会治理现代化：内在逻辑与推进路径．理论探索，2020（1）．

② 闵学勤．市域社会治理：从新公众参与到全能力建设：以2020抗击新冠肺炎疫情为例．探索与争鸣，2020（4）．

分的问题。市域社会治理覆盖城乡，要求实现市域范围内，特别是城乡之间的统筹协调和一体化发展，向着市域范围内的共同富裕迈进。

（二）推进我国市域社会治理现代化的重要意义

1. 市域社会治理现代化是国家治理现代化建设的基础工程

市域社会治理现代化能够更好地发挥治理空间优势、治理主体优势、治理手段优势和治理效能优势，具有重要的支柱作用、枢纽作用、平台作用、牵引作用，在国家治理体系中发挥着承上启下的纽带联结作用，是国家治理现代化建设的基础工程。把推进市域社会治理现代化作为国家治理现代化的基础支撑，对完善城市治理体系和城乡基层治理体系、提高社会治理现代化水平、构建和谐有序的活力社会都有着重大而深远的意义。

2. 市域社会治理现代化是社会建设现代化的骨干工程

社会建设现代化，包括社会服务现代化和社会治理现代化两大方面，关系民生福祉，关系社会和谐稳定，关系党和国家长治久安。市域社会治理现代化是社会治理现代化的骨干工程，突出了城市区域空间治理统筹协调的价值取向，有效推动了社会治理在城市层面的实践和延伸，对解决各类城乡新型社会矛盾、构建和谐有序的社会环境有着重要意义。

3. 市域社会治理现代化是基层社会治理现代化建设的龙头工程

城市就是“大基层”，尽管规模大小、行政级别不同，但工作性质是相同的，都处于社会工作一线。党的十九届五中全会通过的

《中共中央关于制定国民经济和社会发展第十四个五年规划和2035年远景目标的建议》指出，要推动社会治理重心向基层下移，向基层放权赋能。《关于加强基层治理体系和治理能力现代化建设的意见》指出，基层治理是国家治理的基石，统筹推进街道（乡镇）和城乡社区治理，是实现国家治理体系和治理能力现代化的基础工程。习近平总书记指出："党的工作最坚实的力量支撑在基层，经济社会发展和民生最突出的矛盾和问题也在基层，必须把抓基层打基础作为长远之计和固本之策，丝毫不能放松。"[①]这表明基层治理是实现国家治理体系和治理能力现代化的基石，是提升社会治理效能的基础。市域社会治理具有解决社会各方面风险矛盾的资源和能力，处于推进基层治理现代化的前沿，能够发挥其空间特性和统筹资源的优势，提升基层治理的系统性、整体性、协同性，解决当前基层治理中条块协同互动机制不完善、基层治理权责不匹配、社会主体参与水平不高等问题，有利于构建基层治理新格局，提升基层社会治理现代化效能，不仅是基层治理工作的风向标，更是基层社会治理现代化的龙头工程。

（三）推进我国市域社会治理现代化建设面临的新形势

几年来，我国市域社会治理现代化工作已经取得了一定的成效，呈现出了良好势头，但也存在一些突出问题。

1. 我国市域社会治理现代化建设呈现良好发展势头

党中央提出了在全国范围内推进市域社会治理现代化的明确要

① 习近平在贵州调研时的讲话．人民日报，2015-06-19（1）．

求。党的十八大以来，特别是党的十九届四中全会以来，以习近平新时代中国特色社会主义思想为指引，党中央从整体推进“五位一体”总体布局、协调推进“四个全面”战略布局、深入推进国家治理体系和治理能力现代化高度出发，审时度势地提出推进市域社会治理现代化的明确要求，全国各地、各部门都把推进市域社会治理现代化提上了议事日程。

在党中央的统一部署下，全国市域社会治理现代化创新实践，初步取得了如下三方面工作成效：

第一，初步形成基本工作思路。中央政法委研究制定了《全国市域社会治理现代化试点工作实施方案》《全国市域社会治理现代化试点工作指引》等重要指导性文件，于2019年底在全国范围内正式启动市域社会治理现代化试点工作，并为开展试点工作提出了总体要求、基本遵循和成效评估标准，初步明确了基本工作思路。

第二，初步形成工作实际成效。在全国市域社会治理现代化试点工作的推动下，省级政法委纷纷开展市域社会治理现代化工作，制定推进市域社会治理现代化的省级实施意见和相关配套文件，并以市级评估申报、省级把关为具体工作机制，试点带动、分步实施、落实市域主责，从而把市域社会治理现代化工作在市级层面全面铺开，并在党建引领、多方共治、纠纷调解、社会治安综合治理、科技支撑等众多方面取得新的成效。

第三，初步形成五年规划体系。按照中央要求和国家“十四五”规划部署，全国各省（区、市）和许多城市（区）都制定了“十四五”社会治理（或社会建设）规划，初步形成了国家与地方规划相衔接、综合与专项规划相配套的社会治理五年规划体系，使我国市域社会治理现代化工作站在了历史新起点。

2. 推进我国市域社会治理现代化面临的突出问题

当前，我国市域社会治理现代化还存在许多突出问题，主要表现在以下几个方面：

第一，理论认识浅。当前，对市域社会治理现代化的理论研究还不够深入，认识还不够统一。无论是在理论界还是在实务界，对市域社会治理的认识仍存在不少误区，比如，有的把市域社会治理简单等同于城市社会治理，没有理解其城乡一体、统筹推进的核心要义；有的把“市域”简单地理解为行政级别概念，简单套用在地域、州域社会治理中，没有从城市化角度研究和思考问题；有的把市域社会治理现代化等同于传统意义上的城市社会工作，没有从社会治理体系和治理能力现代化新要求的高度来看待。

第二，体制机制散。在推进市域社会治理现代化的具体过程中，顶层设计和整体推动仍然不足，工作缺乏全局性和系统性。因此，在推进市域社会治理现代化的过程中，往往各自为政、五花八门，缺乏统一的政策体系作为指引，也缺乏相互间的交流与合作。

第三，工作运行乱。由于理论探讨的不足和统一政策体系的缺失，市域社会治理现代化的体制创新和运行规范也就很不够。在工作中，有的只是套用一个新概念，工作仍然是老体制、老机制、老办法，是以“新瓶装旧酒”的方式，把以往的工作放入市域社会治理这个“大箩筐”里。

第四，实际效果虚。一些地方落实中央关于市域社会治理现代化的重要精神仍然不够到位，工作做得还不够扎实，工作效能还不够充分。“市域社会治理现代化”作为口号提的比较多，但实际成效仍然比较少，甚至出现试点城市紧张忙碌“赶指标”、非试点城市坐等观望“看热闹”的现象。

（四）深化对市域社会治理现代化的认识

面对我国市域社会治理现代化新形势、新任务、新要求，要从思想、理论和学科三个方面，进一步深化对市域社会治理现代化的认识。

1. 深化思想认识，把市域社会治理现代化当作大事抓

要深刻认识党中央关于推进市域社会治理现代化的重要战略意义，深刻理解市域社会治理现代化在社会治理现代化乃至国家治理现代化中的重要地位，深刻认识推进市域社会治理现代化在整体推进“五位一体”总体布局、协调推进“四个全面”战略布局中的重要作用，要把研究和推进市域社会治理现代化当作大事来抓。

2. 深化理论认识，把市域社会治理现代化当作重要课题研究

推进市域社会治理现代化应坚持以下四个方面的原则：第一，坚持全域性城乡一体原则。不同于以往城乡服务分类管理、城乡治理分别运行的理念，市域社会治理现代化运行机制是以整个城市为基本单元、城乡一体化的全域性运行机制。关键是在市委领导下，建立统筹兼顾、整体协调的领导体制和工作机制。在这方面，北京市走在了全国前列，自 2007 年始，在市、区层面建立了社会工作委员会、社会建设工作办公室，统筹协调区域社会建设工作。最近，浙江也在省、市、县层面成立了社会工委。第二，坚持全面性整体覆盖原则。社会治理是全面性、综合性很强的工作，几乎与各方面、各层级工作有关，涉及许多方面工作。社会治理现代化运行机制，要全面覆盖各服务管理主体和客体。在这方面，还有大量工作要做。第三，坚持全程性衔接贯通原则。社会治理工作是全过程治理的工作，有许多环节和细节。构建市域社会治理现代化运行机制，要从服务管理最初“一米线”落实到“最后一厘米”，一站接一站、一环扣一环相衔接，闭环运行、始终贯通，把党的理论、路线、方针、政策贯彻到底、落到实处。在这方面，存在问题还很突出。第四，坚持全员性共同参与原则。社会治理是亿万人民的共同事业。社会治理现代化，要着力构建共商共治共建共享的运行机制，着力构建人人有责、人人尽责、人人参与的运行机制。在这方面，还有很大差距。

3. 深化学科建设，把推进市域社会治理现代化与空间社会学学科建设结合起来

在 2020 年 8 月召开的经济社会领域专家座谈会上，习近平总书记明确提出了不断发展中国特色社会主义社会学的要求，为中国的社会学学科建设指明了前进的方向。市域社会治理现代化这一重大命题的提出，为推动中国特色社会主义社会学学科体系建设提供了新的重要契机。社会治理是应用社会学研究的重要内容，而市域社会治理通过“市域”的概念提出了独特的社会空间治理（socio-spatial governance）思维，构成社会治理新的具体实践方式。

空间社会学（spatial sociology）基本的研究议题是社会群体对空间的生产和使用。美国社会学家赫伯特·甘斯（Herbert J. Gans）认为，“空间社会学家研究社会，即个人和集体，如何将自然空间转化为社会空间，如何对其进行使用和交换，什么样的社会、经济以及其他过程和力量在这些使用和交换中发挥作用，这两种空间如何影响着个人、集体和社会的进程和力量”[①]。市域社会治理所体现的社会空间治理思维，把社会研究与空间研究结合起来，呼应了近年来国内社会学界关于空间社会学的讨论，特别是把地理

① 甘斯．空间社会学：以“使用”为中心的视角．文化研究，2019（39）．

空间、社会空间、网络空间和表象空间统一起来进行研究的学术倡议[①]，有助于体现空间社会学在规划空间生产、配置空间资源、实现空间正义等方面的应用价值[②]，因此，将有利于推动中国特色社会主义空间社会学理论发展与实践创新。

（五）坚持和完善我国市域社会治理现代化制度体系

学习贯彻党的十九届四中全会精神，坚持和完善我国市域社会治理现代化制度体系，应重点围绕两个方面展开：

1. 坚持以人民为中心的发展思想，完善统筹城乡的民生保障制度和共建共治共享的社会治理制度

坚持以人民为中心，就是要把实现好、维护好、发展好最广大人民的根本利益作为市域社会治理工作的出发点和落脚点。践行人民至上、以人为本的理念，把市域社会治理变成人人参与的生动实践，真正让人民群众成为市域社会治理的最广参与者、最大受益者、最终评判者。始终把不断满足人民日益增长的美好生活需要作为市域社会治理工作的根本出发点和落脚点，让治理的成果更多更公平地惠及全体人民，让人民有更多的获得感、幸福感、安全感。坚持和完善统筹城乡的民生保障制度，就是坚持服务为先，完善市域基本公共服务制度，创新公共服务提供方式，增强整体性、协同性、融合性，使统筹城乡的民生保障制度全面、系统、有效落实。完善共建共治共享的社会治理制度，就是健全市域主体多元、互利共赢的社会治理机制，实现政府治理和社会调节、居民自治良性

① 刘少杰．从物理学到现象学：空间社会学的知识基础转移．社会科学战线，2019（9）．
② 许伟，罗玮．空间社会学：理解与超越．学术探索，2014（2）．

互动。

2. 坚持和完善“党委领导、政府负责、民主协商、社会协同、公众参与、法治保障、科技支撑”的社会治理现代化体系

一是坚持和完善党委领导的市域社会治理体制。全面加强党对市域社会治理工作的领导，充分发挥党委总揽全局、协调各方的作用，把党的领导贯穿到市域社会治理工作的各环节、全过程。在市委市政府成立市域社会治理工作委员会与市域社会治理工作领导小组，由主要负责同志任主任和组长，有关方面负责人员参加，协调各方力量，部署重大事项，推进重大改革。市域社会治理委员会明确承担日常工作的部门，采取周例会、月调度、季统筹等形式定期研究工作，协调解决有关事项。充分发挥党委和部门职能的作用，统筹好相关部门的资源力量，形成问题联治、工作联动、平安联创的良好局面。二是健全政府负责的市域社会治理运行体制机制。坚持以系统思维、空间观念推进市域社会治理，着力构建政府各部门之间既各司其职、各负其责，又相互衔接、相互配合的全面系统的市域社会治理运行体制机制。充分发挥市域社会治理领导小组顶层管理、统筹决策功能，在社会治理领域财政预算、政府购买社会服务、社会公益事业发展、民生项目、城市管理、公共服务设施更新升级、城乡人居环境整治等方面建立全面协调机制。三是构建城乡基层社会治理共同体。市域社会治理现代化的基础工程是构建基层社会治理共同体，着力点是构建“1+5+N”城乡社区治理现代化体系，不断提高系统治理、依法治理、综合治理、源头治理能力。四是健全程序科学、广泛参与的民主自治制度。加强城乡基层协商民主制度建设，搭建网络问政、基层协商等平台，推动协商民主广泛、多层、制度化发展。探索完善社会公众列席街道（乡镇）有关会议制度。创新协商议事形式和载体，完善民情恳谈、小院圆桌会、社区议事厅等基层协商机制，推行居民建议、代表提议、小区商议、党委审议、议事会决议、群众评议“六议工作法”，实现民事民议、民事民办、民事民管。五是完善开放多元、互利共赢的社会协同机制。扶持培育社会组织发展壮大。在市一级建立社会组织公共服务平台，大力发展专业化、支持型、枢纽型品牌社会组织，拓展社会组织参与市域社会治理的空间。建立社会服务机构培育发展机制，支持社会力量创办社会服务机构，探索部分领域事业单位转向社会服务机构发展。探索社区与社会组织、社会工作者、社区志愿者、社会慈善资源的“五社联动”机制。六是健全人人享有、人尽其责的公众参与机制。完善公民参与社会治理制度化渠道，搭建民情民意收集平台，建立“线上＋线下”民意表达机制，完善诉求办理反馈机制。畅通规范市场主体、新社会阶层、社会工作者和志愿者等参与社会治理途径。完善定期联系、专人负责的服务居民机制。发挥各群团组织联系群众的桥梁作用，组织群众参与社会治理。

（六）不断提高我国市域社会治理现代化能力水平

市域社会治理现代化，是一个复杂的系统工程。推进市域社会治理现代化，既要完善顶层制度设计、健全中层运行机制，还要夯实基层基础，提高现代化能力水平，把我国制度的显著优势更好地转化为市域社会治理效能。提高市域社会治理现代化能力水平，除了党的十八大以来中央强调的社会化、法治化、智能化、专业化之外，建议增加“精细化”。因为精细化是市域社会治理现代化的出发点和落脚点。

1. 提高社会化能力水平

主要在以下三个方面加大工作力度：

第一，加强民主协商。按照协商于民、协商为民的要求，建立健全基层协商民主建设协调联动机制，稳步开展多领域、多方面、多渠道的基层协商，切实解决群众关心的问题。加强街道（乡镇）对辖区协商民主的统筹协调，围绕本地区城乡规划、工程项目、征地拆迁、重大公益事项及群众反映强烈的民生问题等组织有关方面开展协商。加强城乡社区协商，制定加强社区协商的指导意见，推广“参与型”社区协商等模式，对涉及居民切身利益的公共事务和公益事业进行协商。推进企事业单位协商，通过职工议事会、民主协商会、民主恳谈会等形式，协商共议涉及企事业发展和员工权益方面的重要事项。开展社会组织协商，建立与社会组织的联系机制和沟通渠道，采取会议协商、听证协商、书面协商、网络协商等形式，鼓励社会组织有序参与社会服务和城市治理。

第二，促进社会协同。一是强化协商共治机制，发挥“两代表一委员”作用，进一步建立党代表、人大代表和政协委员定期联系群众的长效机制，协调解决群众急难愁盼的突出问题。二是搭建共建共治平台，利用现有党组织和行政组织的组织体系、组织力量、组织管理框架和管理手段优势，通过完善组织化动员和社会化动员、常态性动员和应急性动员相结合的社会动员体系，吸引社会力量参与。三是搭建共治平台，围绕群团改革目标，突出群团组织作为党联系群众的桥梁纽带作用，着力建设服务型基层群团组织。建立以群团组织、社会组织培育孵化基地（中心）、社会组织协会、社会工作者协会、行业协会、商会等为骨干的市、县、街道（乡镇）三级“枢纽型”社会组织体系，开展培育孵化、联系服务、资源支撑、人才支持等服务。

第三，动员广泛参与。坚持在党的领导下，加强社会协同、公众参与，推动政府、市场、社会“三维”互动，推进社区、社会组织、社会企业“三社”组织联动，动员社会工作者、志愿者、社会公众“三者”参与，实现政府治理和社会调节、居民自治良性互动。提高协商民主建设的能力和水平，建立健全党委统一领导、政府市场社会各尽其责、公众积极参与的社会治理机制。提高社会协同的能力和水平，通过推动社区自治、社会组织协同、驻区单位履行社会责任，完善多元参与、共商共治的基层自治机制。提高动员社会公众参与的能力和水平，发挥社会工作者专业优势，完善志愿服务长效机制，扩大公众有序参与，进一步形成多元治理、共建共享的工作格局。

2. 提高法治化能力水平

第一，提高市域社会治理法治保障能力水平。围绕市域社会治理、改革创新重点领域急需的制度需求制定法规规章，推动构建市域社会治理法律规范体系。

第二，提高阳光司法能力水平。立足地方建设发展实际，深化司法体制综合配套改革，加强司法机关和政法队伍建设。运用现代科技，推动法治建设数字化转型，加强智慧司法建设，实现司法资源整合和信息共享。

第三，提高公共法律服务能力水平。打造数字化、智能化法律服务平台，为群众提供综合性、一站式法律服务。推进公共法律服务实体、热线、网络平台建设，创新公共法律服务工作机制，建成覆盖全域、便捷高效、普惠均等的一体化公共法律服务网络。推动全民普法常态化，创新公共法律服务工作机制，提升全民法治素养。

3. 提高智能化能力水平

第一，搭建大数据技术支撑的智能治理平台。坚持把智能治理思维、手段、模式覆盖市域社会治理全过程，打造基于区块链技术的社会治理、城市运营、项目建设的“城市大脑”云平台。建设全数字化标识体系和城市全域智能感知体系，构建数据采集、研判、决策、治理一体化智能城市管理新模式。构建覆盖全域、统筹利用、统一接入、灵活服务的数据资源共享体系，推动业务协同办理。加强“城市大脑”等关键信息基础设施安全保护，构建动态监测、主动防御的网络安全体系，确保应用和数据安全。

第二，构建智能化应用场景治理服务体系。拓展数字化城市管理平台功能，打造政策服务资金等直达基层、企业、社区的暖心应用场景，实现对城市综合管理实时感知、瞬时响应、智能分析、辅助决策。建设城市数据资源管理体系、城市事件智慧监测体系，实现对城市治理要素的精准监测、分析和反馈。建设行政执法综合管理监督信息系统，实行城市管理非现场智慧执法。

第三，完善基层治理智慧赋能机制。健全基层智慧治理标准体系，推进智慧社区建设，依托社区数字化平台和线下社区服务机构，建设便民惠民智慧服务圈，提供线上线下融合的社区治理及公共服务。加快推进数字乡村建设，构建面向农业农村的综合信息服务体系，建立涉农信息普惠服务机制，推动乡村治理及公共服务数字化。

4. 提高专业化能力水平

第一，加强社会工作队伍建设，提高社会治理专业能力。完善社会治理领域干部考核评价机制，激励干部提升业务素质。针对干部队伍、党建人才队伍、社会工作人才队伍、社会服务人才队伍的不同特点，开展常态化培训教育。重点完善社工人才队伍建设体制机制，重点推动民政民生、卫生、教育、禁毒、司法、社区等领域社会工作的发展。加大人才培养力度，将社会工作行政管理人才、行业管理人才、专业机构管理人才和督导人才纳入全区干部教育培训体系。优化社会工作专业人才队伍结构，建立一支初级、中级、高级社工师比例合理的社工师队伍。

第二，探索社会工作者分类分级管理办法。完善专业社工与志愿者协同服务机制，探索"社工带义工"等新型模式。推进网格员、人民调解员等队伍与社会工作人才队伍融合发展。充分利用街道（乡镇）和社区（村）服务中心，为社会组织和专业社工服务村（社区）提供场所等支持，选择条件成熟的街道（乡镇）或社区（村）建立社会工作服务站，以政府购买服务方式为社区引进、培养、使用、评价社会工作专业人才。

第三，优化社区工作者评价考核机制。建立以居民满意度占主要权重的社区工作考核评价机制，考核结果与社区工作者年度奖惩、绩效、选录、退出等挂钩，改革服务协议签订方式，激励社区工作者担当作为和尽职履约。推动从优秀社区和行政村党组织书记中定向招录公务员和事业编人员的规范化、科学化。

5. 提高精细化能力水平

精细化、精准化、精致化，是市域社会治理现代化的根本出发点和落脚点。

第一，推进"互联网 + 政务服务"建设。完善"最多跑一次""马上办、网上办、就近办、一次办"等便民服务措施。建立健全政府购买社会服务的统筹协调机制，完善购买服务指导性目录，有效扩大购买服务的范围和规模，有序引导社会力量参与服务供给，推动服务供给主体和方式多元化。

第二，深化拓展网格化治理。制定并实施网格化治理体系专项规划，构筑起纵向到底、横向到边和纵向联动、横向整合的网格化治理系统，让网格成为基层社会治理的最基础单元，不断提升社会服务精准化与社会治理精细化水平。充分考量区域方位的差异化特征，合理适度地进行网格的划分和优化设置。坚持以居民的公共服务需求为导向，科学合理设置网格员尤其是教育、医疗、看护等功能性网格员。每个网格至少配备 1 名专职网格员，明确网格员的职能和身份属性，加强网格员尤其是专职网格员的职业培训，完善激励机制，探索建立专职网格员的职业上升通道和所有网格员的薪酬待遇增长机制，保障网格员工作的主动性和积极性。在有条件的县（市）区，以社区和行政村为治理网络的中心节点，推动力量下沉、资源下沉、保障下沉。

第三，探索开放社区精细化治理模式。以小区为单位设立居民小组，以楼院为单位产生居民代表，形成居民委员会—居民小组—居民代表上下联动的居民自治组织体系。建立健全基层政府及时回应解决居民委员会反映的居民诉求的工作机制。优化以党群服务中心为基本阵地的社区综合服务设施布局，建立以居民需求为导向的社区综合服务设施功能设置和运行维护工作机制，打造开放式、互动式公共空间，完善首问负责、一窗受理、全程代办、服务承诺等制度，提升社区服务精细化水平。

总之，要把加快推进市域社会治理现代化当作基础工程抓、系统工程抓、创新工程抓、实事工程抓，以此推动社会治理乃至国家治理体系和治理能力现代化建设向纵深发展。

四、疫情背景下抓紧补齐我国城市治理短板

党的十九届四中全会提出“加快推进市域社会治理现代化”以来，我国城市治理工作取得了明显成效，主要体现在两个方面：一是中央政法委牵头组织的全国市域社会治理现代化试点工作初见成效，试点城市工作抓得都很紧；二是按照党中央、国务院要求，全国大多数地级以上城市制定了“十四五”时期社会治理（或社会建设）规划，首次形成了中央与地方相衔接、综合与专项相配套的全国社会治理五年规划体系。但总体而言，工作还是很初步的。特别是自2020年初以来，新冠肺炎疫情此起彼伏，袭击全国许多城市，在“大考”面前，取得优良成绩，但也暴露了我国城市治理的许多问题。这其中，固然有地方党委、政府指挥能力和医疗防疫水平问题，但从根本上说，是社会建设短板问题。

早在2020年疫情暴发之初，习近平总书记就明确指出：“这次疫情是对我国治理体系和能力的一次大考，我们一定要总结经验、吸取教训。”[①] 笔者自2013年以来，连年开展我国社会建设综合评估。按照我们研究制定的“社会建设综合评价指标体系”分析，全国各省（区、市）社会治理发展不平衡、不充分的问题十分突出。数据显示，这两年社会治理指数排在前五位的依次是北京、上海、江苏、浙江、宁夏，最后五位的依次是河南、西藏、安徽、吉林、

① 习近平.在中央政治局常委会会议研究应对新型冠状病毒肺炎疫情工作时的讲话.求是，2020（4）.

江西。在 1 000 万以上人口超大城市社会治理排名中，西安属于不及格范畴，武汉、郑州排名也是比较靠后的。从近两年疫情防控成效情况看，社会建设工作是基础性因素。

此次疫情暴露出来的我国社会建设短板问题是整体性、系统性的，主要短板问题及对策有如下几点：

（一）体制性短板问题：工作体系不健全、缺乏综合协调，要普遍建立社会建设工作机构

大部分省市社会建设领导体系不健全，缺乏综合协调，难以形成合力。到目前为止，我国设立社会工作机构、形成工作体系的只有北京、上海（2018 年机构改革，社会工作党委牌子挂在了市委组织部）、浙江及成都、昆明。其中，北京体系比较健全，浙江发展势头比较好。北京市 2007 年在市区层面普遍成立了党委社会工作委员会、政府社会工作办公室（2018 年机构改革时，社会工委与民政局合署）和由党政主要领导挂帅的社会建设领导小组，形成了统筹协调机制。随后，通过推动志愿服务、社区建设、社工队伍建设、网格化体系建设、构建“枢纽型”社会组织工作体系、推动非公企业党建、推进“吹哨报到、接诉即办”等工作，形成了纵向到底、横向到边的社会建设工作体系。市委市政府一发指令，全社会即可行动起来。北京市几轮疫情防控取得显著成效，关键是有一套成熟的社会建设运行体系。相比之下，许多地方社会建设无主管部门，形不成合力。社会工作涉及面广，缺乏综合协调是不行的。要认真总结推广北京、浙江经验，在各省（区、市）特别是各城市，普遍设立党委社会工委，加强党对社会工作的统一领导和统筹协调，补齐社会治理体系短板。

（二）政策性短板问题：社会服务不到位、缺乏精细标准，要建立健全“七有”评价体系

防疫期间，暴露出一些城市基本公共服务体系不健全的问题，群众意见很大。党的十九大明确提出了健全“七有”（幼有所育、学有所教、劳有所得、病有所医、老有所养、住有所居、弱有所扶）制度体系的任务。2021 年下半年国家发改委出台了公共服务国家标准，全国各地应当联系实际，对标对表，搞好落实。

（三）基础性短板问题：基层工作不扎实、缺乏基本保障，要做强街道做实社区

这次大考，关键考验的是两个战场、两支队伍的战斗力：一是医护防疫战场上的医护工作者、防疫工作者，二是社区战场上的街道社区工作者、志愿者。北京、上海等地的防疫成功经验关键也在此，许多城市问题也出在此。目前，城市街道没人权、缺财权、办事难的问题很突出，社区没人办事、没地方办事、没经费办事、工作不规范的问题很普遍，甚至一些小城镇都没有社区居委会。要以贯彻落实中共中央、国务院《关于加强基层治理体系和治理能力现代化建设的意见》为契机，抓紧补齐街道、社区工作短板。一是推广北京、上海经验，大力推进街道体制改革，把街道作为城市管理“战区”，切实做强。二是把社区做实，切实推进社区党委、社区居委会、社区服务站“三驾马车”建设，构建社区党建、社区自治、社区服务“三位一体”机制，确保有专职人员办事，有专门场所办事，有专门经费办事，工作规范化。

（四）保障性短板问题：专职队伍不强、志愿队伍不大，要大力加强两支队伍建设

基层社区队伍建设，事关人民生活幸福安康、国家长治久安。社会治理是一门科学，要培养一大批专业化干部队伍和社会工作人才队伍。近年来，我国社会工作人才队伍建设取得了很大进展，但缺口仍然很大，专业化程度还很低，难以适应精准化服务、精细化管理要求，在疫情防控中暴露得很充分。

我国“十四五”规划明确提出，要大力实施“大学生社工计划”，加快推进社区工作者专业化、专职化建设，要求每个万名居民以上社区配备不低于18个专职社区工作者。据民政部有关部门负责人介绍：到2020年，全国有65万个城乡社区、400万名城乡社区工作者。按平均每个社区18个工作者计算，还不足30%。北京市2009年开始实施“大学生社工计划”，推动社区工作专业化、专职化，受到时任中央政治局常委习近平同志的批示肯定。中央有关部门要组织专项督查，要求各城市社区“十四五”时期内配齐社区工作者，并总结推广北京、上海等地经验，出台相关政策，建立健全选聘、培养、使用、评价、奖惩机制，确保社区工作者“进得来、留得住、用得上、流得动”。

与此同时，要大力加强社会志愿者队伍建设，在全社会倡导和践行志愿服务“人人可为、可为人人”的理念。

（五）体系性短板问题：社会组织举步维艰、社会企业方兴未艾，要大力推动社会服务类“两新组织”发展

疫情背景下社会组织发展遇到了新困难，有许多已很难维持，主要原因来自主客观两个方面。主观上是，许多社会组织专业化不强，精准化服务水平不高，疫情背景下一般化服务、大呼隆式服务丢了市场；客观上是，全球性经济下行背景下政府购买服务力度减小，社会组织发展动力不足。但根本性问题，还是对社会组织发展重视不够。在党的领导下，政府、市场、社会“三位一体”形成合力，是我国的显著优势。缺少社会组织参与的社会服务和城市管理，行政成本太高，也很难做到服务精准、管理精细。要尽快完善社会组织服务管理体系，充分发挥人民团体骨干作用，构建“枢纽型”社会组织工作体系，把社会组织有序纳入党和政府工作主渠道；推出一系列政策措施，大力支持社会组织发展和发挥作用。

与此同时，要大力发展社会企业，引入市场机制参与社会治理和城市管理。社会企业是以社会效益最大化为目标，依靠商业手段提供社会服务的企业组织，具有解决困难群体就业、精准服务民生、参与社会治理、开发消费市场等多重价值与功能，是当前实现稳就业、保民生、促消费的有力抓手，是促进经济转型升级、实现高质量发展的新生动力。“十三五”时期，我国社会企业有了突破性发展，但整体上还处于起步阶段，规模偏小、力量分散、管理失范、水平较低，远远不能满足现代城市社会服务管理的广泛需求。建议从国家层面释放政策信号，大力推动养老、物业等民生服务领域社会企业的发展。

（六）支撑性短板问题：信息化程度不高、网格化成为“鸡肋”，要切实推进智慧城市体系建设

近些年信息化建设取得了明显成效，但距离全面覆盖、多网融合、一体运行的目标还相去甚远。应当在全国城乡实施“网格化+”工程，不“另起炉灶”，不搞“两张皮”，以网格化为依托，将大数据、互联网、物联网、云计算、区块链、人工智能等现代技术对接起来，形成智慧城市工作体系。

（七）潜在性短板问题：社会心理复杂化、社会心态不平稳，要加快推进社会心理服务体系建设

应该看到，面对世界百年未有之大变局的深刻影响，面对新冠肺炎疫情常态化的深刻影响，面对全球性经济下行形势下人们思想压力、工作压力、生活压力不断加大的影响，公众的社会心态还比较脆弱，仍存在许多社会不稳定因素。我国社会心态在总体保持健康向上的同时，也复杂多样，一些干部群众的精神状态、工作状态不容乐观，培育自尊自信、理性平和、健康向上的社会心态十分迫切。第一，应当在2021年开展党史学习教育的基础上，大力开展发挥中国特色社会主义制度优越性、不断增强“四个自信”宣传教育活动，振奋精神、鼓舞士气，为迎接党的二十大胜利召开、迈好全面建设社会主义现代化第一步营造昂扬向上的社会氛围。第二，应当在党的二十大召开前，集中宣传一批践行社会主义核心价值观的先进典型，充分发挥榜样的力量，营造见贤思齐的良好氛围。与此同时，要与大力弘扬和平、发展、公平、正义、民主、自由的全人类共同价值有机结合起来，充分展现中国共产党和中国人民积极

推动构建人类命运共同体的坚定决心和良好形象。第三，要加强社会心理服务体系建设，培育良好社会心态。

（八）养成性短板问题：市民素质参差不齐、健康方式养成有过程，要大力开展公共卫生教育

疫情传播因素有很多，但一些人没养成戴口罩、勤洗手、讲卫生的习惯，是重要原因。从我国出现的疫情来看，老旧小区、城乡接合部、小城镇传播范围比较大。应当在城乡广泛开展讲究公共卫生的宣传教育。

总之，要化危为机、亡羊补牢，抓紧补齐我国城市治理短板。

五、“七有”评价体系“北京样本”论析

“七有”是党的十九大报告提出的民生工作目标，即“幼有所育、学有所教、劳有所得、病有所医、老有所养、住有所居、弱有所扶”。“五性”是北京市概括的市民生活需求，即便利性、宜居性、安全性、多样性、公正性。全面落实“七有”要求、切实满足居民“五性”需求，是北京市委市政府贯彻落实以人民为中心发展思想、更好推动新时代首都社会建设做出的重要部署。2019年北京市有关部门组织开展了“七有”“五性”监测评价指标体系研究制定工作。这是推进市域社会治理现代化的新探索。

（一）制定背景

中国特色社会主义进入新时代，对首都社会建设和城市治理工作提出了新要求。当前，北京市年人均GDP已接近2万美元，达到中等发达国家的水平，公共服务总体水平较高，但居民生活水平还存在不平衡现象，贫富差距仍然较大；政府提供公共服务、公共产品的单一性、粗放型与群众需求的多样性、便利性等还有较大差距；市民对城市治理的参与度总体不高，政府干、群众看的现象仍然存在，在某些方面还比较严重。推动“七有”“五性”工作，转变政府工作方式，形成城市治理新格局，对于探索中国特色城市治理经验，顺利跨过“中等收入陷阱”，避免掉入“塔西佗陷阱”，具有非常重要的现实意义和历史意义。“七有”“五性”评价指标体系，

既是推动“七有”“五性”工作的重要抓手，又是政府工作的重要“指挥棒”，更是城市发展的“风向标”。

“七有”“五性”实质就是民生保障和公共服务，是从不同角度对公共服务落实情况的反映。“七有”是政府基本公共服务的七个方面，精辟概括了中央对基本公共服务的新要求，侧重基本民生保障，解决公共服务“有没有”的问题；“五性”体现了首都群众对美好生活的新向往，是市民对城市生活的主观感知，解决生活质量“好不好”的问题。“七有”是“五性”的基础，“五性”是“七有”的提升。“七有”“五性”集中体现了以人民为中心的发展思想。“七有”“五性”评价指标体系是评价政府工作的，评价政府公共服务和城市治理“最后一公里”的落实情况，落脚于人民群众获得感、幸福感、安全感。

1. 研究制定“七有”“五性”评价指标体系，是推动习近平新时代中国特色社会主义思想首都实践，落实以人民为中心发展思想的重大创新

党的十八大以来，习近平总书记心系人民、高度重视民生，要求“多谋民生之利、多解民生之忧，在发展中补齐民生短板、促进社会公平正义”[①]。2014 年以来，习近平总书记多次视察北京发表重要讲话，对北京城市治理提出了明确具体的要求。北京市委市政府坚决贯彻中央要求和习近平总书记指示，从“疏解整治”优化城市发展格局，到“吹哨报到”完善基层治理工作机制，再到“七有”“五性”聚焦民生保障，环环相扣、稳扎稳打，踏石留印、抓铁有痕，不断深化对大城市治理的认识，不断推动习近平新时代中国特色社会主义思想在京华大地落地生根，变为生动实践。开展

① 习近平. 决胜全面建成小康社会 夺取新时代中国特色社会主义伟大胜利：在中国共产党第十九次全国代表大会上的报告. 北京：人民出版社，2017：23.

“七有”“五性”评价，就是要进一步落实以人民为中心的发展思想，满足人民对美好生活的需要，以首善标准推动新时代新思想的生动实践向更深入、更务实的方向发展。

2. 研究制定“七有”“五性”评价指标体系，是推动政府工作机制创新，实现以群众需求为导向工作方式转变的重大举措

计划经济形成的政府主导的工作方式持续而僵化，大多时候是“政府要干”，忽视了群众的切身感受，容易产生经济社会发展成就与群众获得感的脱节。开展“七有”“五性”评价，就是要按照“民有所呼，我有所应”的要求形成政府工作新的“指挥棒”，引导各级政府“按群众的要求干”，切实把工作重点转移到满足人民群众实际需求上来，把以政府为主体转变成以群众为主体，以群众的切身需要作为政府工作的方向，以群众的满意作为政府工作的标准，以群众的感受反过来推动政府工作改进。

3. 研究制定“七有”“五性”评价指标体系，是完善城市基层治理体制，推动城市治理重心下移的重大举措

城市治理重心在基层，条块分割给城市治理工作带来了较大难题，“看得见的管不了，管得了的看不见”，群众身边的现实问题长期得不到解决。党的十九大提出了推动社会治理重心向基层下移的要求。2018 年以来，北京市委市政府鲜明提出大抓基层的工作要求，明确市委抓工作要抓到街道，推动党建引领“街乡吹哨、部门报到”，改革基层管理体制，形成了大城市治理的“北京经验”。开展“七有”“五性”评价，就是要进一步深化“吹哨报到”改革，引导各级政府及其部门脚步为亲、眼睛向下，补短板、强弱项、上台阶，打通抓落实的“最后一公里”。通过指标评价，形成各级各部门在落实公共服务、服务群众方面“比学赶超”的氛围和大抓基层、满足群众需求的工作导向。

4. 研究制定“七有”“五性”评价指标体系，是完善社会动员体制，打造共建共治共享社会治理格局的重大举措

国家治理、城市治理是全体社会成员的共同责任，不能政府“单打独斗”，要改变“政府干着、群众看着，政府很努力、群众不认同”的现象。进行社会动员，吸引社会成员参与，最重要的是找到利益共同点。开展“七有”“五性”评价，把评价指标设在群众感受上，把评价权更多地交给社会和居民，把“七有”“五性”问题解决定位在更多社会主体共同参与上，就是要把党和政府的事变成社会共同的事，广泛动员社会组织、企业、社会公众积极参与城市治理，从而推动形成共建共治共享的社会治理格局。

（二）制定的基本思路与原则

研究制定“七有”“五性”评价指标体系，必须坚持以党的十九大精神和习近平新时代中国特色社会主义思想为指引，坚持以人民为中心的发展思想，坚持以满足人民对美好生活的需要为目标，落实“民有所呼，我有所应”的要求，将政府工作与群众感受有机结合起来，全面、客观、真实评价政府公共服务、民生保障和社会治理工作的落实情况。通过指标评价，促进各级政府尽心尽力为群众办实事、办好事、办好身边的事，让市民群众的获得感、幸福感、安全感更加充实、更有保障、更可持续。

在指标设置上遵循以下原则：

1. 坚持以人为本，突出需求导向

坚持“民有所呼，我有所应”，把群众的操心事、烦心事、揪心事，细化到“七有”“五性”监测评价指标之中，树立以群众需求为导向的工作方式。以首善标准落实以人民为中心的发展思想，不断满足人民群众对美好生活的向往。

2. 坚持主动作为，突出共建共治共享

“七有”“五性”监测评价是接诉即办机制的延伸与提升，是政府的主动作为。通过监测评价，把政府治理与接诉即办相结合，引导社会各个方面共同推动“七有”“五性”建设，形成共建共治共享的社会治理格局。

3. 坚持重心下移，突出服务基层

把构建“七有”“五性”监测评价指标体系与深化党建引领“街乡吹哨、部门报到”改革紧密结合，让百姓的需求成为“哨声”，用“七有”“五性”的成果检验“报到”的成效，引导各级政府及相关部门精细化地解决群众身边的问题。

4. 坚持减重减负，突出简单易行

重点监测全市和各区“七有”“五性”的发展情况，不以考核为目的，不给基层增加负担。在选择指标时，既考虑指标的代表性，又兼顾统计数据的可获得性，使指标易于采集、可以量化、便于对比。

（三）市、区层面评价指标体系的构成

2019 年 9 月北京市出台《关于构建“七有”“五性”监测评价指标体系的实施方案（试行）》，从“七有”和“五性”12 个方面加上社会评价共 13 个方面，设置了 16 项指标（见表 1），对市、区两级进行监测评价。

表 1　北京市市、区“七有”“五性”监测评价指标体系

领域	序号	指标名称	权重（%）
幼有所育	1	普惠性幼儿园覆盖率（%）	4
学有所教	2	义务教育发展水平	4
劳有所得	3	城镇登记失业人员就业率（%）	4
	4	居民收入水平	
病有所医	5	家庭医生重点人群签约服务覆盖率（%）	4
老有所养	6	养老保障服务水平	4
住有所居	7	困难人群申请保障性住房保障率（%）	4
弱有所扶	8	残疾人基本康复服务覆盖率（%）	4
	9	生活不能自理特困人员集中供养率（%）	
便利性	10	基本便民商业服务功能社区覆盖率（%）	5
宜居性	11	细颗粒物（PM2.5）平均浓度（微克 / 立方米）	5
多样性	12	文化服务水平	4
	13	体育休闲服务水平	
公正性	14	公正性综合评价	4
安全性	15	刑事案件万人发案率（起）	4
社会评价	16	市民服务热线“七有”“五性”综合评价	50

（1）幼有所育，是指对 0～6 岁儿童进行养育、抚育和教育。以享受更好的保育为目标，设置了“普惠性幼儿园覆盖率”指标。

（2）学有所教，是指每个适龄孩子都能享有公平而有质量的教育。以享受到更满意的教育为目标，综合义务教育就近入学率、每百名学生拥有高级教师数量、每百名学生拥有计算机数量等，设置了“义务教育发展水平”指标。

（3）劳有所得，是指劳动者付出了劳动应得到相应的报酬。以得到更稳定的工作、更满意的收入为目标，设置了“城镇登记失业

人员就业率”和“居民收入水平”两个指标。

（4）**病有所医**，是指每个人在患病时能够得到及时的医疗救治。以方便群众就近看病、提供精细化健康管理为目标，设置了“家庭医生重点人群签约服务覆盖率”指标。

（5）**老有所养**，是指符合条件的老年人能就近享受到关爱照料服务。以就近享受更高质量的关爱服务为目标，结合老年人普遍关注的养老设施建设、日常生活照护等问题，综合每千名常住人口养老床位数、养老机构床位使用率、每万名老人年拥有养老护理员数等，设置了“养老保障服务水平”指标。

（6）**住有所居**，是指不同收入群体的基本住房需求都能得到有效满足。以住房兜底保障为目标，设置了“困难人群申请保障性住房保障率”指标。

（7）**弱有所扶**，是指城乡困难群众和特殊群体能够得到及时扶持，基本生活需要得到保障。以享受更可靠的社会保障为目标，设置了“残疾人基本康复服务覆盖率”和“生活不能自理特困人员集中供养率”两个指标。

（8）**便利性**，是指群众能够享受到方便、快捷、舒适的衣食住行等日常生活服务。考虑到社区便民商业服务的基础性，设置了“基本便民商业服务功能社区覆盖率”指标。

（9）**宜居性**，是指群众对城乡居住环境的总体感受。考虑到北京人居环境最迫切的问题，设置了“细颗粒物（PM2.5）平均浓度”指标。

（10）**多样性**，是指不同个体对公共产品与服务的多元化、个性化需求，包括需求的多样性和供给的多样性。考虑到文化、体育服务对满足多样性需求的重要性，综合人均公共文化服务设施建筑面积、万人拥有实体书店数量、博物馆数量等，设置了“文化服务水平”指标；综合人均公共体育场地用地面积、建成区公园绿地

500 米服务半径覆盖率等，设置了“体育休闲服务水平”指标。

（11）公正性，是指人民群众对社会公平正义的需求。考虑到市民群众平等享受公共服务和以法治化保障的公正性，综合法律援助机构接待咨询人次、市民服务热线公正性问题“三率”（响应率、解决率和满意率）评价，设置了“公正性综合评价”指标。

（12）安全性，是指群众对社会安定、有序、和谐的需求。考虑到影响群众安全感的主要事件，设置了“刑事案件万人发案率”指标。

（13）社会评价，是指市民群众对“七有”“五性”状况的满意程度。人民群众是公共服务和民生保障政策措施的最终评判者。考虑到市民服务热线（12345 热线）的关注度和在反映市民诉求方面的重要作用，综合市民服务热线中“七有”“五性”相关问题占比以及“三率”（响应率、解决率和满意率）评价，设置了“市民服务热线‘七有’‘五性’综合评价”指标。

以上 16 项指标采取权重方法计算综合指数，前 12 个方面 15 项指标总权重占 50%（其中便利性、宜居性 2 个方面指标权重各占 5%，其余 10 个方面指标权重各占 4%）；社会评价因其在反映市民群众对“七有”“五性”实际感受中的重要性，权重占 50%。

市、区两级监测评价工作每半年开展一次，评价结果和分析报告采取适当方式通报。

（四）对街道层面评价指标体系的思考

在构建市、区层面“七有”“五性”监测评价指标体系的同时，北京市委社会工委、市民政局还针对街道层面“七有”“五性”评价指标展开了研究。主要坚持了以下五个导向：

1. 多维复合评价，体现创新性

突破原有单纯政府单向考核、从上往下评价的做法，探索构建了结构性评价体系，从政府评价、大数据形成评价、群众主观评价三个维度对街道层面“七有”“五性”状况进行综合评价，三个维度既相互补充、相互支撑又相互平衡，使评价结果更符合实际情况。

2. 立足区域发展状况，体现整体性

坚持条块结合，以街道作为基本单元，是对区域“七有”“五性”发展状况的一种评价，是对政府工作在街道层面落实情况的“体检”，而不单纯是对街道党工委、办事处自身工作的评价。同时是以下对上的考核，从街道角度、从老百姓感受角度反观政府工作的现状和问题。

3. 关注百姓切身感受，体现群众性

以群众能感知到的“身边”问题为重要切入点，围绕对“七有”“五性”的实际感受和百姓关切选取指标，将老百姓的感受变成政府的工作指标。指标选取不求大而全，力图选取最有代表性、最有特点、能反映“七有”“五性”整体状况的综合性关键指标。

4. 定性与定量相结合，体现科学性

政府评价和大数据形成评价以定量为主，选取了能够获取、可以量化的指标项。群众主观评价以定性为主，重点反映市民的主观感受。同时，在指标数据计算后，还将对区域“七有”“五性”工作进行定性分析，查找问题不足。

5. 明确数据来源渠道，体现客观性

在指标选取和数据获取方面，力求客观公正，避免主观填报的随意性。政府评价指标数据，原则上由市、区部门提供，利用现有数据，适当加工改造。大数据形成评价指标数据主要由社会大数据生成。所有指标数据原则上不采取街道填报的方式。这样既保持了评价结果的客观性，又避免了加重部门和基层负担。

针对街道层面的“七有”“五性”评价指标体系将在进一步调研论证后开展试点评价工作。

六、珠海社会建设经验研究

党的十六届四中全会提出了构建社会主义和谐社会的新理论，同时，也首次提出了“加强社会建设”的新概念。从构建社会主义和谐社会的战略高度提出要加强社会建设与管理，是新世纪中国共产党人的一大创新。党的十七大把社会建设纳入中国特色社会主义建设总体布局之中，将之前的经济、政治、文化建设“三位一体”的发展战略，发展到包含社会建设在内的“四位一体”发展战略，社会建设提到突出地位。党的十八大报告指出，中国特色社会主义事业总体布局是经济建设、政治建设、文化建设、社会建设、生态文明建设“五位一体”。“五位一体”总体布局是一个有机整体，其中，经济建设是根本，政治建设是保障，文化建设是灵魂，社会建设是关键，生态文明建设是条件。党的十八届三中全会用“社会治理”代替“社会管理”，体现了从传统社会管理向现代社会治理的历史性转变。党的十九大报告指出，从实现“两个一百年”奋斗目标的战略高度，全面部署推进社会治理体系和治理能力现代化任务，为我们指明了前进方向，我国社会建设站在了新的历史起点上。在上述整个历史进程中，广东省珠海市紧跟党中央战略部署，始终抓住社会建设不放松，取得了明显成效，走在了全国前列。

珠海，一座珠江口西岸的美丽城市，新时期中国改革开放的窗口和试验田，以其“开放兼容敢闯敢试”的精神为中国经济社会发展提供了大量的成功经验。2020 年是珠海经济特区建立 40 周年。40 年的时间，珠海从一个边陲小县变成了今天世界瞩目的宜居城市。这与它良好的生态环境、得天独厚的地理位置紧密相关，而其良好的治安和居住环境，与有效的社会建设是分不开的。

2008年12月，国务院颁布《珠江三角洲地区改革发展规划纲要（2008—2020年）》，明确支持珠海等市开展社会管理综合改革试点。十多年来，珠海市社会建设、改革、治理成效显著，从“点”“线”“面”各个视角观察分析，都有可圈可点之处。

（一）“点”上经验：“物业城市”模式破解城市服务管理难题

为破解城市治理难题，2015年，珠海横琴新区提出“大执法、大物业”思路，寻求社会力量承接政府部分服务职能的路径，为打通城市服务管理“最后一公里”试水。2017年底，提出“物业城市”概念，开始进行探索，将横琴新区非核心管理工作，交由市场化的第三方整体管理、服务、运营，以达到降低政府人员资源投入、提升政务服务水平、强化城市管理质量、精准化专业化治理城市的理想效果。

为贯彻落实习近平总书记关于广东要“在营造共建共治共享社会治理格局上走在全国前列”[①]的号召，珠海市推动横琴新区进一步完善“物业城市”治理模式。2018年9月，由横琴新区管委会间接控股60%、万科物业发展股份有限公司参股40%的混合所有制企业——珠海大横琴城市公共资源经营管理有限公司成立，成为“物业城市”治理模式的合作平台。从而，“物业城市”治理模式成体系推进。

① 习近平在广东代表团参加审议.（2018-03-08）. http://china.cnr.cn/news/20180308/t20180308_524156967.shtml.

作为横琴新区新的“城市大管家”，“物业城市”自运行以来，多点开花，在城市空间管理、城市资源运行、公共服务等方面持续优化升级，管理范围从“地上”到“地下”，覆盖横琴全岛市容环卫、市政道路、垃圾分类、立体停车等诸多领域，真正实现了“绣花”般的精准化服务、精细化管理。其主要经验和成效有如下几点：

一是大胆创新，探索出一条社会企业解决城市治理难题的新路。“物业城市”把城市公共空间与公共资源整体作为一个“大物业”，引进口碑好、专业强的万科物业公司承接政府部分公共管理服务职能，依托大数据进行智慧管理，让城市社会治理有据可依，有的放矢，实现“管理＋服务＋运营”的融合统一。“物业城市”治理模式实现了政府和企业在城市管理、服务、运营方面的优势互补，解决了政府服务难覆盖的问题，同时推进传统城市管理向市场化、服务化转型，打造管理精细、服务到位、运营高效的“星级城市”样板，为解决全国市域社会治理难题探索出一条新路。

二是多措并举，统筹各方资源构建“物业城市”组织运行体系。通过“管理＋服务＋运营”，构建“物业城市”的外部架构体系。加大源头治理和投入，充分利用现代科技和物业企业的人力资源优势，从源头上解决问题。把城市的公共资源按照市场化进行运营，盈利部分进行反哺，解决城市长期投入高产低出的问题，不断提高社会治理水平。通过“物业公司＋大数据中心＋大综合执法”，实现“物业城市”的内部协调运作。由物业公司代替执法人员在一线服务，通过提高服务质量化解矛盾，用群众的办法解决群众的问题，利用大数据进行汇总分析，真正做到有的放矢，为政府实行大综合执法提供方向引导和服务保障。

三是高点定位，打造城市治理体系和治理能力现代化品牌。首先，坚持标准精细化。利用现有小区管理中业已形成的物业管理规范和标准，对保洁、绿化、路灯、管网、隐患处理、综合巡查、秩序维护、矛盾化解、治安防控辅助等项目进行精细化和量化管理，制定操作标准和考核规范。其次，坚持队伍专业化。由物业公司组建专业化的管理、服务和运营团队，通过市场化运行模式，吸引公共管理、物业服务、IT、法律等领域的高端人才，打造一支专业素养高、服务意识好、运作能力强的人才队伍，形成推动“物业城市”加快发展的强大合力。再次，坚持参与社会化。通过“物业城市”App，将志愿服务和有效激励相结合，为市民、志愿者参与社会治理提供便利渠道，构建起市民、志愿者、商家、专业公司和执法人员五个层级的社会治理“新生态圈”，实现“人民城市人民管”。将群众满意度作为衡量“物业城市”工作的重要标准，引导广大市民全过程参与，同时对专业公司、执法人员实行有效监督。最后，坚持平台智能化。利用物联网技术将城市公共空间进行系统化、网络化升级，实现公共资源的智能化识别、定位、跟踪、监控和管理。建立大数据指挥中心，将行政管理资源与物业公司的专业优势相融合，推行全方位、全过程、全覆盖的社会治理方式。通过AI技术的深度嵌入，实现“物业城市”App系统的智慧化、便捷化，整体提升城市治理水平，形成市域社会治理新品牌。

珠海横琴新区“物业城市”模式，较好地整合了政府、市场、社会的资源，特别是把社会企业引入大城管机制，有效破解了城市服务管理难题。开展试点以来，城市服务管理问题，企业可以解决90%以上，需要政府部门处理的不到10%，不仅减轻了政府负担，而且大大提高了城市服务管理精细化、精准化水平，广大群众的满意度也大大提升。借鉴珠海经验，进一步充分发挥政府主导作用、市场主体作用、社会协同作用，使城市服务管理理念更先进、管理更高效、服务更优质，有助于加快推进市域治理现代化。

（二）“线”上经验：社会建设十年磨一“建”，一张蓝图画到底

珠海作为中国改革开放的前沿，在社会建设方面，也做到了起步早、不断“线”，一步一个脚印向前走。

一是工作职能不断“线”，坚定不移抓协调。2007年，党的十七大报告明确把社会建设置于中国特色社会主义总体布局的高度。2008年，珠海即参照北京模式成立了社会工委，成为全国最早成立社会建设工作机构的地级城市。随后两年，又按上级要求，加挂了社会建设委员会、社会管理综合治理办公室的牌子，三块牌子并存。最近一轮机构改革，虽然按照全省统一要求，社会建设机构不再单设，但工作职能仍在、工作力度未减。十几年来，珠海市加强社会建设的工作职能并未断“线”，始终坚持。这在全国是屈指可数的。

二是工作开展不断“线”，坚持不懈抓落实。十几年来，珠海社会建设、改革、治理工作，一年接着一年干，一件连着一件办，坚持一张蓝图画到底，这是难能可贵的，也是亮点频出的原因。2010年，在北京市委社会工委与上海市社会工作党委倡议下，建立了全国部分省市社会建设年会机制，至今已举办九届。珠海市就是发起单位之一，与北京、上海一样，都承办过两届，而且，在每届年会上都作重点发言，每年都有重要成果展现。

（三）“面”上经验：社会建设和社会治理开启了新征程

近五年来，在市委市政府领导下，在市委政法委主导和推动

下，珠海市社会建设迈上新台阶，站在了社会治理体系和治理能力现代化新的历史起点上。

一是顶层设计体系框架基本形成，在制度化建设上迈出了重大步伐。如：先后制定了《珠海经济特区社会建设条例》《关于社会领域制度建设规划（2016—2020 年）的意见》，走在全国前列。而且，利用珠海双重立法权优势，推动出台了一批社会治理地方性法规、政府规章和规范性文件，为依法治理奠定了坚实基础。

二是中层运行体制机制构架基本形成，在规范化建设上迈出重要步伐。在市委领导下，市委政法委牵头抓社会建设综合协调的工作体系始终高效运转。在平台建设方面，构架了“1+1+N”（党建 + 法治 + 宣传、民政、教育、卫健、文体、群团组织等）的工作运行机制，形成了社会治理共建共治共享的工作格局。积极推动社区、社会组织、社工、高校社团、社会力量基层社会治理“五社联动”取得新成效。

三是基层治理工作基础基本夯实，在精细化建设上迈出坚实步伐。坚持服务为先，持之以恒打造“15 分钟党群服务圈”；完善养老服务体系，社区居家养老服务设施数量增长迅速，基本覆盖全市所有城乡社区，提前完成标准化养老设施建设目标和城乡社区标准化养老设施覆盖率 100% 的“十三五”规划目标，且在公办养老机构大力推行“医养结合”，全市公办养老机构已 100% 实行医养结合，提前完成“十三五”规划目标；加强公共服务平台建设，全市 323 个城乡社区全部设立社区公共服务站，基本实现统一名称、统一标识、统一制度、统一办事流程的“四统一”模式，为社区居民提供劳动就业、社会保障、救济救助、卫生计生等“一站式”政务服务。完善基层社会治理，全市 323 个城乡社区全部建立村（居）务监督委员会，并按照“九有”的标准构建了工作平台；122 个村全部达到村务公开“五化”标准，有效保障村（居）民对村（居）

务的民主决策、民主管理和民主监督。大力加强社会组织建设，截至 2020 年，全市登记在册社会组织 2 452 家，初步形成门类齐全、覆盖广泛、发展有序的社会组织体系，提前实现《广东省民政事业发展“十三五”规划》提出的“每万人拥有社会组织数不低于 6.5 个”的目标；大力推进社会工作者队伍建设，截至 2020 年，全市通过国家社会工作者职业水平考试 2 987 人，万人持证率达 14.76%，位居全省前列。

四是大力推动创新实践，在先行先试、敢为天下先方面迈出重大步伐。在香洲区吉大街道海湾社区和梅华街道悦城社区开展“城市社会治理基础单元”改革试点，通过科学划分单元，缩小社区治理和服务半径，积极探索基层社会治理共建共治共享新路径，把管理、服务、资源放到基层，通过推动社区协商议事、培育社区自组织、搭建信息平台、推动公共服务场地建设，打造更为紧密的居民生活利益共同体，形成了人人有责、人人尽责、人人共享的基层社会治理新格局。市政法委会同市民政局等单位联合印发《珠海市城乡社区治理示范点建设工作方案》，推动横琴新区横琴镇、香洲区梅华街道、金湾区三灶镇、斗门区斗门镇试点镇街和 46 个城乡社区示范点建设。推动各区创新基层治理，发挥社区平台、社会组织载体和社工骨干以及高校社团、社会力量作用，构建“五社联动”机制。珠海市许多创新做法在全国产生广泛影响，2015 年、2017 年两度荣获“全国社会治理创新优秀城市”称号，2018 年荣获“全国社会治理创新示范城市”称号。香洲区相关做法也连续五年被评为全国“创新社会治理典型案例”。金湾区建成集社会治理创新、公益资源交易、社会组织培育、社会创新党建于一体的国内首家社会创新综合体“金湾社会创新谷”。

七、雄安新区社会建设现代化发展路径初探

设立河北雄安新区，是以习近平同志为核心的党中央做出的重大决策部署，是继深圳经济特区和上海浦东新区之后，又一具有全国意义的新区，是重大的历史性战略选择，是千年大计、国家大事。《中共中央、国务院关于支持河北雄安新区全面深化改革和扩大开放的指导意见》明确提出，雄安新区要着力在创新发展、城市治理、公共服务等方面先行先试、率先突破，构建有利于增强对优质北京非首都新功能吸引力、符合高质量发展要求和未来发展方向的制度体系，推动雄安新区实现更高质量、更有效率、更加公平、更可持续发展，努力打造贯彻落实新发展理念的创新发展示范区，为全国改革开放大局做出贡献。由于地理位置、功能作用与深圳特区、浦东新区不同，雄安新区改革发展，应该从社会建设方面率先突破，以社会建设改革创新，推动其他领域创新发展。

雄安新区社会建设现代化改革创新，要以习近平新时代中国特色社会主义思想为指导，立足北京非首都功能疏解集中承载地和未来之城、创新之城、智能之城的发展定位，坚持以人民为中心的发展思想，坚持“世界眼光、国际标准、中国特色、高点定位”，坚持共建共治共享总要求，创新“党委领导、政府负责、民主协商、社会协同、公众参与、法治保障、科技支撑”的社会治理体系，加快构建具有中国特色、时代特征的雄安新区社会治理新模式，形成一批具有原创价值、可复制、可推广的经验，努力创建全国社会建设创新示范区。主要是从以下几个方面推动创新实践：

（一）创新社会建设领导体制机制

一是完善党委领导的社会建设体制。全面加强党对社会建设工作的领导，充分发挥党委总揽全局、协调各方的作用，把党的领导贯穿到社会治理工作的各环节、全过程。新区党工委、三县及乡镇（街道）党（工）委均应成立社会建设工作委员会，由党委主要负责同志任主任，有关方面负责人员参加，协调各方力量，部署重大事项，推进重大改革。各级社会建设委员会明确承担日常工作的部门，采取周例会、月调度、季统筹等形式定期研究工作，协调解决有关事项。充分发挥党委和部门职能作用，统筹好相关部门资源力量，形成问题联治、工作联动、平安联创的良好局面。

二是建立政府分级负责的工作机制。合理确定新区、三县、乡镇（街道）在社会建设中的层级关系，明确各层级社会治理的职责，新区层面重点抓顶层设计，做好规划和政策制定，着力打造科学完善的社会治理工作体系。三县层面以基层社会建设现代化为抓手，重点做好政策集成和统筹协调，主动适应新区承接北京非首都功能疏解和社会转型发展需要，研究解决基层社会建设的重点、难点问题。乡镇（街道）层面主要围绕群众需求，以赋权、下沉、增效为重点，做好社会服务、社会管理、社会动员具体工作，打通服务群众“最后一公里”。

三是坚持以区域化党建为引领。强化乡镇党委统筹协调功能，健全街道社区党组织兼职委员制度，加强机关企事业单位与乡镇（街道）、村（社区）党组织联建共建，构建共治共享的基层社会治理格局。积极探索党建与社会治理深度融合的新途径和新载体，创新区域党建联席会、议事厅、促进会等共商机制，完善党建带群建制度机制，以区域化党建构建公共服务圈、群众自治圈、社会共治圈，形成党委统一领导、齐抓共管的工作格局。

（二）创新权责统一的乡镇（街道）治理机制

一是强化乡镇（街道）党（工）委统筹协调能力。深化乡镇和街道改革，按照赋权扩能、减负增效原则，统筹优化和综合设置乡镇和街道党政机构、事业单位。除中央明确要求实行派驻体制的机构外，县直部门设在乡镇（街道）的机构原则上实行属地管理。继续实行派驻体制的，要纳入乡镇（街道）统一指挥协调，工作考核和主要负责同志任免要听取所在乡镇（街道）党（工）委意见。健全完善党委全面领导下，多部门、多事项联动的基层治理应急处置机制、矛盾排查化解机制、快速响应服务群众机制等。建立健全党建引领“吹哨报到”制度，创新“吹哨报到”智能化运行流程，提高“吹哨”精准度，增强“报到”实效性，以“大党建”统领基层各类机构科学运转。

二是深化基层综合执法和审批服务改革。依法赋予乡镇（街道）综合管理权、统筹协调权和应急处置权，强化其对涉及本区域重大决策、重大规划、重大项目的参与权和建议权。依法赋予乡镇（街道）行政执法权，完善乡镇（街道）行政综合执法事项清单，健全综合行政执法权力监督制约机制，提升乡镇（街道）综合行政执法能力和水平。深化“放管服”改革，充分赋予乡镇（街道）城乡建设、民生保障等方面权限。加强乡镇行政综合服务机构与平台建设，进一步优化政务服务流程，全面实行“一窗式受理”“一站式服务”“一枚印章管审批”。

三是在新建片区开展街区制改革试点。在新建片区开展街区制改革试点，理顺各层级间权责关系，探索扁平化、一体化管理服务。创新向街区扩权赋能机制，依法依规推进资源管理服务下沉，健全与街区履职相匹配的人员编制和财政保障机制。探索建立街区职责准入制度，编制权责清单、审批服务事项清单，实行动态管理。

（三）创新科学高效的社区治理新机制

一是健全党组织领导的社区建设架构。建立健全社区党组织领导支持社区各类组织参与社区建设的工作机制，构建社区党组织领导、居民委员会主导、社区各类组织协调联动的社区建设格局。完善社区党组织牵头、居民委员会负责，业主委员会、物业服务企业、社区社会组织等利益相关方广泛参与的社区协商机制，聚焦居民关心的民生实事和重要事项，定期开展民主协商。加强居民委员会规范化建设，全面推进居民委员会下设物业和环境管理委员会，督促业主委员会、物业服务企业履行职责。

二是建立资源聚合共享的社区建设机制。探索建立由社区党组织主导整合资源推进社区建设、为群众提供服务的工作机制。建立社区工作事项准入制度，建立自治事项、依法协助政府工作事项、承接政府委托事项、社区工作负面事项等“四个清单”，并健全动态调整机制。大力引导驻区单位参与社区建设，建立党建资源、文体教育设施等资源聚合共建和开放共享机制。

三是探索开放社区精细化治理模式。以小区为单位设立居民小组，以楼院为单位产生居民代表，形成居民委员会—居民小组—居民代表上下联动的居民自治组织体系。建立健全基层政府及时回应解决居民委员会反映的居民诉求的工作机制。优化以党群服务中心为基本阵地的社区综合服务设施布局，建立以居民需求为导向的社区综合服务设施功能设置和运行维护工作机制，打造开放式、互动式公共空间，完善首问负责、一窗受理、全程代办、服务承诺等制度，提升社区服务精细化水平。

（四）构建多元共治基层社会治理共同体

一是完善程序科学、广泛参与的民主协商机制。加强新区协商民主制度建设，搭建网络问政、基层协商等平台，推动协商民主广泛、多层、制度化发展。探索完善社会公众列席乡镇（街道）有关会议制度。创新协商议事形式和载体，完善民情恳谈、小院圆桌会、社区议事厅等基层协商机制，推行居民建议、代表提议、小区商议、党委审议、议事会决议、群众评议“六议工作法”，实现民事民议、民事民办、民事民管。

二是完善开放多元、互利共赢的社会协同机制。扶持培育社会组织发展壮大。争取全国性及国际性社会组织依法依规在新区布局，引导社会组织跨区域承接政府购买服务项目。打造新区社会组织公共服务平台，大力发展专业化、支持型、枢纽型品牌社会组织，拓展社会组织参与社会治理的空间。建立社会服务机构培育发展机制，支持社会力量创办社会服务机构，探索部分领域事业单位转向社会服务机构发展。探索社区与社会组织、社会工作者、社区志愿者、社会慈善资源的“五社联动”机制。

三是完善人人享有、人尽其责的公众参与机制。完善公民参与社会治理制度化渠道，搭建民情民意收集平台，建立“线上＋线下”民意表达机制，完善诉求办理反馈机制。畅通规范市场主体、新社会阶层、社会工作者和志愿者等参与社会建设途径。完善定期联系、专人负责的服务居民机制。发挥各群团组织联系群众的桥梁作用，组织群众参与社会治理。

（五）探索具有雄安特色的智能治理模式

一是搭建大数据技术支撑的智能服务治理平台。坚持把智能思维、手段、模式贯穿始终，打造基于区块链技术的社会治理、城市运营、项目建设的“城市大脑”云平台。建设新区全数字化标识体系和城市全域智能感知体系，构建数据采集、研判、决策、治理一体化智能城市管理新模式。构建覆盖全域、统筹利用、统一接入、服务灵活的数据资源共享体系，推动业务协同办理。加强“城市大脑”等关键信息基础设施安全保护，构建动态监测、主动防御的网络安全体系，确保应用和数据安全。

二是构建智能化应用场景治理服务体系。拓展数字化城市管理平台功能，打造政策服务资金等直达基层、企业、社区的暖心应用场景，实现对城市综合管理实时感知、瞬时响应、智能分析、辅助决策。建设城市数据资源管理体系、城市事件智慧监测体系，实现对城市治理要素的精准监测、分析和反馈。建设行政执法综合管理监督信息系统，实行城市管理非现场智慧执法。

三是创新基层服务治理智慧赋能机制。健全基层智慧服务治理标准体系，推进智慧社区建设，依托社区数字化平台和线下社区服务机构，建设便民惠民智慧服务圈，提供线上线下融合的社区治理及公共服务。加快推进数字乡村建设，构建面向农业农村的综合信息服务体系，建立涉农信息普惠服务机制，推动乡村治理及公共服务数字化。

（六）创建社会治理法治化典范城市

一是构建政策法治保障体系。根据新区规划建设进程，争取比照经济特区的立法权。围绕社会治理、改革创新重点领域急需的制度需求，适时制定地方性法规规章，支持新区开展综合授权改革试点，推动构建市域社会治理法律规范体系。探索开展京津冀区域重大立法项目联合攻关，在司法协作和金融、知识产权、互联网、环境资源等案件实现京雄跨区域司法管辖等方面率先突破，打造社会治理法治化样本。

二是建立透明便民智慧的阳光司法机制。立足新区建设发展实际，深化司法体制综合配套改革，加强司法机关和政法队伍建设。运用现代科技，推动法治建设数字化转型，加强智慧司法建设，实现司法资源整合和信息共享。建立雄安新区与京津冀案件办理司法协作机制，支持新区加强国际司法交流与合作，打造与新区国际化定位相适应的新型司法体系。创新白洋淀生态环境保护司法体制机制。强化新区知识产权司法保护体系建设。

三是建设及时精准普惠的公共法律服务体系。打造数字化、智能化法律服务平台，为群众提供综合性、一站式法律服务。推进公共法律服务实体、热线、网络平台建设，创新公共法律服务工作机制，建成覆盖全域、便捷高效、普惠均等的一体化公共法律服务网络。推动全民普法常态化，提升全民法治素养。支持新区建设知识产权保护中心，提供知识产权快速审查、确权和维权服务。

（七）探索蕴含雄安特点的德治之路

一是塑造雄安城市精神和文化品质。以习近平新时代中国特色社会主义思想为引领，大力培育新时代雄安城市精神。把社会主义核心价值观要求融入法治建设和社会治理，加强社会公德、职业道德、家庭美德、个人品德建设，发挥市民公约、村规民约、居民公约、行业规章、团体章程等社会规范在社会治理中的积极作用，厚植新区社会治理的文明底蕴。支持新区开展文明城市创建活动，提升城市文化品位。

二是打造数字化社会信用体系建设样板城市。健全社会信用监管体系，建设新区数字信用信息平台，加快接入并应用国家企业信用信息公示系统和国家信用信息共享平台，全力推进政府监管信息共享。建立以信用信息资源共享为基础的征信系统，健全覆盖所有机构和个人的诚信账户，实行信用风险分类监管。完善守信联合激励和失信联合惩戒机制。

三是创新社会公益事业发展激励机制。成立“雄安公益银行”，将居民遵守居民公约、参加志愿服务、善行善举的情况进行量化积分，形成品德储值，并纳入社会信用体系，与积分落户制度相衔接。加强志愿服务组织培育管理，建立健全志愿服务品牌体系和激励机制，引导更多的群众参与志愿服务，更好地实现群众需求、公益活动、志愿服务的有效对接。

（八）完善高质量基本公共服务体系

一是推进直接服务民生的公共事业部门改革。改进公共服务提供方式，创新公共服务体制机制，制定雄安新区基本公共服务标准，推进教育、卫生、文化、体育、养老等服务主体多元化、方式多样化、质量标准化，改变通过设立事业单位提供公共服务的单一模式，推进服务民生的水电暖气等公共事业部门改革和非基本公共服务市场化改革。

二是探索建立分级社区服务供给网络。建设“城市-组团-社区”三级公共服务设施体系，构建“社区-邻里-街坊”三级生活圈，科学配置“社区中心、邻里中心、街坊中心”公共服务资源。推进城乡社区服务社会化运作，建立社会公共服务指导目录清单制度，构建基本公共服务、便民生活服务和慈善公益服务相结合的社区社会服务体系。开展“新时代新社区新生活”服务质量提升行动，推进社区服务标准化，完善支持社区服务业发展政策，采取项目示范等方式，实施政府购买社区服务，健全以项目为导向的政府购买服务方式，鼓励社区服务机构与市场主体、社会力量合作。在新建片区开展“物业城市”治理试点。

三是创新京雄同城化公共服务保障机制。制定有利于疏解北京非首都功能人口迁移和吸引各地高端人才的服务型人口管理政策，实施居住证制度，探索人口管理分阶段、渐进式福利供给机制，积极为疏解到雄安的机构和单位创造便利条件。探索转移人口与本地居民同城共管服务新模式，促进转移人口与本地居民融合发展。探索形成优质高效、保障多元、城乡一体、开放共享的公共服务体系。

（九）健全城市安全联防联控体系

一是健全社会矛盾纠纷多元化解体系。坚持和发展新时代“枫桥经验”，构建源头防控、排查梳理、纠纷化解、应急处置的社会矛盾综合治理机制。畅通和规范群众诉求表达、利益协调、权益保障通道，完善人民调解、行政调解、司法调解联动工作体系。完善重大决策社会稳定风险评估机制，健全社会矛盾风险防控协同机制。发挥综治中心在整合社会治理资源、创新社会治理方式上的重要平台作用，完善基层社会矛盾纠纷多元化、一站式调处平台和解决纠纷机制建设，加强和创新基层社会治理，努力把矛盾纠纷化解在基层。把信访工作纳入法治化轨道，依法及时就地解决群众合理诉求。健全社会心理服务体系和危机干预机制。

二是高标准建设平安雄安升级版。创建社会治安防控体系建设标准化城市，坚持专群结合、群防群治，深入推进立体化、法治化、专业化、智能化社会治安防控体系建设，形成问题联治、工作联动、平安联创的工作机制，建设更高水平“平安雄安”，推进公安大数据智能化平台建设，率先打造智慧公安。建立涉新区情报信息跨部门、跨领域、跨地区共享交流合作机制。进一步巩固专项斗争成果，常态化开展扫黑除恶斗争，健全防范打击涉黑涉恶违法犯罪长效机制。

三是构建公共安全全周期管理模式。实施家安、路安、食安、业安、心安“五安工程”，探索公共安全全覆盖、全链条、全要素管理模式。创新新区应急管理体系、应急物资装备储备体系和社会化服务保障体系，建立高效联动智能的防灾减灾救灾综合管理机制。完善重大安全风险联防联控、监测预警和应急管控处置机制。完善数据产权和隐私保护机制，保护公民隐私。

（十）提供强有力工作保障

一是建立组织领导及指导机制。省直有关部门要加强与中央和国家机关有关部委的沟通协调，把支持雄安新区社会治理作为一项重要政治任务，明确分管领导、责任单位和责任人，尊重新区首创精神，与雄安新区通力协作，及时研究解决社会治理重大问题，加强指导服务，督促工作落实。

二是创新社会建设资金多元投入机制。加大财政保障力度，将重点领域社会治理工作经费纳入各级财政预算，进一步理顺新区、三县和乡镇（街道）在社会建设方面的事权关系，合理划分财政支出责任。不断拓宽社会治理资金筹集渠道，鼓励设立社区基金会，引导社会资金投向城乡社区治理领域。创新社会建设资金使用机制，有序引导居民群众参与确定资金投向和服务项目，全过程参与并监督服务项目实施和资金使用情况。

三是健全人才保障机制。将社区工作者队伍建设纳入新区人才发展规划，规范管理使用，落实待遇保障，加强教育培训，强化评价考核，建设一支素质优良的专业化社区工作者队伍。注重城乡社区党组织带头人队伍建设，选优配强社区党组织书记，大力推行社区党组织书记通过法定程序担任居委会主任。做实做强公共服务和社会管理部门，加强乡镇（街道）、村（社区）社会工作服务站点建设。完善社会工作岗位设置，多渠道吸纳社会工作人才。

四是完善考核评价机制。把党建引领社会建设纳入新区目标考核体系、地方党政领导班子和领导干部政绩考核指标体系以及基层党建述职评议考核体系。健全以群众满意度为主要衡量标准的社会治理评价体系和评价结果公开机制。建立社会公众、政府部门、市场主体多元主体参与社会治理绩效考评模式。

下篇

微观视域中的基层社会建设现代化创新实践

主题词：推动基层社会建设现代化创新实践，要坚持问题导向、需求导向、目标导向、创新导向、效能导向，着力提高社会化、法治化、智能化、专业化、精细化能力和水平。

一、加强和创新基层社会治理的重点问题

在新冠肺炎疫情防控中，我国基层社会治理经受住了严峻考验，但也暴露出了许多长期存在而又亟待解决的突出问题。加强和创新基层社会治理，事关人民幸福安康、国家长治久安，是全局性、长远性、根本性、基础性工作，要从制度体系、体制机制、政策法规、效能转化高度研究推进。要增强大局意识、提高工作站位，对加强和创新基层社会治理进行再认识。要抓住制定实施“十四五”规划的有利契机，围绕国家制度体系顶层设计、市域领导体制改革、基层工作机制创新等关键问题，推出一系列重大举措、重大项目、重大工程、重大改革任务。要坚持问题导向、需求导向、目标导向、创新导向、效能导向，认认真真抓落实。当前和今后一个时期，加强和创新基层社会治理有如下十个重点问题需要认真研究解决。

（一）建立健全市域社会治理领导体制，为加强和创新基层社会治理提供坚强组织保障

党的十九届四中全会提出加快推进市域社会治理现代化，具有重大意义。随着市场化、城市化、社会化进程加快，我国经济社会结构已经发生了巨大变化。如同经济发展一样，社会治理已转变为以市域为基本单元有效推进，而且，市域社会治理城乡一体化的程

度越来越高，重心越来越向基层下移。在新形势下，基层社会治理必须放在市域社会治理格局中加强顶层设计，市域社会治理必须以基层社会治理为依托夯实基础。

“十三五”时期，我国基层社会治理取得了显著成效。新冠肺炎疫情防控中，基层社会治理发挥了关键作用，尤其是城乡社区发挥了战斗堡垒作用，社区工作者、志愿者发挥了骨干作用。但我们也要清醒地认识到，这只是应急状态下的特殊表现，从总体上说，面对新形势、新要求，基层社会治理基础还不牢，常态化、长效化、规范化、现代化工作体系还没有全面建立起来，顶层缺乏设计、整体缺乏规划、城乡缺乏统筹、条块缺乏协调的问题还很突出。破解这些问题，关键是要建立健全市域社会治理综合协调、统筹规划的领导体制，形成纵向到底、横向到边的工作机制。在这方面，北京市做得比较好，市、区两级有社会建设领导小组工作机制，有党委社会工委（与民政局合署办公）工作机构，工作覆盖纵向可以到乡镇（街道）、社区（村），横向可以到社会组织和非公有制经济组织，为基层社会治理提供了坚强的组织保障。上海、昆明、成都、珠海等部分城市也先后建立了相应的工作机制。

“十四五”时期，加强和创新基层社会治理，要抓住完善市域社会治理领导体制这个关键，把“党委领导、政府负责、民主协商、社会协同、公众参与、法治保障、科技支撑”的社会治理体系落到实处。一是在市、区、街（乡镇）三级建立健全党委书记挂帅的区域化社会治理工作委员会，建立健全党管社会的统筹协调机制；二是在市、区两级党委设立社会工作专门机构（可与民政部门合署办公），建立健全党委部门牵头抓总的工作体制；三是在街道（乡镇）、社区（村）落实基层社会治理责任制，确保“三有一化”（有人办事、有地方办事、有经费办事、工作规范化）；四是要把城乡基层社会治理纳入市域社会治理总体布局，有规划、有安排、有落实、有检查。

（二）建立健全社区区域化党建工作机制，以党建创新引领基层社会治理创新

坚持党的领导，是我国制度体系的根本优势。在中国特色社会主义制度体系中，党组织具有总揽全局、协调各方的显著优势。党的十八大以来，我国在坚持党的全面领导方面，迈出了历史性步伐，党建引领基层社会治理创新态势良好。但是，加强和改进党对基层社会治理的领导、加强和创新社会领域党的建设、有效扩大党的组织和党的工作覆盖面、巩固和扩大党执政的社会基础的任务，依然十分艰巨繁重。

“十四五”时期，要进一步加强党对基层治理的全面领导，更加注重全面统筹，更加注重系统推进，更加注重开放融合，更加注重整体效应，有效构建党建引领与基层治理紧密衔接的体制机制，突出党委总揽全局、协调各方的制度保障，把党的领导的政治优势、组织优势、制度优势更好地转化为基层社会治理的效能。一是要坚持推进党的组织广泛覆盖。基层社会领域各级各类组织，凡是具备建立党组织条件的，做到应建必建；暂时不具备条件的，建立临时性党组织或联合性党组织。二是要全面加强社区党委对社区治理的领导，明确把社会领域基层党组织统一纳入属地社区党委管理，建立健全社区区域化党的组织领导体系。三是要把党的工作全面覆盖当作重要着力点，以党建工作创新实践，引领基层社会治理创新实践。建立健全街道（乡镇）党建工作委员会和基层社会治理委员会工作机制，推动区域化党的建设和基层社会治理工作有机结合。四是要把党领导下的协商民主制度体系向基层扩展延伸，积极

探索基层政府部门、基层民主党派、基层人民团体、基层自治组织、“两新”组织等参与基层社会治理的体制机制、方式方法、实现路径，把我国协商民主制度的显著优势更好地转化为加强和创新基层社会治理的效能。

（三）建立健全“七有”评价体系，以保障和改善民生为重点加强和创新基层社会治理

社会治理说到底是服务群众的工作，基层社会治理尤其要解决好人民群众关心的事。党的十九大明确提出了健全“七有”（幼有所育、学有所教、劳有所得、病有所医、老有所养、住有所居、弱有所扶）制度体系的任务，强调要注重加强普惠性、基础性、兜底性民生建设，保障群众基本生活。

“十三五”时期，由于采取扶贫攻坚等重大举措，我国民生保障取得了历史性成就。但我国仍处于并将长期处于社会主义初级阶段的基本国情没有改变，人民日益增长的美好生活需要和不平衡不充分的发展之间的矛盾没有改变，特别是由于全球性经济下行的压力、新冠肺炎疫情的冲击，我国民生保障和基层社会服务面临许多问题和挑战。

“十四五”时期，要以建立健全“七有”保障体系为重点保障民生，以基本实现“一刻钟社区服务圈”全覆盖为重点改善民生，在保障和改善民生中加强和创新基层社会治理。重点是做好两件事：一是做好群众关心的事，制定并试行“七有”综合评价指标体系，使统筹城乡的民生保障制度全面、系统、有效落实。在这方面，北京市已经走在了前面，制定并试行了“七有”“五性”评价体系，经验值得借鉴。发达地区也可以先行一步，朝着现代化目标

迈进，按照“幼有善育、学有优教、劳有厚得、病有良医、老有颐养、住有宜居、弱有众扶”的目标，制定更高水平的指标体系。评价指标的落实，要实行“高位统筹”，在中央、省、市、区县层面建立“七有”民生工作联席会议机制，依据“七有”评价指标体系，定期通报评价结果，分析民生工作形势，协调部署工作。民生指标标准和要求，应由党委政府统筹研究提出，不应完全按照部门意见。联席会议机制要突出重点，推动纳入指标体系的领域提升工作水平；同时围绕这些指标，全面推动民生各领域各项工作的提升。联席会议机制要发挥统筹作用，协调多部门共同解决民生工作的重点、难点问题。二是做好群众身边的事，明确提出五年基本实现“一刻钟社区服务圈”全面覆盖的目标，让城乡居民有更多的获得感、幸福感、安全感。北京市早在“十二五”时期、“十三五”时期就已将其列入规划，而且，每年列入市政府为民办实事项目中。经过近十年的努力，已覆盖全市 95% 左右城市社区。事实上，全国不少地方也在开展此项工作，推动这项工作具备许多有利条件。“一刻钟社区服务圈”建设综合评价指标体系，要涵盖社区基本公共服务、社区便民服务、社区公益服务、社区特色服务、社区综合治理、社区安全等方面，要按照“十四五”规划，认认真真抓落实，一件接着一件办，一年连着一年干，五年基本实现全覆盖。

（四）大力发展社会企业，以改革创新为动力加强和创新基层社会治理

党的十九大明确提出，要创新公共服务提供方式，鼓励支持社会力量兴办公益事业，满足人民多层次多样化需求。社会企业是以社会效益最大化为目标、依靠商业手段提供社会服务的企业组织，具

有解决困难群体就业、精准服务民生、参与社会治理、开发消费市场等多重价值与功能，是当前实现稳就业、保民生、促消费的有力抓手，是促进经济转型升级、实现高质量发展的新生动力，也是推进基层治理现代化的创新实践。面对新时代社会主要矛盾的新变化和新冠肺炎疫情常态化防控的新挑战，大力发展社会企业，加快推动社会服务业转型升级，是非常重要而紧迫的任务，在大城市尤其如此。

“十三五”时期，我国社会企业有了突破性发展，但整体上还处于起步阶段，规模偏小、力量分散、管理失范、水平较低，远远不能满足现代城市社会服务的广泛需求，是基层社会治理格局中急需补上的短板。

“十四五”时期，要大力推动社会企业发展。一是从国家层面释放大力支持社会企业发展的政策信号。促进社会企业发展，最重要的是营造良好发展环境。其中，出台专项法律法规、确立其合法性地位、明确认证标准、开放公共服务市场、提供扶持政策等，是发达国家的通行做法。要从我国实际出发，制定相关管理办法和政策措施，鼓励各地积极探索。二是将社会企业纳入“两新一重”建设投资范围，优化社会企业融资环境。新型城镇化建设包括提升城镇公共服务、改造老旧小区和发展社区服务业。这都属于基层社会治理范畴，是社会企业创新创业的广阔领域。政府相关投资要给予社会企业平等市场机会，清理废除与企业性质挂钩的不合理规定。在竞争评标中增加社会效益考察，引导养老、托幼、物业、家政、文体等民生领域企业朝社会企业转型发展。金融管理部门要引导各大商业银行、投融资机构增加普惠金融、绿色金融、社会影响力债券及影响力投资产品，提高社会企业贷款融资的可获得性。三是分行业建立社会企业政策扶持体系。建议由国家发改委牵头推动，教育、养老、医疗、助残、环保、农业农村、公共文化及体育、社区服务、物业管理等主管部门，在行业政策中明确倡导社会企业发展模式。结合解决基层社会治理热点难点问题，在乡村治理中探索以社会企业模式实现乡村振兴的新路径；在城市社区中引导物业服务企业向社会企业转型，对社会企业参与老旧小区改造给予政策支持。政府购买服务项目应向社会企业开放，并使其享有同等条件下的优先采购权。四是开展社会企业试验区建设。借鉴国外先进经验，总结北京、成都、深圳福田、佛山顺德等地的本土实践经验，研究社会企业试验区建设方案。因地制宜，探索社会企业认证标准。促进不同民生服务领域支持政策融通，推动市场监督、民政、财税等部门政策集成创新。研究相关土地、融资、人才、税收优惠政策。设立政府引导社会企业发展基金。鼓励社会企业行业组织和支持型机构发展。五是持续加大社会企业研究和宣传力度。国家社科基金要加大对社会企业研究的支持力度，重点资助社会企业基础理论及实践研究、社会影响力评估及社会企业政策研究。把社会企业理论与实践纳入省部级领导干部培训内容。鼓励更多国家级创新创业大赛、示范区建设、试点项目增加社会企业内容。选拔奖励各领域优秀社会企业，培育社会企业家群体，倡导社会企业家精神，增进社会各界对社会企业的认知度。相关部门应为优秀社会企业参与“一带一路”建设提供条件，以社会企业家为代表讲好中国故事，让中国社会和经济创新成果惠及全球。

（五）构建“枢纽型”社会组织工作体系，让社会力量有序参与基层社会治理

在党的领导下，政府、市场、社会“三位一体”形成合力，是我国制度的显著优势。随着社会结构的深刻变化，社会公众的组织形态，已由以单位组织形态为主，逐渐转变为以社会组织形态为

主。按照行业、专业、兴趣、爱好组织起来，将成为社会组织形式新常态。如何把社会公众更好地动员起来、组织起来，在党的领导下有序参与社会治理，越来越成为迫切需要解决的重大问题。

“十三五”时期，我国社会组织快速发展，在经济社会发展中发挥越来越重要的作用。但总体而言，社会组织发展仍然存在许多问题，在社会治理中，有序参与、有效融入、有力发挥作用还不够。这些问题，在防控新冠肺炎疫情中暴露得也比较明显。导致这种状况的原因有很多，除了社会组织自身能力需要不断提高外，主要还是社会组织治理体系有待完善。

“十四五”时期，加强和创新基层社会治理，要以构建现代社会组织治理体系为重要着力点。在这方面，北京市进行了有益尝试，早在2008年就提出了构建“枢纽型”社会组织工作体系的改革创新思路，经过十多年的努力，已经将全市95%左右的社会组织纳入了市、区、街三级“枢纽型”工作体系，产生了良好效果，经验可以借鉴。一是创新体制，实行分类管理。构建“枢纽型”社会组织工作体系，以人民团体为骨干，在不同层级构建同类别、同性质、同领域社会组织联合体，以便于党和政府有效联系、服务和管理，有序纳入党和政府工作主渠道。二是创新运行体系，赋予一定权限。授权“枢纽型”社会组织在政治上发挥“桥梁纽带”作用，在业务上发挥引领聚合作用，在日常服务管理上发挥平台作用，在党的领导和政府依法监管下，带领成员单位有序有效参与社会治理、加强自我管理。三是创新政策体系，完善保障措施。出台加强社会组织建设系列文件，推出一系列政策措施，包括建立健全社会组织党建工作机制、政府购买社会组织服务体系、社会组织服务（孵化）体系、社会组织管理规范等等，大力支持社会组织发展和发挥作用，不断加强自身建设。四是创新方式方法，推动社会组织服务基层，融入社区治理共同体。

（六）推动工作重心下移，构建以街道为“主战区”的城市基层社会治理新格局

街道（乡镇）是我国现代城市治理的基本单元。街道体制改革是城市管理体制改革的“牛鼻子”。

“十三五”时期，适应加强和创新基层社会治理新需求，全国许多地方在街道体制改革方面进行了新探索，特别是上海市的街道“大部制”改革、北京市的“街乡吹哨、部门报到”改革，得到了党中央的充分肯定，在全国产生了良好反响。但就全国而言，街道体制改革滞后，仍然是制约加强和创新基层社会治理的主要障碍。

“十四五”时期，深化街道行政管理体制改革，推动重心下移、力量下沉、资源下投、权力下放，特别是推行街道“大部制”改革，以街道为“主战区”构建城市基层社会治理新格局，势在必行。一是明确街道职能定位。高度认识街道在市域社会治理中的基础地位、在基层社会治理中的主导地位，强化街道党工委和办事处作为区委区政府派出机关的基本属性，以做强做实街道为方向，优化街道职能配置，全面负责辖区内地区性、社会性、群众性工作的统筹协调，充分履行党的建设、公共服务、公共安全、城市管理、社会治理等综合管理职能，建设文明街道、活力街道、宜居街道、平安街道。二是推行街道“大部制”改革。总结推广上海、北京等地经验，推动街道体制整体性改革，依据职责定位综合设置组织机构，将向上对口的科站队所等科室，进行资源整合和优化调整，人员编制实行总量管理、动态调整，聚焦街道主责主业，构建符合基层治理实际的“大部制”模式，有效解决职责交叉、多头分散、条块分割、管理碎片化等问题。推动服务管理重心下移，理顺和明确权责关系，优化职能部门下沉街道的管理体制，其日常工作、人员管理、经费管理一般应由街道统筹管理使用，主要负责人

由街道党工委负责任免，事前应书面征求区级业务主管部门意见。三是优化街道治理机制。加强党对基层社会治理的领导，优化党组织领导基层治理体制机制，以赋权增效为方向，强化政治功能和服务功能，提升统筹协调能力和组织动员能力。创新党建引领基层治理方式，以共建共治共享为目标，构建街道社区党建工作协调委员会。按照“集中”和“下沉”的改革方向，明确街道综合执法平台的法律地位，设立街道综合行政执法机构，实行“一支队伍”管执法，加强专业部门执法与街道综合执法有效衔接，建立健全综合执法的管理、培训、考核等机制。优化街道扁平化工作流程，形成推动决策、执行、反馈的闭环流程，提升基层行政管理效能，实现服务管理精细化，快速回应群众诉求。四是加强街道基础保障。加强依法治理，加快推动街道立法研究，加快研究出台《城市街道办事处条例》。优化基层管理职能体系，建立健全街道（乡镇）职责清单、赋权清单和工作事项准入制度。综合考虑街道实有人口、辖区面积、街区功能、社会单位、历史文化等治理要素，科学划分行政区划设置，推动编制资源下沉，统筹服务管理资源配置，形成保障基层的鲜明导向。扩大“互联网＋基层治理”应用，推动大数据、互联网、区块链等信息技术与基层治理深度融合，提升基层公共服务精准化、城市管理精细化水平。

（七）建立健全“五社联动”机制，构建基层社会治理共同体

建设人人有责、人人尽责、人人享有的社会治理共同体，构建基层社会治理新格局，这是党的十九届四中全会提出的明确要求。近几年，各地创新实践，在构建基层社会治理共同体方面，有许多新探索、好做法。但总体来说，还有改进空间。基层社会治理体系

不健全、合力不足、互动不够的问题仍很突出，在市域社会治理中尤其如此。

“十四五”时期，市域社会治理现代化的基础工程是构建基层社会治理共同体，着力点是构建“1+5+N”社区治理现代化体系，不断提高系统治理、依法治理、综合治理、源头治理能力，如图1所示。

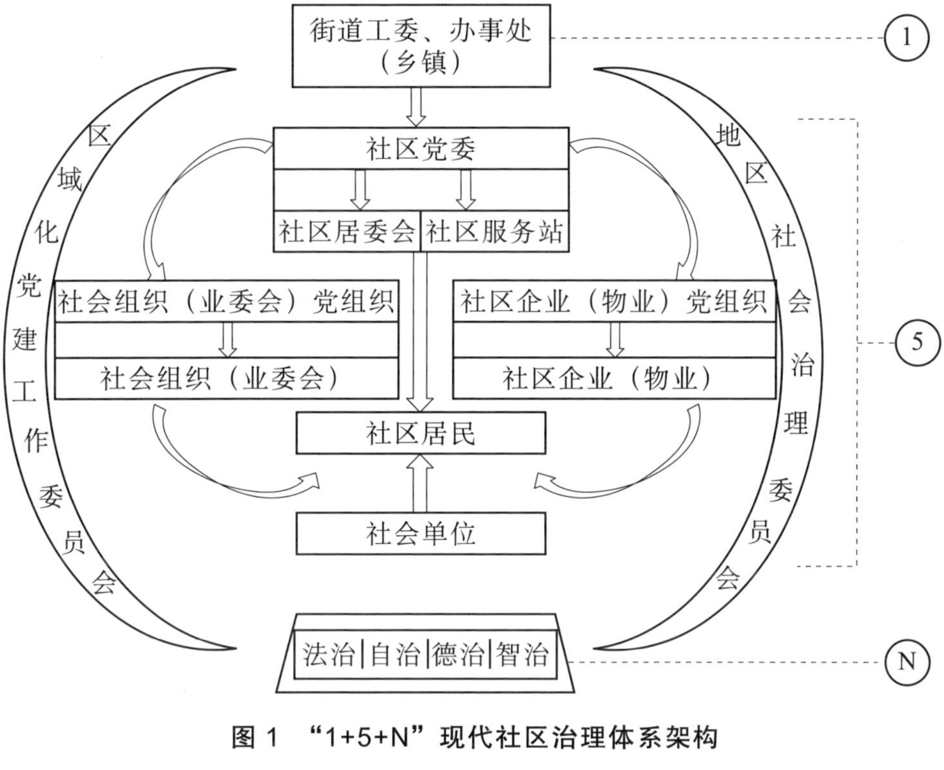

图1 “1+5+N”现代社区治理体系架构

“1”是以街道（乡镇）为主导，建立健全区域党建工作委员会和地区社会治理委员会工作机制，加强综合协调。在市域基层社会治理中，街道（乡镇）相对区级和社区而言，加强综合协调、整合区域资源更便捷、更有效。区级范围太大，社区没有行政权。要把街道（乡镇）区域化党建委员会和地区社会治理委员会机制做实。

“5”是在社区党组织引领下，推动社区居委会、社会组织（业委会等）、社区企业（物业等）、驻地社会单位与社区居民“五社联动”，共建共治共享。这其中，需要进一步强调如下几项重点工作：一是实行社会领域基层党组织社区党委属地管理。要把社会领域基层党组织纳入属地社区党委管理，全面加强党对基层社会治理的领导。二是坚持和完善社区“三位一体”工作格局。借鉴北京等地经验，把社区党委、社区居委会、社区服务站三大机构做实做强，既有明确分工，又形成工作合力。社区党委牵头，并负责搞好区域化党建工作；社区居委会主要职责是搞好社区居民自治；社区服务站是政府延伸到社区的公共服务平台，负责落实政府基本公共服务相关任务、组织社区公共服务。从而，形成社区党建、社区自治、社区服务“三位一体”工作格局。这样，既有利于各司其职，又凸显中国社区社会主义特色，切实把“坚持党的领导、人民当家作主与依法治国有机统一”的制度优势，更好地转化为社区治理效能。三是把破解城市小区物业工作难题当作加强和创新基层社会治理的重要着力点。城市住宅小区物业长期存在企业小散乱、职能定位不清晰、业主委员会运行难、政府监管不到位、党建引领力度弱等普遍性问题。在新冠肺炎疫情防控中，一方面，物业企业做出了突出贡献，另一方面，也使存在的问题更加凸显，到了非下大力气系统解决不可的地步。要把小区物业工作纳入基层社会治理新格局，切实推进工作重心下移、力量下沉、权力下放、资源下投到街道（乡镇）。要加强社区党委的统一领导，加快推进业主委员会（物业管理委员会）建设。要有计划、分类别推进物业服务管理全面覆盖，加快推进物业企业转型升级，加快推进物业工作社会化、法治化、专业化、智能化建设。四是大力推动驻地社会单位公共资源与社区共享，使社会单位成为“社区之家”。

“N”是综合运用有关加强自治、法治、德治、智治的方式方法，比如，社区社会治安综合治理工作站、社区文明劝导队、志愿者工作、街巷长、小巷管家、楼宇工作站、居民（村民）公约、网格化等，不断推进基层社会治理创新实践。

（八）实施“网格化+”工程，为加强和创新基层社会治理提供科技支撑

党的十九届四中全会把“科技支撑”作为主要组成部分，写进了社会治理体系中。运用大数据、物联网、区块链、人工智能等新时代信息技术，为基层社会治理赋能增效，持续提升社会治理现代化水平，是时代特征、现实要求。

“十三五”时期，基层社会治理现代化建设成效显著，特别是网格化工作全面铺开。但是，距离全面覆盖、多网融合、一体运行的目标还相去甚远，即使是网格化体系已经建立起来的地区，空转、自转、不转的现象也比较突出。

“十四五”时期，要在全国基层社区（村）实施“网格化+”工程，不“另起炉灶”，不搞“两张皮”，要以网格化为依托，将大数据、互联网、物联网、云计算、区块链、人工智能等现代技术对接起来，形成全模式网格化基层社会治理系统。一是实施“网格化+”工程，率先为城乡基层社会治理全面赋能。同步提升城市管理领域发现和解决问题的能力，通过技术体系创新和体制机制创新，实现管理更加精细、服务更加精准、城市更加智慧。坚持以人民为中心的发展思想，实现更多群众事项在线上全程办理，让百姓少跑腿、数据多跑路，不断提升公共服务均等化、普惠化、便捷化水平。推广“健康码”经验，将安全、高效、易用的身份认证技术应用于更多领域，运用大数据、区块链技术，破解流动人口服务管

理难题，对各类人群进行精细化管理、贴心式服务。通过网格化体系建立实体社区空间和网络虚拟空间的紧密联系，借鉴社区动员先进经验，发挥网络社会动员的多元倍增效应，提高线上线下相结合的社会动员水平。二是在基层社会治理领域率先打破“信息孤岛”，消除“数据烟囱”，优化队伍结构，切实为基层减负。充分总结网格化、雪亮工程、城市大脑建设经验，在基层全面推进整合信息系统、优化工作流程、共享数据信息等工作，推动技术融合、业务融合、数据融合，形成覆盖全国、整合各方、统筹利用、统一接入的基层社会治理平台，实现跨层级、跨地域、跨系统、跨部门、跨业务的协同管理和服务。大力推进数据治理，实现部门信息资源的共建、共享、共用，避免数据的重复采集、分析，最大限度地提升信息资源的使用效率，最大限度地节省人力物力。杜绝“指尖上的形式主义”，让基层干部切实从眼花缭乱的报表、手机微信群中解脱出来，让基层有更多精力为群众服务、抓工作落实。对基层工作中沉淀在各部门信息系统中的丰富数据资源进行深度挖掘，避免人海战术和运动式采集，充分展现大数据在精准预测、智能决策方面的独特魅力。推广“街乡吹哨、部门报到”经验，整合各类协管员队伍、公益性就业岗位、社区（村）志愿者队伍，按照“专职力量一格一员、专业力量一员多格、兼职力量一格多员”的原则，将人员力量下沉到网格，充实基层工作队伍。三是坚持问题导向，破解基层社会治理领域的突出矛盾和问题，为基层工作提质增效。充分发挥网格化体系在“治理大城市病”中的基础性作用，针对治污减霾、疫情防控、保障和改善民生、维护社会和谐稳定，以及当前治理“大城市病”中存在的突出问题和暴露的复杂矛盾，将大气污染治理、水污染治理、公共设施、市容环境、街面秩序等与治理大城市病相关事项纳入网格化体系，分级负责、高效运转，全面覆盖、责任到人。在重大会议活动期间，各级基层政府和社区（村）依托严密的基础网格、专兼结合的网格员队伍、先进的信息系统，开展指挥调度、视频监控、矛盾隐患排查、动员发动群众、事件发现处置、突发事件迅速处置等工作，为重大会议活动提供安全、祥和、文明的社会环境。完善基层社会治理的“云网端”体系，借助新基建，提升基层社会治理的云计算能力和宽带网水平，丰富App、小程序等各类应用客户端，实现“天上有云、地上有网、中间有端”，加快推进城乡地区网格化服务管理全覆盖。切实保障数据安全，强化关键数据资源保护能力，增强数据安全预警和溯源能力。制定数据资源确权、开放、流通、交易相关制度，完善数据产权保护制度。加大对技术专利、数字版权、数字内容产品及个人隐私等的保护力度，维护广大人民群众利益、社会稳定、国家安全。

（九）建立健全社工人才队伍专业化职业化体制，为加强和创新基层社会治理提供保障

社会治理是一门科学，要培养一大批专业化干部队伍和社会工作人才队伍。

“十三五”时期，我国社会工作人才队伍建设取得了历史性突破。到目前，全国社区工作者达400多万人，取得全国社会工作者职业水平证书的人员已突破53万人。但社会工作者队伍发展不充分、不平衡的问题依然非常突出，专业化、职业化、规范化、现代化的程度还不高。在抗击新冠肺炎疫情中，一方面，社会工作者特别是社区工作者做出了突出贡献，另一方面，力量不足、水平不高等问题也更加凸显出来。

“十四五”时期，要加快推进社会工作人才队伍专业化、职业化步伐。一是化危为机，大力推动专业化。持续在全国社区实施

“大学生社工计划”，在解决高校毕业生就业困难的同时，解决社区工作者力量不足、专业化程度不高的问题。一方面，高校毕业生创历史新高，2020 年就有 874 万人，今后几年会只增不减；另一方面，受行政事业单位机构改革、经济下行压力、新冠肺炎疫情冲击的影响，我国当前和今后几年就业形势异常严峻。而城乡社区居委会人员又严重不足，据民政部有关部门负责人介绍，全国有 65 万个城乡社区、400 万名城乡社区工作者。如果按平均每个社区 10 名工作者计算（北京市规定每个社区编制一般 13 人以上），缺口也有 250 万人。实施“大学生社工计划”，既可有效缓解当前高校毕业生就业难的问题，又可以有效解决社区工作者力量不足、专业化程度不高的问题。北京市 2009 年开始实施“大学生社工计划”。目前，全市 3.5 万名社区工作者中具有大专以上学历的占 95% 左右，平均年龄 39 岁。二是立足长远，大力推动职业化。中国特色的社区工作者，应当是正式职业化工作者。国家要明确将专职社区工作者列入正式职业序列，给予较高社会地位。要紧紧围绕专业化、职业化、规范化、现代化目标，建立健全社区工作者选聘、培养、使用、待遇、评价、奖惩机制。要形成长效机制，确保“大学生社工”持续不断“进得来”。要加强教育培训，确保基层社会治理“用得上”。要不断提高待遇，确保社区工作者人才“留得住”。要创新体制机制，让优秀人才能够“流得动”，使社区不仅成为社区工作者干事创业的平台，也成为培养选拔人才的渠道。经过十来年的努力，北京市在这方面形成了一整套政策体系、工作体系，走在了全国前列，经验值得总结推广。

（十）加强社会心理服务体系建设，积极培育良好的社会心态

党的十九大报告指出，要“加强社会心理服务体系建设，培育自尊自信、理性平和、积极向上的社会心态”。以此为标志，把社会心理服务体系纳入我国社会治理现代化体系。

“十三五”时期，我国社会心理服务体系建设取得了突破性进展，但也存在许多突出问题，主要表现为：社会心理服务的认知度和接受度不高，社会心理服务支持体系不完善且缺乏整合，社会心理服务有效供给不足且质量效益偏低，社会心理服务资源配置不均衡且失位错位突出，社会心理服务人员综合素质不高且专业人才短缺。社会心理问题在长期积累中激化演变，势必带来一系列社会问题，甚至影响到社会安定有序和国家长治久安。

“十四五”时期，要加快推进中国特色社会心理服务体系和能力现代化建设，大力培育积极社会心态，营造健康社会氛围，形成有效的社会治理、良好的社会秩序，使人民获得感、幸福感、安全感更加充实、更有保障、更可持续。一是明确社会心理服务体系建设的基本定位，把社会心理服务作为新型公共服务供给体系的重要内容，作为社会治理体系现代化的重要组成部分，作为社会治理能力现代化的重要创新实践。二是明确社会心理服务体系建设的基本内涵。社会心理服务体系建设应包含心理健康服务、社会心态培育、国民幸福感提升、社会认同建构等几个层面。三是明确社会心理服务体系建设的主要任务。要建立健全社会心理服务政策体系、心理健康服务体系、学科支持体系、队伍能力建设体系、宣传教育体系。四是加强社会心理服务的创新实践。要坚持专业服务与业余服务相结合、个体服务与群体服务相结合、经常性服务与应急性服

务相结合、线上服务与线下服务相结合。

总之，加强和创新基层社会治理，是具有全局性、长远性、根本性、基础性的重要工作，事关人民生活幸福安康，事关党长期执政地位巩固，事关国家长治久安。因此要当作系统工程抓，既要加强顶层设计，坚持系统治理、依法治理、综合治理、源头治理，又要夯实基层基础，坚持立足当前、面向长远、重点突破、创新实践，努力为国家治理现代化和实现“两个一百年”奋斗目标做出新的更大贡献！

二、推动脱贫攻坚成果转化促进乡村振兴有效衔接

2020 年 12 月召开的中央农村工作会议宣告了党的三农工作重心历史性地从脱贫攻坚转向乡村振兴。在 2021 年 2 月 25 日召开的全国脱贫攻坚总结表彰大会上，习近平总书记指出："全面实施乡村振兴战略的深度、广度、难度都不亚于脱贫攻坚，要完善政策体系、工作体系、制度体系，以更有力的举措、汇聚更强大的力量，加快农业农村现代化步伐，促进农业高质高效、乡村宜居宜业、农民富裕富足。"推动脱贫攻坚成果转化、全面促进乡村振兴意义重大，有许多问题需要认真研究解决。

（一）研究背景和重点

十九大报告首次提出实施乡村振兴战略。2018 年中央一号文件以《中共中央 国务院关于实施乡村振兴战略的意见》为题对实施乡村振兴战略进行了全面布局；同年 9 月，中共中央、国务院印发《乡村振兴战略规划（2018—2022）》（简称《规划》），这是第一个乡村振兴五年规划。从这个时候开始，政府决策部门和学术界一直在开展相关研究，并取得丰硕成果。

1. 政府决策部门的研究成果

早在 2018 年 2 月 17 日，习近平总书记就在有关专家报送的

《2020年后扶贫工作的若干思考》上做出重要指示，要求设题研究2020年后扶贫工作。从那时开始，中央政策研究室、中央农办和国务院扶贫办[①]就牵头开展了2020年后减贫战略研究，国家发展和改革委员会、财政部、国家统计局和国务院发展研究中心等部门参加。2020年开始，国务院分管农业农村和扶贫工作的领导亲自主持了脱贫攻坚与乡村振兴有效衔接研究，连续召开中央20多个部门和10多位省级分管领导参加的座谈会，深入基层开展调研，广泛听取各方面意见。经过反复研究讨论，形成一致意见。研究成果主要体现在《中共中央　国务院关于全面推进乡村振兴　加快农业农村现代化的意见》《中共中央　国务院关于实现巩固拓展脱贫攻坚成果同乡村振兴有效衔接的意见》两份文件中。根据文件精神，有关部门将脱贫攻坚的基本做法、成功经验和政策措施用于推进乡村振兴，研究提出33项政策措施，目前已有31项出台了规范性文件，其余2项正在抓紧研究推进中。

2. 学术界的研究成果

长期关注中国三农领域和脱贫攻坚的研究机构、大专院校和专家学者也在关注脱贫攻坚如何向乡村振兴过渡。李小云教授关注城市驱动型的乡村发展，汪三贵教授关注将脱贫攻坚的有效做法移植到乡村振兴，张琦教授关注城乡融合发展推进乡村振兴，叶兴庆研究员关注在乡村振兴中巩固脱贫攻坚成果。许多专家学者的研究从理论上论述了脱贫攻坚和乡村振兴的关系，对政策的研究和制定起到了参考作用。但是大部分研究还没有涉及2021年以来的政策落实情况。

① 2020年1月以后组建为国家乡村振兴局。

3. 研究重点和创新点

根据以上背景，笔者的研究重点是 2021 年以来脱贫攻坚和乡村振兴有效衔接各项机制体制建设情况和政策措施落实情况。在研究方法上突出以下几个特点：一是以习近平新时代中国特色社会主义思想为指导，重点学习领会习近平在中央农村工作会议、全国脱贫攻坚总结表彰大会、纪念中国共产党成立 100 周年大会上的重要讲话精神，以此作为理论指导和基本依据。二是全面收集和梳理相关政策，重点是 2021 年以来关于脱贫攻坚与乡村振兴有效衔接的文件，包括中共中央国务院文件、中办国办文件和部门发文，在此基础上对需要重点落实的政策措施进行分析。三是深入实际开展调研，课题组克服疫情影响，在东、中、西部各选择一个县（山东省寿光市、河北省新河县、四川省雷波县）开展实地考察，获取第一手资料。四是收集研究了其他国家乡村发展的有关材料。

（二）巩固拓展脱贫攻坚成果、全面推进乡村振兴良好起步

2021 年是“十四五”规划开局之年，也是巩固拓展脱贫攻坚成果同乡村振兴有效衔接起步之年。各地各部门按照中央的决策部署，聚焦有效衔接，守住不发生规模性返贫底线，接续推进乡村振兴，脱贫攻坚的成功经验和有效做法正在应用于乡村振兴，努力做到开好局、起好步。

1. 着力巩固拓展脱贫攻坚成果

一是建立健全防止返贫动态监测和帮扶机制。脱贫摘帽不是终点，而是新生活、新奋斗的起点。党中央提出，“十四五”时期，

要在全面解决绝对贫困问题基础上，实现巩固拓展脱贫攻坚成果同乡村振兴有效衔接。巩固拓展脱贫攻坚成果是实现有效衔接的基础和前提，目前还有一些脱贫户的发展基础比较脆弱，一些边缘户面临致贫风险，一些农户会因病因灾因意外事故等导致基本生活出现严重困难。脱贫地区特别是原深度贫困县摘帽时间较晚，经济社会发展基础薄弱，容易发生返贫致贫现象，因此建立健全防止返贫动态监测和帮扶机制变得十分重要。长期以来，“三类户”（脱贫不稳定户、边缘易致贫户和突发严重困难户）一直是打赢脱贫攻坚战的重点与难点，在巩固拓展脱贫攻坚成果、实现有效衔接的动态过程中应该重点关注、持续帮扶这类群体，防止其返贫。2021 年 5 月，中央农村工作领导小组印发的《关于健全防止返贫动态监测和帮扶机制的指导意见》，要求动态监测易返贫致贫对象，精准落实帮扶措施，切实防止返贫致贫，坚决守住不发生规模性返贫底线。各地及时开展工作，逐村逐户排查。到 2021 年 6 月底共排查出“三类户”500 多万人，目前已对其中 76% 以上的人采取了措施，消除返贫致贫风险。

二是做好易地扶贫搬迁后续扶持。作为脱贫攻坚战的标志性工程，易地扶贫搬迁建设任务的全面完成具有里程碑意义，266 万户、960 万人从根本上改变了生产生活条件。但完成搬迁建设任务只是第一步，后续扶持是更重要、更艰巨的长期任务。国家发展和改革委员会等 20 个部门印发了《关于切实做好易地扶贫搬迁后续扶持工作巩固拓展脱贫攻坚成果的指导意见》，对搬迁后续扶持工作提出要求，明确重点，制定政策。文件指出要实现搬迁群众“稳得住、有就业、逐步能致富”，正所谓“扶上马，送一程”，要更加积极主动地提升扶贫地区居民的内生动力，实现持续发展。当前，易地扶贫搬迁地区务工人数 380 多万，实现了每户有一个劳动力就业目标。

三是加大产业支持力度。发展产业脱贫是打赢脱贫攻坚战的重要措施，产业帮扶提升了贫困群众自身的“造血功能”。产业是一个地区发展的根本，也是最长久事业，事关脱贫攻坚成果的稳定和持续，事关乡村振兴伟大事业全局。将脱贫攻坚中好的产业支持政策、支持资金、支持力度接续下去，对实现巩固拓展脱贫攻坚成果同乡村振兴有效衔接至关重要。2021 年 4 月，农业农村部等部门印发《关于推动脱贫地区特色产业可持续发展的指导意见》，要求顺应产业发展规律，强化创新驱动，加大政策扶持，健全产业链条，补齐要素短板，长期培育和支持脱贫地区特色产业，拓展产业增值增效空间，创造更多就业增收机会，促进内生可持续发展，为实现巩固拓展脱贫攻坚成果同乡村振兴有效衔接提供有力支撑。2021 年中央财政安排衔接推进乡村振兴补助资金 1 561 亿元，50% 以上用于支持产业。全年新增发放小额信贷 335 亿元，支持 79 万脱贫户发展产业。

四是切实促进贫困人口就业。就业是最大的民生，是贫困人口摆脱贫困最直接、最有效、最可持续的办法。2021 年 5 月 4 日，人力资源和社会保障部等五部门联合印发《关于切实加强就业帮扶巩固拓展脱贫攻坚成果助力乡村振兴的指导意见》，要求通过稳定外出就业、支持就近就地就业等手段，帮助有就业意愿的未就业人员实现就业，帮助已就业人员稳定就业，保持脱贫人口就业规模总体稳定。目前，脱贫人口外出务工 3 103 万人，完成年度目标任务的 103%。

2. 着力推进工作机制有效衔接

中共中央办公厅、国务院办公厅印发了一系列政策文件，着力推进脱贫攻坚同乡村振兴工作机制方面的有效衔接。目前，已在五方面取得了明显成效。

第一，坚持和完善东西部协作。2021 年 3 月 30 日，中共中央办公厅、国务院办公厅印发《关于坚持和完善东西部协作机制的意见》，明确东西部协作对于全面推进乡村振兴和巩固脱贫攻坚成果具有重要意义，必须长期坚持。同时，根据实际情况，对脱贫攻坚期内的结对帮扶关系进行调整。一是东部地区省际结对关系保持总体稳定，城市帮扶在省际结对帮扶框架下统筹安排。二是在河北省、吉林省、湖北省、湖南省以省内结对帮扶为主，不再实施省际结对帮扶。三是部分东部省帮扶能力较强，在“一对一”基础上承担更多帮扶任务。调整后的结对关系，东部 8 个省市对西部 10 个省（区、市）。目前相关省（区、市）均已调整到位，人员完成轮换，工作顺利交接。上半年已投入帮扶资金 201 亿元，提前完成全年任务。东西部对口帮扶关系如表 1 所示。

表 1　东西部对口帮扶关系

东部（8 个）	西部（10 个）
北京市	内蒙古自治区
天津市	甘肃省（不含定西市、陇南市、临夏州）
上海市	云南省
江苏省	陕西省 / 青海省
浙江省	四川省
福建省	宁夏回族自治区
山东省	重庆市 / 甘肃省定西市、陇南市、临夏州
广东省	广西壮族自治区 / 贵州省

第二，坚持做好机关定点帮扶。2021 年 3 月 30 日，中共中央办公厅、国务院办公厅印发《关于坚持做好中央单位定点帮扶工作的意见》，明确了目前帮扶关系要保持 2 年。继续做好中央单位定点帮扶有六项主要任务：一是开展调查研究，共谋发展良策。通过开

展经常性调查研究，分析定点帮扶县发展现状，贯彻新发展理念，理清发展思路，明确发展方向，发现新情况新问题，并帮助改进工作。二是督促政策落实，加强工作指导。及时指导定点帮扶县把工作重心从脱贫攻坚转向全面推进乡村振兴和巩固拓展脱贫攻坚成果。三是发挥单位优势，创新帮扶方式。立足定点帮扶县实际，开展针对性帮扶。四是激发内生动力，培育文明新风。坚持群众地位，坚持扶志扶智，推动乡风文明建设等。五是加强基层党建，完善乡村治理。强调定点帮扶县要通过加强党的建设促进乡村振兴，借鉴脱贫攻坚成功经验做法，指导帮助建立健全党组织领导的自治、法治、德治相结合的乡村治理体系，推动乡村治理体系和治理能力现代化。六是选派挂职干部，加强管理使用。持续向定点帮扶县选派挂职帮扶干部和驻村第一书记。中央单位也要加强对挂职帮扶干部的管理和支持。目前，各单位已经完成干部轮换，各项工作有序展开。

第三，确定国家乡村振兴重点帮扶县。脱贫攻坚战结束后，我国已经消除了绝对贫困和区域性整体贫困，但原深度贫困县由于自然条件、历史因素以及自身发展能力较弱的原因，仍是全国区域发展中的突出短板。在巩固脱贫攻坚成果和全面推进乡村振兴中，由于部分原深度贫困县人口规模大、占比高，需要在“十四五”时期确定一批国家乡村振兴重点帮扶县，集中支持做好巩固拓展脱贫攻坚成果同乡村振兴有效衔接工作，让脱贫基础更加稳固、成效更可持续。2021 年 3 月 30 日，中共中央办公厅、国务院办公厅印发《关于确定国家乡村振兴重点帮扶县的意见》，明确了设立国家乡村振兴重点帮扶县的意义、工作原则和工作要求，文件对于工作要求部分明确了四方面内容。一是程序要求，相关省要充分借鉴确定深度贫困县的经验做法，尊重历史情况。二是加强监测评估，相关省要按照统一部署，加强跟踪监测，定期开展评估。三是持续帮扶支持，将未确定为国家乡村振兴重点帮扶县的脱贫摘帽县，继续作为全面推进乡村振兴和巩固拓展脱贫攻坚成果的支持重点，在过渡期内保持帮扶政策总体稳定，严格落实“四个不摘”要求，保持现有帮扶政策、资金支持、帮扶力量总体稳定。四是切实转变作风，力戒形式主义、官僚主义并注重测算方法的科学性。此后，在西部10个省区市确定了160个重点帮扶县，如表2所示。

表2 国家乡村振兴重点帮扶县名单（160个）

省份	数量	国家乡村振兴重点帮扶县名单
内蒙古	10	巴林左旗、库伦旗、鄂伦春自治旗、化德县、商都县、四子王旗、科尔沁右翼前旗、科尔沁右翼中旗、扎赉特旗、正镶白旗
广西	20	马山县、融水苗族自治县、三江侗族自治县、德保县、那坡县、凌云县、乐业县、田林县、隆林各族自治县、靖西市、昭平县、凤山县、东兰县、罗城仫佬族自治县、环江毛南族自治县、巴马瑶族自治县、都安瑶族自治县、大化瑶族自治县、忻城县、天等县
重庆	4	城口县、巫溪县、酉阳土家族苗族自治县、彭水苗族土家族自治县
四川	25	金川县、黑水县、壤塘县、阿坝县、若尔盖县、红原县、道孚县、炉霍县、甘孜县、新龙县、德格县、白玉县、石渠县、色达县、理塘县、盐源县、普格县、布拖县、金阳县、昭觉县、喜德县、越西县、甘洛县、美姑县、雷波县
贵州	20	水城区、正安县、务川仡佬族苗族自治县、关岭布依族苗族自治县、紫云苗族布依族自治县、织金县、纳雍县、威宁彝族回族苗族自治县、赫章县、沿河土家族自治县、松桃苗族自治县、晴隆县、望谟县、册亨县、锦屏县、剑河县、榕江县、从江县、罗甸县、三都水族自治县
云南	27	东川区、会泽县、宣威市、昭阳区、鲁甸县、巧家县、盐津县、大关县、永善县、镇雄县、彝良县、宁蒗彝族自治县、澜沧拉祜族自治县、武定县、元阳县、红河县、金平苗族瑶族傣族自治县、绿春县、马关县、广南县、泸水市、福贡县、贡山独龙族怒族自治县、兰坪白族普米族自治县、香格里拉市、德钦县、维西傈僳族自治县

续表

省份	数量	国家乡村振兴重点帮扶县名单
陕西	11	略阳县、镇巴县、汉滨区、紫阳县、岚皋县、白河县、丹凤县、商南县、山阳县、镇安县、柞水县
甘肃	23	靖远县、会宁县、麦积区、秦安县、张家川回族自治县、古浪县、庄浪县、静宁县、环县、镇原县、通渭县、渭源县、岷县、武都区、文县、宕昌县、西和县、礼县、永靖县、东乡族自治县、积石山保安族东乡族撒拉族自治县、临潭县、舟曲县
青海	15	同仁市、尖扎县、泽库县、共和县、玛沁县、班玛县、甘德县、达日县、玛多县、玉树市、杂多县、称多县、治多县、囊谦县、曲麻莱县
宁夏	5	红寺堡区、同心县、原州区、西吉县、海原县

第四，坚持和完善向重点乡村选派第一书记和工作队制度。围绕党在农村的中心任务和重点工作选派工作队，是我们政治制度的特点，也是我们的光荣传统。第一书记和驻村工作队在打赢脱贫攻坚战中发挥了重要作用。2021 年 5 月，中共中央办公厅印发《关于向重点乡村持续选派驻村第一书记和工作队的意见》，要求以习近平新时代中国特色社会主义思想为指导，深入贯彻党的十九大和十九届二中、三中、四中、五中全会精神，适应“三农”工作新形势新任务新要求，健全常态化驻村工作机制，为全面推进乡村振兴、巩固拓展脱贫攻坚成果提供坚强组织保证和干部人才支持。选派的范围包括脱贫村、易地扶贫搬迁安置村（社区），继续选派第一书记和工作队，将乡村振兴重点帮扶县的脱贫村作为重点，加大选派力度。对党组织软弱涣散村，按照常态化、长效化整顿建设要求，继续全覆盖选派第一书记。对其他类型村，各地可根据实际需要做出选派安排。文件明确了第一书记和工作队的四方面职责：一要建强村党组织，二要推进强村富民，三要提升治理水平，四要为

民办事服务。对于第一书记工作任务的部署，一方面要求第一书记和工作队开展工作应从各村实际出发，合理规划工作。另一方面，要求找准职责定位，与村“两委”共同做好各项工作，同时注意调动村“两委”的积极性、主动性、创造性，做到帮办不代替、到位不越位。文件还明确了选派人员的标准、程序、管理和保障政策。目前，各地已完成第一书记和工作队的轮换工作。

第五，财政、金融、土地等政策和社会帮扶转向支持乡村振兴。2021 年 7 月，农业农村部等 12 个部门和单位联合印发《关于支持国家乡村振兴重点帮扶县的实施意见》，从财政、投资、金融、土地、教育、卫生、住房、交通、就业等方面加大对乡村振兴重点县的支持力度。以“万企兴万村”行动为代表，全国民营企业积极参与乡村振兴，为打赢脱贫攻坚战做出了重要贡献，为全面推进乡村振兴奠定了基础。2021 年 8 月，全国工商业联合会等六部门联合发布《关于开展“万企兴万村”行动的实施意见》，文件要求在继续保持原“万企帮万村”精准扶贫行动的结对帮扶关系总体稳定的前提下，支持服务“万企兴万村”产业帮扶项目，探索促进村庄发展的长效机制。开展“回报家乡”专项行动。教育引导民营企业发展回报家乡，促进乡村产业振兴。促进乡村生态振兴、文化振兴、人才振兴、组织振兴。组织引导民营企业通过投资兴业、包村包项目、捐资捐物等形式，积极参与乡村建设行动。

3. 着力完善乡村振兴责任体系

一是强化“中央统筹、省负总责、市县乡抓落实”的工作体制。《中共中央　国务院关于全面推进乡村振兴加快农业农村现代化的意见》明确要求，要加强党对“三农”工作的全面领导，强化五级书记抓乡村振兴的工作机制。将脱贫攻坚工作中形成的组织推动、要素保障、政策支持、协作帮扶、考核督导等工作机制，根据实际需要运用到推进乡村振兴工作中，建立健全上下贯通、精准施策、一抓到底的乡村振兴工作体系。目前，各省区市均建立了主要领导牵头的乡村振兴领导小组，加强领导力量。

二是提升乡村振兴法治化水平。2021 年 4 月 29 日，第十三届全国人民代表大会常务委员会第二十八次会议通过《中华人民共和国乡村振兴促进法》自 2021 年 6 月 1 日起正式实施。全文包括产业发展、人才支撑、文化繁荣、生态保护、组织建设、城乡融合等内容，是我国首个关于推动“农业发展、农村振兴、农民致富”的法律规范，是我国首部直接以“乡村振兴”命名的法律，标志着乡村振兴战略迈向有法可依、依法实施的新阶段。此次立法的着力点是把党中央关于乡村振兴的重大决策部署，包括乡村振兴的任务、目标、要求和原则等转化为法律规范，以推动乡村振兴战略部署得到有效落实。

三是脱贫攻坚工作机构重组为乡村振兴工作机构。2021 年 2 月 25 日，全国脱贫攻坚总结表彰大会宣告了我国脱贫攻坚战取得了全面胜利，这标志着在现行标准之下，9 899 万农村贫困人口全部脱贫。同一天，国务院扶贫办正式更名为国家乡村振兴局，此后，各级乡村振兴局也在原扶贫开发机构基础上完成了更名重组。机构更迭背后，体现的是我国“三农”工作重心的历史性转移，在脱贫攻坚取得胜利后，我国正站在全面推进乡村振兴的奋斗新起点上。

（三）工作中存在的困难和问题

2020 年中央农村工作会议以来，党中央关于实现巩固拓展脱贫攻坚成果同乡村振兴有效衔接的决策部署得到较好落实，基本制度和主要政策完成了顶层设计，相关工作也在稳步推进。现在关键问题是要准确理解、全面落实，尽快取得实效。在这方面，还存在一些困难和问题。

1. 在思想认识上和中央要求还有一定距离

我们消除了绝对贫困，全面建成了小康社会，开启了全面建设社会主义现代化国家的新征程，党在农村工作重心也转向了乡村振兴。但是部分地方和部门的政治准备、思想准备和工作准备明显不足。一是思想认识不到位。许多地方特别是原深度贫困地区，习惯于脱贫攻坚已经形成的基本思路和工作路径，有些甚至认为脱贫县目前的主要任务是巩固发展脱贫攻坚成果，还不具备推进乡村振兴的条件，对各族群众在乡村振兴中的主体地位认识不深、激发内生动力不够，一定程度上存在“等、靠、要”思想。二是工作前瞻性总体性不够。一些脱贫县在制定“十四五”规划时，没有充分考虑统筹城乡发展、促进共同富裕的发展趋势，对乡村振兴长期目标和短期任务、全县发展和镇村发展、产业发展和农民增收缺乏通盘考虑和务实举措。三是进取意识不强。由于对高质量发展内涵理解不到位，工作中满足于一般化、粗放式完成任务，注重追求形式上达标，“精装修”用力不够。

2. 政策措施、工作力度和乡村振兴的需求还有一定距离

党中央明确，脱贫县自摘帽之日起，设立五年过渡期，保持主要帮扶政策总体稳定。目前在实际工作中，出现了支持和工作力度减弱的问题，一般性号召多、原则性要求多、刚性手段不够。一是投入有所减少。中央层面财政加大了投入力度，但是省以下各级财政投入有所减少，大部分脱贫县的支持力度实际在减少，整合资金的力度也明显下降。扶贫小额信贷新增迟缓，有些脱贫县甚至出现“零增长”。二是基层工作作风有所松懈。随着脱贫攻坚任务的完成，个别脱贫县干部出现松一口气的现象。2021 年是干部调整年份，扶贫工作机构转型和县乡换届、驻村干部、帮扶队伍轮换同时进行，存在部分地方工作跟不上、接不住的情况。三是部门之间缺少沟通协调。脱贫攻坚期内建立的部门协同机制缺少了整合平台，许多地方的相关部门回到单打独斗的状态，缺少信息沟通交流和工作配合，而乡村振兴涉及“三农”的方方面面，迫切需要统筹推进。

3. 巩固拓展脱贫攻坚成果还需花费更多力气

一是“两不愁三保障”存在反弹风险。脱贫攻坚期内，为实现“两不愁三保障”目标，各级党委政府动员了大量人力物力，稍微松懈就有可能反弹。在基本医疗保障方面，随着政策调整，没有纳入返贫监测帮扶范围的近 9 000 万脱贫人口不再享受参保补助政策，一些地方的参保比例下降，为因病致贫埋下伏笔。在控辍保学方面，边远民族地区如果不能保持现在的工作力度，有可能出现反复。住房安全和饮水安全都是动态的，自然灾害等因素很容易导致安全隐患。二是易地扶贫搬迁后续扶持任务艰巨。易地扶贫搬迁本质上是对贫困人口生计空间的再造，包含自然、生态、经济、政治、社会等多个层面。易地扶贫搬迁后续支持能否产生实效，很大程度上取决于搬迁新社区治理机制的构建。目前集中安置点的问题表现在基层组织建设、户籍管理、产业就业等方面。一些安置点已经入住 3 年以上，还是临时管理委员会在管理。搬迁群众享受的土地承包、退耕还林、地力补贴等权利均以户籍为基础，很多群众已经办了房产证，但不愿将户籍转到城镇，不仅自己办事两头跑，而且新的居住地无法建立社区组织。有些人因为就业岗位不足，偷偷返回原址建房、建羊圈猪圈，村干部对他们心存同情。三是脱贫人口收入难以增加。各地不同程度存在公益岗位减少的情况，直接影响脱贫户收入。扶贫小额信贷增幅下降，在许多县没有新增，也会影响家庭经营性收入。公司+农户的入股分红方式，大多是2020年底到期的，有多少需继续签约，底数也不是太清楚。总之，脱贫攻坚期内一些超常规措施的退出，有可能直接影响脱贫户收入。

（四）下一步工作对策

在庆祝中国共产党成立100周年大会上，习近平总书记代表党和人民庄严宣告，经过全党全国人民的持续奋斗，我们实现了第一个百年奋斗目标，在中华大地上全面建成了小康社会，历史性地解决了绝对贫困问题，正在向着全面建成社会主义现代化强国的第二个百年奋斗目标迈进。在这个新阶段，全体人民的共同富裕被放在更加突出的位置。2021年8月，习近平总书记在中央财经委员会第十次会议上强调，促进共同富裕，最艰巨最繁重的任务仍然在农村，明确要求促进农民农村共同富裕。要巩固拓展脱贫攻坚成果，对易返贫致贫人口要加强监测、及早干预，对脱贫县要扶上马送一程，确保不发生规模性返贫和新的致贫。要全面推进乡村振兴，加快农业产业化，盘活农村资产，增加农民财产性收入，使更多农村居民勤劳致富。要加强农村基础设施和公共服务体系建设，改善农村人居环境。习近平总书记的重要讲话，为进一步做好巩固拓展脱贫攻坚成果同乡村振兴有效衔接指明了方向。

1. 提高思想认识，深刻领会乡村振兴的深度广度难度不亚于脱贫攻坚

新时代脱贫攻坚目标任务已如期完成，并在实践中积累了丰富而宝贵的经验。将这些经验用于乡村振兴，不能是简单的照搬，因为二者既是工作递进，又有很大不同。

一是工作任务的转变，将脱贫攻坚时期精准到人到户，转向既

不断提高脱贫群众的收入和生活水平，又努力满足教育、就业、医疗等多方面且较高层次的需求，促进经济社会全面发展。

二是工作方式的转变，必须坚持党的集中统一领导，政府、市场、社会和个体等多元主体协同发力，共同行动，汇聚乡村振兴发展合力。

三是发展动力的转变，脱贫攻坚时期贫困地区囿于自身发展动力的限制，主要依靠外部各方力量的帮扶以达到脱贫状态，而乡村振兴的开展必须形成自身发展动能，自力更生，实现自我造血功能。

四是动力机制的转变，将脱贫地区的发展机制由依附行政力量推动转变为凭借法治化保障推进，科学化、规则化、规范化、类属化乡村振兴的前进路径。

五是工作观念的转变，乡村振兴是一项全局性、系统性的长期工作，须以协同发展的思维统筹全局，以坚定信念和持久毅力保证工作的连续性，推动乡村振兴，做到全局和局部相配套、治本和治标相结合。

因此，各级党政领导要充分认识工作转型的艰巨性、复杂性，继续把“三农”工作作为全党工作重中之重，继续发挥党的领导和社会主义制度的政治优势，以更有力的举措全面推进乡村振兴。一是认真学习领会习近平总书记关于“三农”工作的重要论述，把新发展理念完整、准确、全面贯彻到各项工作中。目前还要熟悉和掌握中央关于脱贫攻坚与乡村振兴有效衔接文件的精神，领会新出台政策的实质精神，调查研究，思考问题，落实政策，做好规划，确保工作走在正确的方向上。二是强化五级书记抓乡村振兴责任要求和工作机制。脱贫攻坚战建立的“中央统筹、省负总责、市县乡抓落实”的农村工作领导体制，是取得最后胜利的保障，必须运用到推进乡村振兴上，建立健全上下贯通、一抓到底的工作体系，确保各项任务落到实处。三是保持良好的精神状态。发扬“上下同心、尽锐出战、精准务实、开拓创新、攻坚克难、不负人民”的脱贫攻坚精神，克服疲劳厌战、松劲懈怠情绪，始终保持昂扬的斗志。

2. 明确工作思路，全面理清脱贫地区乡村振兴推进路径

要从中国区域发展不平衡的基本国情出发，东部和城市群区域、中西部地区和脱贫地区的乡村振兴方式应该因地制宜、有所差异。

一是东部加快推进城乡融合发展，为全国探索道路。东部地区城市带动能力强，农村发展水平较高，可以考虑以产业融合创新为纽带，提高城市群及区域性中心城市对乡村地区辐射带动力。以都市圈发展思路协调推进城镇化和农业现代化进程，合理定位周边农业发展特色，发展都市型农业，满足城市多样化需求，推动农业生产经营与城市其他产业互相渗透。培育农业新兴产业，以休闲农业、乡村旅游、农村电商等新产业、新业态为引领，助推农业产业全面发展，筑牢城乡融合的产业基础。拓展农业农村服务功能和增收渠道，发挥生活供给、美化环境、调节经济、创造就业、稳定社会、观光旅游等多种功能。

二是中西部地区发挥县域作用，迅速实现突破。在中西部地区，要把县域作为城乡融合发展的重要切入点，推进空间布局、产业发展、基础设施等县域统筹，把城乡关系摆布好处理好，一体设计、一并推进。要强化基础设施和公共事业县乡村统筹，加快形成县乡村功能衔接互补的建管格局，推动公共资源在县域内实现优化配置。统筹县域产业、基础设施、公共服务、基本农田、生态保护、城镇开发、村落分布等空间布局，强化县城综合服务能力，把乡镇建设成为服务农民的区域中心，实现县乡村功能衔接互补。壮大县域经济，承接适宜产业转移，培育支柱产业。加快小城镇发展，完善基础设施和公共服务，发挥小城镇连接城市、服务乡村作用。推进以县城为重要载体的城镇化建设，有条件的地区按照小城市标准建设县城。积极推进扩权强镇，规划建设一批重点镇。开展乡村全域土地综合整治试点。推动在县域就业的农民工就地市民化，增加适应进城农民刚性需求的住房供给。鼓励地方建设返乡入乡创业园和孵化实训基地。以县域为平台，积极谋划“十四五”数字乡村发展。夯实发展基础，加快建设乡村新一代信息基础设施。释放数字红利，培育壮大农业农村发展新动能。创新治理模式，提升乡村治理能力现代化水平。推动融合发展，统筹发展数字乡村与智慧城市。条件成熟的地方积极发展特色小镇，鼓励在城市郊区一小时生活圈的范围内引导城市的企业、学校、医院、科研单位到周边地区去，跟小镇上的资源结合起来，制定一个规划，把上下游的产业链都集中到这里来。

三是加大对国家乡村振兴重点帮扶县的支持力度，巩固脱贫成果。脱贫攻坚任务全面完成后，国家在西部10省区市认定了160个乡村振兴重点帮扶县。各方面都要加强对重点帮扶县的支持保障，中央有关部门要落实支持政策，东西部协作要加大倾斜力度。西部各省份党委和政府要切实担负起总体责任，用乡村振兴统揽各项支持工作，全面巩固拓展脱贫攻坚成果，尽快补齐区域性发展短板。把巩固拓展脱贫攻坚成果作为首要任务，大力促进脱贫人口持续增收，坚决守住不发生规模性返贫的底线。以更加集中的支持、更加有效的举措、更加有力的工作，加快国家乡村振兴重点帮扶县发展，让脱贫基础更加稳固、成效更可持续，确保在全面推进乡村振兴的新征程中不掉队，为加快实现农业农村现代化奠定坚实基础。

3. 做好有效衔接，坚决守牢不发生规模性返贫底线

脱贫地区的发展基础仍处于相对薄弱状态，依然存在返贫的可能性。做好脱贫攻坚与乡村振兴的有效衔接，有利于坚决守住不发生规模性返贫的底线，为推动脱贫攻坚成果转化，促进乡村振兴提供坚实的基础保障。

一是在建档立卡户数据平台基础上，建立防止返贫监测数据信息系统，用好防止返贫监测帮扶机制，加强民政、教育、医疗和金融等部门的信息沟通、政策共享、对话会商和分析研判，确保不出现政策真空，不出现返贫掉队。

二是对易地搬迁的脱贫家庭，扎实做好搬入新建居住区后的帮扶工作，分类有效解决搬迁户劳动力的稳定就业和职业发展，逐渐改善安置区村社的生活条件和居住环境，有条件的地区鼓励易地搬迁后集中建设安置社区，实现搬迁人口的就地城镇化和产业化发展。

三是依据乡村所属区域的资源条件和发展规划，加大加强对区域内特色产业发展的支持力度，辅以科技创新、数字化引介和组织化经营等，克服脱贫乡村地区存在产业“小、散、弱”的缺陷，推进乡村振兴进程中的产业升级，提升脱贫地区产业数字化水平，借助便捷的物流服务和线上产品推销平台深化消费帮扶。

四是对脱贫地区的“三保障”情况持续进行动态摸排，从根基上做好脱贫家庭在义务教育、基本医疗和住房安全方面的保障工作，发现问题及时解决，坚决做到不出现因教育、医疗和住房等保障不足而返贫的情况。

4. 推进乡村建设，使农村逐步具备基本现代生活条件

这是统筹城乡发展、促进共同富裕的重要举措。乡村建设要坚持数量服从质量、进度服从实效，求好不求快。乡村建设为农民而建，依靠农民而建，必须坚持农民主体地位，政府做服务不包办、给支持不越位，建立自下而上、村民自治、农民参与的乡村建设实施机制。加快编制县域村庄布局和村庄建设规划，合理确定村庄布局分类，不搞大拆大建，避免无效投入。注重保护传统村落民居，留住乡愁。继续把公共基础设施建设重点放在农村，全面改善农村水电路气房、防汛抗旱等条件，让广大农民群众在乡村建设中有实实在在的获得感。乡村建设要持续推进城乡基本公共服务均等化，推动教育、医疗、文化、养老等公共资源在县域内优化配置，分级分层解决不同问题。乡村建设的过程，是组织农民、引导农民的过程，也是加强和改进乡村治理的过程，通过不断健全基层党组织领导的自治、法治、德治相结合的治理体系，打造善治乡村。

5. 强化干部队伍建设，切实提升基层治理能力和乡村振兴合力

推动乡村振兴，实现共同富裕是一项全局性的长期工作，人才队伍的建设和发展必须重视组织化，以合宜的组织形式将基层领导干部、工作人员、农民群众、社会参与力量进行结构化有机组合，既要避免单一力量主体陷入难以开局、进退维谷的困境，又要增强乡村振兴的合力，追求“1+1>2”的效果。

一是加强基层组织建设，以党建为引领，带动乡村振兴中经济、社会、文化、生态环境等主体结构、主导项目和主要力量的组织化构建，以组织带个体，以结构推全局，形成县域乡村振兴的协同发展格局。

二是开展政策技能培训，协助领导和参与乡村振兴工作的各级干部特别是基层一线同志提高政治认知层次、国家决策文件精神领悟水平，政策执行要点把握精度。通过政策宣教对乡村振兴中的社会参与力量进行规范和引导，指导其有序介入乡村经济社会发展之中。

三是积极调动乡村振兴中农民群众的主体力量，以政策和帮扶等不同的形式激发出群众的主动开拓意识，发挥出群众的主体作用，扭转并克服“等、靠、要”思想，增强其自我发展能力，使其成长为乡村振兴工作的主力担当。

6. 适时组织开展巩固拓展脱贫攻坚成果后评估

习近平总书记在全国脱贫攻坚总结表彰大会上指出：“党中央决定，适时组织开展巩固脱贫成果后评估工作，压紧压实各级党委和政府巩固脱贫攻坚成果责任，坚决守住不发生规模性返贫的底线。”针对不少地方重视程度不够、政策把握不准、工作方法不当等问题，建议“十四五”期间，中央层面每年开展一次巩固拓展脱贫攻坚成果后评估。评估范围为中西部22个在2015年向中央签署脱贫攻坚责任书的省份。评估的主要依据是《中共中央　国务院关于实现巩固拓展脱贫攻坚成果同乡村振兴有效衔接的意见》，评估重点突出责任落实、政策落实、工作落实，评估内容集中在“两不愁三保障”巩固情况、脱贫人口收入增长情况、易地扶贫搬迁后续扶持情况，评估的量化指标主要是返贫率。评估工作坚持实事求是、客观公正、结果导向、精简务实，坚决克服形式主义、官僚主义，防止重复填表报数增加基层负担，防止层层演习造成重复劳动。评估工作以委托第三方机构实施为主，确保评估过程公开透明，结果真实可信。

三、实施“大学生社工计划”促进社区工作者专业化专职化

受经济下行压力和新冠肺炎疫情叠加影响，2020年以来，全国高校应届毕业生就业形势更加严峻。在这种形势下，在全国城乡社区实施“大学生社工计划”，化“高校毕业生就业困难”之危为“加强社区工作者队伍建设”之机，意义重大。

（一）实施“大学生社工计划”有重要现实意义，将有效缓解高校毕业生就业难

2020年全国应届高校毕业生874万人[①]，创历史新高，而又恰遇多年来就业形势比较严峻的年份。行政事业单位机构改革，经济下行压力，加上新冠肺炎疫情的冲击，使我国当前就业市场严重萎缩，高校毕业生向往的公务员、企事业单位用人收紧。而有一个广阔的就业市场应当引起重视，那就是城乡社区居委会。据民政部有关部门负责人介绍，全国有65万个城乡社区、400万名城乡社区工作者。这样计算的话，现在平均每个社区才有6名工作者。从具体实际看，每个社区应当拥有至少10名工作者，才能满足基本工作需求（北京市规定每个社区编制一般13人以上，目前平均8人）。从而不难看出，全国社区力量严重不足。如果按平均每个社区10

① 2020届高校毕业生达874万人 再创历史新高.（2020-05-12）. http://www.xinhuanet.com/politics/2020-05/12/c_1125974840.htm.

个工作者计算，缺口也有250万人。这是一个广阔的就业市场，大学毕业生在这里大有用武之地。如果平均每个社区吸纳两个高校毕业生，就能解决130万人就业，可有效缓解当前高校毕业生就业难的问题。因此，实施“大学生社工计划”切实可行。

（二）实施“大学生社工计划”有重要长远意义，将有力推进城乡社区治理现代化

社会治理现代化的根基是城乡社区治理现代化。推进社区治理体系和治理能力现代化，是基础性、长远性、根本性工程。党的十八大以来，党中央高度重视基层社区工作，习近平总书记多次做出重要指示，仅在全国“两会”上，自2014年以来他每年都强调这个问题。全国社区建设和社区工作者队伍建设成效明显。抗击新冠肺炎疫情取得阶段性重要成果，在党的领导下，主要是两个战场、两支队伍发挥了关键作用，一个是医疗战场的医护工作者科学救治，另一个就是社区战场的社区工作者和志愿者群防群治。这充分体现了中国特色社会主义社区建设的突出成就和社区治理制度体系的显著优势；与此同时，我们也应当清醒地认识到，社区建设还存在许多短板和弱项，发展不平衡、不充分的问题还比较突出，一些城市社区工作者不仅力量严重不足，而且素质不高、能力不强的问题尤为明显。仅从取得全国社会工作者职业水平证书人员情况看（见表1），全国各地社工专业化、职业化程度差距就很大，更不用说一些持证人员还不在社区工作者岗位上。今后在全国社区持续实施“大学生社工计划”，将使全国社区工作者力量显著增强、队伍素质发生质的飞跃，将有利于加快推进社区治理现代化。

表 1 各省（区、市）取得全国社会工作者职业水平证书人员情况统计表
（截至 2019 年底）

排序	省（区、市）	总量（人）
1	广东	95 218
2	江苏	65 894
3	浙江	65 244
4	北京	36 336
5	山东	28 283
6	上海	26 189
7	四川	22 373
8	辽宁	18 728
9	福建	17 072
10	湖北	16 459
11	陕西	16 282
12	安徽	13 106
13	湖南	12 341
14	重庆	11 331
15	吉林	10 832
16	天津	10 752
17	河南	9 778
18	黑龙江	8 189
19	河北	8 073
20	山西	6 413
21	内蒙古	5 402
22	广西	5 400
23	云南	5 152
24	江西	5 147

续表

排序	省（区、市）	总量（人）
25	甘肃	3 661
26	新疆	2 871
27	贵州	2 533
28	宁夏	2 153
29	海南	893
30	新疆生产建设兵团	744
31	青海	685
32	西藏	60
总计		533 594

（三）实施“大学生社工计划”北京已有成功先例，经验值得总结推广

2007 年北京市委社会工委、北京市社会办成立时，北京市社区工作者队伍也面临人员少、年龄大、文化水平低、工作不适应等问题。当时，市委市政府出台的加强社会建设“1+4”文件，就明确提出了加强社区工作者专业化、职业化建设的目标任务。2009 年全国高校毕业生也同样面临就业难的问题。北京市抓住机遇，及时提出并实施“大学生社工计划”。2009 与 2010 两年时间，北京市面向首都高校统一招聘了 5 000 名应届本科生、研究生，分配到当时全市的 2 512 个城市社区居委会工作，平均每个社区两名。此举得到党中央、国务院的充分肯定。特别是时任中央政治局常委、国家副主席习近平同志，2009 年 3 月在《中国教育报》有关报道上做出重要批示，明确指出：北京市实施“大学生社工计划”，是

化危为机之举，与实施大学生村官计划有异曲同工之妙。习近平同志的重要批示给了我们巨大鼓舞。

（四）实施“大学生社工计划”不是权宜之计，要当作长远的系统工程抓，要能进得来、用得上、留得住、流得动

北京市近些年来采取了一系列具体措施：一是形成长效机制，确保“进得来”。继2009年、2010年面向首都高校招聘5 000名应届毕业生后，由各区县根据需求，每年面向全市招聘具有大专以上学历的人员到社区工作，确保“大学生社工”持续不断“进得来”。目前，全市3 213个城乡社区有5.8万名社区工作者，具有大专以上学历的达到90%以上，平均年龄在40岁以下。二是加强教育培训，确保“用得上”。持续实施“万名社工培训计划”，全市每年轮训万名以上社区工作者，不仅学习党的路线方针政策、社工专业知识，还请老社区工作者讲传统、讲技能，使“大学生社工”尽快进入工作状态、保持良好精神状态，能够“用得上”。三是不断提高待遇，确保“留得住”。从2008年到2018年，全市社区工作者先后五次调整工资待遇，工资涨了10倍，由原来的每月人均800多元，提高到8 000多元，达到了全市职工平均工资水平，使社区工作者成为令人羡慕的职业，让大学生社工“留得住”。四是创新体制机制，能够“流得动”。为贯彻党的十八届三中全会精神，北京市委、市政府2015年出台了《关于深化社会治理体制改革的意见》，2016年印发实施“十三五”时期社会治理规划，明确提出打破“天花板”，按照有关程序，优秀社区书记可以直接选聘到机关事业单位。2019年全市首批40位优秀社区书记走进公务员队伍，

彻底打破了社区与机关、事业单位的人事关系壁垒，使社区工作者不仅“留得住”，也能“流得动”，使社区不仅成为社区工作者干事创业的平台，也成为培养锻炼干部的渠道。经过十来年的努力，北京市一支专业化、职业化的社区工作者队伍已经形成，许多“大学生社工”已成长为社区党委、社区居委会、社区服务站领导班子成员，有的已成长为全国和市、区党代表、人大代表。北京社区工作者在社会建设和城市治理中发挥了重要基础作用，在防控新冠肺炎疫情中发挥了主要骨干作用。这与北京市当年“化危为机”，并持续实施“大学生社工计划”是密不可分的。

全国各地应当认真借鉴北京经验，大力实施“大学生社工计划”，努力“化危为机”，有效缓解高校毕业生就业困难，有力推动社区工作者队伍建设。

四、以基层社会治理创新破解小区物业工作难题

党的十九届四中全会明确指出，要构建基层社会治理新格局，加快推进市域社会治理现代化。突如其来的新冠肺炎疫情，使社区成为防控的“主战场”，充分凸显了基层社会治理的重要性。与此同时，在疫情防控的过程中，也进一步暴露出了基层社会治理的一些弱项和短板。其中，较为突出的就是城市住宅小区物业服务管理问题，但对这个问题不能简单处理。城市住宅小区物业服务管理，事关城市居民生活幸福安康宜居，是长远的复杂的系统工程，亟待通过基层社会治理创新来破解。

（一）城市住宅小区物业工作长期存在的普遍性问题亟待研究解决

1. 物业企业小散乱低

《2018 中国物业管理行业年鉴》显示，全国共有物业管理企业 11.8 万余家，从业人员 904.7 万人，管理面积约 246.65 亿平方米。除广东、浙江、江苏、山东四省管理面积遥遥领先外，大部分省市差距很大。全国物业企业规模和服务管理集中度总体还处于较低水平。物业公司普遍占有较小市场份额，经营管理水平参差不齐，发展后劲不足。物业企业因实力不等、隶属关系不同，服务内容、标

准、价格缺乏统一管理标准和行业规范，普遍存在商品房小区服务履约不到位、房改房小区服务标准不规范、保障房小区服务标准低等问题。不少小区陷入了服务质量跟不上、物业费调价难、业主缴费意愿低的恶性循环。

2. 职能定位不清晰

物业企业作为企业具有商业性，作为社区公共服务组织又具有一定的社会公益性，因而，政府、企业、居民站在各自的角度，对物业企业职责定位的认识存在差异，有不同程度的期望值。传统物业企业认为自己的主要职责是管“物”，做好有关硬件的维修、养护、管理等工作；政府则要求物业还要管“事”，要承担社区服务、社会治安等任务；业主更希望物业同时管“人”，有事找物业，提供管家式的服务。职责定位不清晰，利益诉求不一致，特别是物业公司的逐利本性与物业服务的公共产品性质存在矛盾，导致物业公司与业主之间关系难以调和，物业企业参与社区治理缺乏动力。如何推动市场组织有效服务于社区公共利益，是必须研究解决的突出问题。

3. 业主委员会运行难

业主委员会（简称“业委会”）是基于业主物权的群众性自治组织，代表业主共同利益行使物业管理权。首先，业委会的成立需要小区全体业主投票，或根据小区业主大会议事规则约定的程序选举产生，业主参与度低，达不到选举条件是普遍问题。业委会成立不起来，对物业企业的监督就无从谈起。其次，业委会不是独立法人，运转靠业主代表志愿服务，由于组织管理能力不足、投入精力有限、缺少长效运转机制等，不少业委会处于瘫痪、半瘫痪状态。最后，对业委会的监管不力。一些业委会成员借业委会名义谋取个人私利的丑闻屡屡发生，如挪用专项维修资金、侵吞公共经营收入、擅自出租地下室等，直接影响业委会的公信力，损害业主权益，甚至引发治安案件，影响小区的安全稳定。

4. 政府监管不到位

住房行政主管部门和属地政府对物业企业的监管没有形成合力，“看得见的管不了，管得了的看不见”，条块矛盾比较突出。一方面，“放管服”改革取消了行政管理部门对物业企业资质和从业人员资格的管理，旨在推动监管方式由事前向事中、事后转变，但各地进程不一，新的监管手段没有及时跟进，客观上导致管理部门对物业企业监管弱化。另一方面，属地政府虽然掌握物业企业履约服务的情况，但对物业企业的监督处罚权在行业主管部门手中，街道（乡镇）缺少“硬核”管理抓手，也没有明确的政策法规依据和有力的奖惩措施。

5. 党建引领力度弱

党组织在基层社会治理体系中居于领导地位，但党建引领物业公司参与社区共治仍是短板。首先，物业企业中党的组织覆盖面还比较小。缺少党建统领，物业企业自身履行社会责任意识薄弱，与社区治理各主体关系松散，尚未有效融入基层社会治理共同体。其次，由于物业管理和社区治理分属不同政府部门主管，物业企业在社区治理中的地位和作用没有得到党委政府的充分重视。属地党组织在领导构建基层社会治理新格局中，还缺少有效手段将物业企业纳入共建共治共享体系。最后，许多地方党建引领还处于建立党组织覆盖的初级阶段，党的工作融入远远不够，甚至出现形式主义、“两张皮”的现象。

（二）近几年全国各地对推动物业共治进行了有益探索

适应新形势、新变化、新要求，近几年，全国各地结合加强和创新基层社会治理，着力破解物业服务管理难题，采取了一系列新举措，进行了有益探索，使基层社会治理呈现良好发展势头，许多经验做法值得总结和推广。

1. 党建引领，推动物业参与社区共治

各地在破解物业管理难题方面，普遍重视发挥党建引领作用，推动物业企业参与社区治理。北京市工作力度就比较大。2019年初，由市委组织部牵头在全市选取100个小区，开展“党建引领物业服务企业和业主委员会参与社区治理试点工作”。通过在物业和业委会中成立党组织、选派党建指导员，推进社区党组织、居委会、物业公司、业委会的成员交叉任职等方式，逐步扩大党组织和党的工作覆盖面，以党建为抓手探索把物业和业委会纳入社区治理体系的有效路径。另外，以党建引领推进“红色物业”，是各地普遍采用的模式。比如，云南省昆明市就在全市推行了这种模式，其主要做法是，在街道工委的指导下，社区居委会与物业企业党员交叉任职，联合组建党组织，物业企业、业主代表以及社区形成三方联动机制，使物业企业成为社区治理的主体之一，有效参与社区治理。

2. 政府主导，推行失管小区物业托底

全国大中城市普遍存在为数不少的脱管、失管老旧小区，居民生活长期不便。面对这些小区长期失管而专业物业企业又不愿接管的问题，许多地方政府主动作为，采取托底型物业服务管理模式。以北京市朝阳区为例：朝阳区是全市物业管理先进区，管理覆盖面积达 1.4 亿平方米，位居全市各区之首，占全市的 31%，其中失管老旧小区就占全区住宅小区总数的 20%。针对这个问题，政府积极引导区属国企扛起政治责任和社会责任，组建区属国有物业企业——北京朝阳家园物业管理公司。到 2020 年，朝阳家园物业管理公司已经进驻全区 30 个街乡的老旧小区，覆盖受益群众 6 312 户、建筑面积 52 万平方米。公司已为 30 个项目部配备党员经理，指导项目部与所在社区开展党建联建，以党建引领做好社区居民的宣传动员工作。

3. 社区自治，积极开展楼院自治自管

为破解老旧小区引入物业管理难、资金保障难的困境，各地在社区党建引领居民自治方面也进行了积极探索。昆明市官渡区太和街道和平路社区的“楼院自治自管模式”就很有特色。该社区有居民楼院 108 个，其中 80% 没有物业管理，是典型的老旧居民区。楼院建筑参差不齐，居住情况复杂，加之建筑年代久远，给社区治理带来了很多困难。和平路社区创新实践，一是建立了“网片楼户”社区管理模式，把党建、环境卫生、民政、计生、就业、社保、文明创建、综治维稳、文化、民生工程、违建巡查等内容纳入辖区 10 个网片 108 个楼院，搭建起网格化管理机制载体；二是在太和巷探索“红色楼院共同体”自治模式，成立红邻党支部，培育社会组织和乐居街坊荟，组建院落自治委员会，整合公共资源，突破社区治理瓶颈，补齐服务群众短板，激发居民参与楼院治理，引导居民走出“小家”、共建“大家”。

4. 市场参与，合力开展小区综合整治

为了进一步推动老旧小区的综合改造、环境整治和管理提升，北京市朝阳区劲松街道探索引入社会资本参与老旧小区综合整治。

针对老旧小区众多、配套设施不足、生活服务缺失等物业问题，劲松街道工委以劲松北社区为试点，建立由区级职能部门、街道办事处、社区居委会、社会单位、居民组成的“五方联动”工作平台，就综合整治提升与愿景集团进行合作。2018 年，劲松街道与民营企业愿景集团达成 20 年战略合作协议，以市场机制开展劲松北社区老旧小区综合改造、环境整治和管理提升项目。该试点坚持党建引领、政府统筹、企业主体、问需于民，其中企业主体的特征最为突出。愿景集团先期投资 3 000 万元用于社区公园建设、便民服务设施改造和景观提升等，而后深耕社区经营，预期通过闲置空间出租、物业费、停车费、物业补贴和养老、托幼、健康等产业经营逐步实现收支平衡、持续发展。2019 年 8 月，先期试点建设完工，涉及劲松北社区一区、二区的 3 000 余户居民，建筑面积约 20 万平方米，小区环境设施、服务体验大为改善，居民满意度显著提升。

5. 开展试点，推动物业企业向物业社会企业转型

随着社会经济的不断发展、社区居民需求的不断变化，物业企业传统的以“物”管为核心的经营理念，需要向以人为本的服务理念转变。2017 年以来，北京市开展了社会企业建设试点工作，推动物业管理、家政服务组织率先向社会企业转型发展。社会企业是以社会效益最大化为目标，依靠提供产品或服务等商业手段解决社会问题并取得可测量的社会成果的企业组织。社会企业兼顾公益与商业双重目标，与物业服务的本质要求高度契合。2017 年，北京市委社工委开展社会企业试点培育工作，明确将物业企业纳入其中。2019 年，试点企业金鸿新诚（北京）物业管理有限公司先后被认证为“北京市二星级社会企业”（共分一至三星级）和“中国好社企”，是北京乃至全国唯一一家社会企业性质的物业服务企业。

在经营范围上，该公司以承接老旧小区、物业弃管等问题小区物业服务为主要业务，先后在丰台区方庄、朝阳区垡头等街乡多个小区扭转物业服务困局。企业党支部主动融入社区治理，搭建多元主体参与服务平台。企业党员带动业主党员亮明身份服务群众，也调动了普通居民参与共治的热情。按照社会企业性质的要求，该公司章程规定盈利的 30% 不得分配，而要反哺社区，用于设施环境改善和人文环境提升，如开展文体活动、慰问困难群众等。在物业服务项目上，公司各项目点主动问需于民，做到“有事您吩咐”，靠人性化服务赢得居民满意，物业费收缴率达到 95% 以上；同时盘活小区闲置资源，开展增值服务，形成“物业服务 +”的多元化商业模式。公司还通过灵活用工吸纳居民就业、使用物联网智慧安防技术、引入公益机构开展服务等方式降低运营成本，在物业费明显低于周边同类小区的情况下，做到收支平衡略有盈余。试点模式也得到了属地政府、所在社区和广大业主的普遍认可，在朝阳老旧小区更新改造和大兴农村社区进一步推广。

6. 改革创新，“物业城市”模式脱颖而出

针对如何提升城市空间管理、城市资源运行、公共服务效能，引入社会力量解决城市治理难题，珠海市横琴新区探索了“物业城市”治理模式，把城市公共空间与公共资源整体作为一个“大物业”，引进口碑好、专业强的万科物业公司承接政府部分公共管理服务职能，依托大数据进行智慧管控，让城市社会治理有据可依、有的放矢，实现“管理 + 服务 + 运营”的融合统一。物业企业作为珠海横琴新区的“城市大管家”，提供从“地上”到“地下”的全方位服务管理，覆盖横琴全岛市容环卫、市政道路、垃圾分类、立体停车等诸多领域管理服务，真正实现了“刺绣”般的精细化服务管理。“物业城市”治理模式实现了政府和企业在城市管理、服务与运营方面的优势互补，解决了政府服务覆盖难的问题，同时推进传统城市管理向市场化、服务化转型，打造管理精细、服务到位、运营高效的“星级城市”样板，为解决全国市域社会治理难题探索出了一条新路子。珠海横琴新区“物业城市”试点多点开花：利用科技优势，激活各方力量，实现线上与线下同步互动，有效化解了各种矛盾隐患，市民群众的获得感、幸福感和安全感普遍提升；探索“物业城市 + 社区”，破解了城中村治理难题；探索“基层党组织 + 物业公司”的做法，成立自然村物业管理中心，在横琴新区9个自然村进驻专业物业团队，每个村配齐驻村管理员、客服、保安、保洁等专业服务人员，组建机动性强的工程维修队，确保试点村（居）公共设施维修保养服务到位，村居环境、物业服务、社会治安综合治理取得良好成效。

（三）破解城市住宅小区物业工作难题的对策

对于长期存在的带有普遍性的城市物业工作问题，要将纠建并举、重在建设当作长远的系统工程来抓。在总结各地经验做法和分析存在问题的基础上，着力做好以下几个方面工作：

1. 加强顶层设计，把小区物业工作纳入“1+5+N”社区治理现代化体系

物业服务管理存在的问题，究其根本原因是基层社会治理体系不健全，没有把物业企业作为社区治理主体，未能将其有机纳入基层社会治理新格局之中。因此，必须完善顶层设计，着力构建“1+5+N”社区治理现代化体系，充分发挥各个治理主体作用，不断加强系统治理、依法治理、综合治理、源头治理。

2. 当作系统工程抓，着力破解小区物业工作一系列体制性障碍问题

第一，加强党的领导，将物业企业党组织纳入属地社区党委管理，有效破解社区与物业工作“两张皮”的问题。一是坚持应建尽建。推动具有 3 名以上正式党员的物业企业建立党组织；暂不具备独立组建条件的，通过选派党建指导员、成立党群办、转入党员组织关系、发展新党员等推动建立；跨区域物业企业成立项目党支部或党小组，持续提高物业企业党的组织和工作覆盖率。二是实现党组织关系属地化。物业企业（事业单位）无论国资或民营，统一将党组织关系隶属于项目服务所在地社区党委或街道党工委。建立可操作的考核指标体系，将党建引领物业管理纳入街区年度党建综合考核。三是推动双融入。管理面积较大的物业服务企业探索街道、社区或上级职能部门派遣党组织书记；推荐优秀物业企业党员负责人担任社区党组织兼职委员或社区党建联席会成员，推选优秀物业企业项目经理担任社区居委会兼职委员。

第二，加强政府管理，将物业工作纳入政府管理体制改革重点，有效破解政府管理与物业工作脱节的问题。一是开展街道管理体制改革，理顺条块关系。推广北京市党建引领“街乡吹哨、部门报到”工作机制，提高街乡对职能部门的调度权，赋予其对物业管理事项的统筹管理权。住建部门要向属地政府下放一定范围的物业监管执法权，并提供必要的资源条件，切实推进重心下移、权力下放、资源下沉。二是转变行政管理方式，加强事中、事后监管。住建部门要在下放权力的同时，与属地建立协同联动机制，协助属地设立物业服务管理中心，将物业企业履约评价、监督管理落到实处。健全物业企业信用信息平台，加大对失信行为的跨部门联合惩处力度。积极构建“行业自律＋第三方监理”的市场化管理模式。

第三，加强社会监督，将成立物业管理委员会作为过渡性办法，有效破解业委会成立难、运行难的问题。一是按照能建必建原则，积极推动商品房小区成立业主大会、业委会。各级党委政府部门要转变观念，主动引导业主大会和业委会成立，要把好业委会组建关、换届关和人选关。推荐符合条件的社区“两委”和党员业主参选业委会委员，兼任物业企业监督员。加强对业委会委员的培训和日常监督。业主大会的组建情况、规范运作情况要纳入部门、街乡工作职责范围。可推广上海半淞园路街道经验，设立业委会引导资金，委托律师、第三方机构对业委会进行评估，对优秀业委会授予星级并与引导资金挂钩①。二是坚持从实际出发，在暂不具备条件的小区，推动成立物业管理委员会，代行业主委员会职责。2020年5月1日实施的《北京市物业管理条例》首次提出，不具备条件或成立业主大会、业委会确有困难的小区，可由街乡负责组建物业管理委员会，将其作为临时机构承担相关职责，组织业主共同决定物业管理事项，为暂时无法成立业委会的小区提供了过渡方案。物业管理委员会由居民委员会、村民委员会、业主、物业使用人代表等七人以上的单数成员组成，其中业主代表不少于委员人数的1/2，这既保证了业主和住户的权利，又有利于实现社区“两委”对物管会的领导。

第四，坚持分类施策，按照市场自主物业、单位自管物业、社区自治物业等模式开展试点，有效破解物业服务管理工作覆盖不全面的问题。一是商品房、保障房、售房单位一次性交清公维资金的房改房小区采用“市场化物业”服务模式，即通过市场机制引入物业企业，依据合同约定，为居民提供现代物业服务。属地政府要着力提高物业管理的市场化、规范化水平。二是单位宿舍大院性质的

---

① 唐烨．业委会评星级，可申请项目引导资金．解放日报，2018-02-23.

小区，由其下属物业企事业单位自主管理。三是老旧失管小区酌情采取“居民自治准物业”“政府托底”等模式，因地制宜，完善物业服务模式。

3. 夯实工作基础，不断提高小区物业治理现代化水平

第一，坚持改革创新，将物业企业纳入社会企业范畴，加快推动转型升级，不断提高服务管理水平。一是推广物业社会企业试点工作。社会企业秉承社会目标优先兼顾商业回报的本质特征，为打破物业企业逐利本性提供了新出路。北京市物业社会企业试点工作培育出的金鸿新诚（北京）物业管理有限公司，主动融入社区治理体系，在多个小区扭转物业管理困局，摸索出社会效益最大化和经济效益可持续的物业社会企业新模式。鼓励更多城市开展物业社会企业试点，出台相关扶持政策和培育引导措施，以社会企业的内在约束，降低物业企业的外部监督成本，提高社区治理效能。二是支持物业社会企业做大做强，产生规模化影响力。加大对物业社会企业的宣传力度，提高政府相关部门的认知度。融通相关产业、社会建设等领域资金和政策，加大对物业社会企业的支持力度。综合运用政府和市场机制，促进物业社会企业服务规模的扩大，对小散乱低物业企业进行兼并重组，复制社会企业服务模式和服务标准，推广物业要“以服务为本”的理念和“物业服务 +”的新商业模式，实现“良币”驱逐“劣币”。三是引导更多物业企业朝社会企业转型。目前北京、成都已明确支持物业企业向社会企业转型。要进一步明确物业企业属于准公共服务企业的类型定位，探索对住宅小区物业企业购买社区公共服务试点。对新冠肺炎疫情防控中做出突出贡献的物业企业给予一定补助，肯定其在基层社会治理中的地位和作用，以此鼓励更多物业企业主动承担社会责任，积极融入社区治理。探索“信托制”物业服务模式，打通物业企业向社会企业转型之路。业主大会或业委会作为委托人、物业企业作为受托人、所有业主作为受益人，依据《信托法》规制各方权利义务，打破物业管理运营黑箱，保障物业费资金安全与合理使用，约束物业企业的权力，强化受益人监督，促进住宅小区物业工作良性开展。

第二，坚持依法治理，将物业工作纳入基层社会治理重点，加快推进政策法规建设，不断提高法治保障水平。一是启动社区治理法的立法工作，以法规制度形式，推动基层社区治理体系现代化。明确新时代社区治理各主体之间的权责利关系，理顺治理机制。要将物业管理作为社区治理的核心，明确把物业企业纳入社区治理共同体。二是鼓励各地出台物业管理条例。明确物业管理过程中主管部门、属地政府、物业企业、公共服务企业、社区党组织、居委会、业主大会及业委会、业主等各类主体的权利义务和协同治理机制，为解决物业管理难题提供法治保障。三是完善配套政策法规。各地在探索实践中要及时发现共性问题，将普遍经验转化为制度成果，适时出台街道管理条例、物业服务履约评价工作指引等规章，完善法规政策体系，保证物业管理有法可依、有章可循。

第三，坚持科技支撑，将物业工作纳入智慧社区建设重点，加大政府投入力度，不断提高智能化水平。一是把物业管理信息化作为信息惠民国家试点城市建设、智慧城市建设、智慧社区建设的重点内容，给予相应的政策和资金支持。二是以物业管理区域为基本单元，融入“城市大脑”建设。发挥物业企业信息技术和在地管理优势，与政府城市运行管理平台对接，促进精细化管理。用好物业大数据，提高基层治理预见性。三是运用信息技术手段，以物业管理为抓手，带动市域社会治理现代化。鼓励地方探索大数据、云计算、物联网、AI 等新技术在物业管理中的应用，并与市域社会治理相结合。在有条件的地区推广广东珠海横琴新区“物业城市”试点、浙江“未来社区”建设试点的经验。

第四，坚持规范运行，将物业行业协会纳入社会组织建设重点，加快推进行业自律，不断提高行业管理水平。一是推动各地成立物业管理行业协会。省、市、地级市要普遍建立物业管理协会，发挥行业自律功能。二是在街乡镇层面建立物业服务管理联盟。围绕产业链上下游，吸收物业企业及律师、消防、电梯、供水、供热、物业监理等单位共同参与，保障小区各项服务协同高效。三是物业行业组织要引领行业发展新方向。积极推动物业从管理到服务的转变。大力倡导物业企业向物业社会企业转型，履行社会责任，制定激励机制，提供社区服务、公益慈善等项目对接服务。宣扬社会企业家精神，传播物业社会企业新模式，为物业企业明确定位、转型发展提供支持。

五、积极拓展社会组织建设新局面

在以习近平同志为核心的党中央坚强领导下，我国防控新冠肺炎疫情取得了重大成果。这是中国特色社会主义制度优越性的充分体现，也与多年来我国大力加强社会建设密不可分。与此同时，我们要清醒地认识到，在防控新冠肺炎疫情的过程中，也暴露了社会组织建设的一些短板、漏洞和弱项。相对而言，在新冠肺炎疫情防控中，社会组织就不如社区表现得那么突出，也不像当年汶川地震时作用发挥得那么显著。这不得不引起我们的思考。总的来看，面对世界百年未有之大变局、中华民族伟大复兴战略全局新形势，面对防控新冠肺炎疫情常态化、应急服务管理常规化新任务，社会组织建设面临许多新挑战，有危有机，危可转机。

2020 年 8 月 24 日，习近平总书记在经济社会领域专家座谈会上发表重要讲话，对当前经济和社会形势进行了深入分析，对研究编制“十四五”规划提出了明确要求，特别是对如何看待当前中国面临的危与机进行了深刻论述。我们要深入学习领会、认真贯彻落实。当前，最大的危与机，在世界百年未有之大变局中。习近平总书记指出：“当前，新冠肺炎疫情全球大流行使这个大变局加速变化，保护主义、单边主义上升，世界经济低迷，全球产业链供应链因非经济因素而面临冲击，国际经济、科技、文化、安全、政治等格局都在发生深刻调整，世界进入动荡变革期。”[①] 同时，国内发展环境也经历着深刻变化。习近平总书记强调，要统筹中华民族伟大复兴战略

① 习近平．在经济社会领域专家座谈会上的讲话．北京：人民出版社，2020：2.

全局与世界百年未有之大变局，要深刻认识我国社会主要矛盾发展新变化带来的新特征新要求，要深刻认识错综复杂的国际环境带来的新矛盾新挑战，要以辩证思维来看待“危”与“机”。他强调指出，“进入新发展阶段，国内外环境深刻变化既带来一系列新机遇，也带来一系列新挑战，是危机并存、危中有机、危可转机”，要以共建共治共享拓展社会发展新局面[①]。习近平总书记的重要讲话，对我们深刻认识我国社会组织发展的危与机，加快补短板、堵漏洞、强弱项，完善体制机制，推进社会治理体系和治理能力现代化，具有重大指导意义。

（一）社会组织发展面临新危机、新挑战

当前，我国社会组织发展面临什么新挑战？“危”在哪里？简单地说，是不适应。

一是思想观念不适应，缺乏全局意识。社会组织考虑自身工作多，与世界百年未有之大变局、中华民族伟大复兴战略全局联系起来考虑问题少，认为那是遥远的事，是与党和政府工作密切相关的事，是高层领导考虑的事；考虑常规性活动多，考虑应急性工作少。未曾想，全球经济下行、国内环境变化、新冠肺炎疫情袭来，也会深刻影响社会组织的发展，一些小企业生存不下去，许多社会组织也难以为继。

二是理论建设不适应，缺乏体系支撑。什么是社会组织？不少人将其与民间组织画等号。其实，相对政府组织、市场组织而言，各类群团组织、行业协会、公益组织、市场中介组织等均为社会组织。社会组织理论体系建设滞后，碎片化问题、内涵外延不确定问题仍然存在。

三是体制建设不适应，缺乏顶层设计。目前，我国社会组织基本

① 习近平．在经济社会领域专家座谈会上的讲话．北京：人民出版社，2020：2.

上还是业务主管单位负责的管理体制，还没形成区域化党委领导的政府组织、社会组织、市场组织共建共治共享的工作体制。一方面，许多地方政社并未完全分开，管办并未全部分离；另一方面，一些地方政社简单脱钩，出现“放羊”的情况，党组织不健全，缺乏有效管理。

四是政策法规不适应，缺乏统筹安排。政策碎片、条块分割严重，法治化建设严重滞后。

五是运行机制不适应，缺乏综合协调。经济、政治、文化、生态、党的建设都有综合协调部门，除了北京等少数城市外，社会建设及社会组织发展没有综合协调部门负责。其实，社会领域工作点多、线长、面广、环节多，尤其需要综合协调、形成合力。

六是工作方式不适应，缺乏规范服务。社会组织服务常常是平时来去自由，应急不见踪影，其工作方式不适应应急常态化、规范化的新要求。

七是能力水平不适应，缺乏精准精细。大多数社会组织习惯运动式、大呼隆、搞活动、办公益、做常规，但一对一、点对点、岗位制、专业化、应急性服务不够，在抗击新冠肺炎疫情时就暴露出许多短板、漏洞、弱项。这当然有党委、政府部门重视不重视的问题，但根本上还是社会组织自身建设问题。比如，在北京市 3.5 万城市社区工作者中，大专以上学历的占 95% 左右，平均年龄 39 岁，取得全国社会工作职业证书的达 25% 左右，知识化、专业化、年轻化、职业化、规范化、组织化程度，总体已超过社会组织队伍平均水平，但社会组织队伍参差不齐的问题还很突出。

八是评价体系不适应，缺乏科学规范。党委、政府工作考核评价、区域工作考核评价很少把社会组织工作列入范围，对社会组织的考核评价也往往就社会组织论社会组织，少有从服从服务大局、配合党和政府工作角度评价，更无应急服务管理方面的内容。

（二）社会组织发展危中有机，危可转机

尽管社会组织发展遭遇危机，但是我们也要清醒地认识到，社会组织发展危中有机，危可转机，抓住机遇，可开新局、再上台阶。

一是有习近平新时代中国特色社会主义思想正确指引，发展方向是明确的。笔者在近几年的学习研究中曾提出，新时代中国特色社会主义社会建设的理论框架已经初步形成，主要包括六个方面：（1）坚持“一个中心”：以人民为中心的发展思想。这是习近平新时代中国特色社会主义思想的核心内容。（2）坚持“两个基本点”：坚持和完善统筹城乡的民生保障制度，坚持和完善共建共治共享的社会治理制度。这是党的十九届四中全会明确的。（3）抓住“三个着力点”：党的领导、改革创新、重在基层。笔者认为，可以理解为新时代中国特色社会主义社会建设的“三大法宝”。（4）完善“七位一体”的社会治理体系：“党委领导、政府负责、民主协商、社会协同、公众参与、法治保障、科技支撑”。党的十九届四中全会在原来五句话的基础上，加了两句话，变成七句话，很有意义。（5）提高“五化”能力：社会化、法治化、智能化、专业化和精细化。这是社会建设现代化的基本标准。社会化是基础，法治化是保障，智能化是支撑，专业化是方向，精细化是目标。（6）在两个方面下功夫求实效：第一，在把我国制度显著优势更好地转化为社会治理效能上下功夫；第二，在让广大人民群众有更多的获得感、幸福感、安全感上求实效。社会组织建设作为社会建设的重要组成部分，理论体系可在此基础上进一步具体化，沿着社会建设大方向抓落实，就会事半功倍。

二是北京市社会组织建设取得了显著成效，一些宝贵经验可以借鉴。2008 年市委市政府“1+4”文件，不仅有总体设计，而且有

加强社会组织建设的专门文件。十多年来，北京市社会组织建设取得了新的大发展，基本形成了一套社会组织治理工作体系，奠定了工作基础。（1）体制创新“架桥梁”：构建“枢纽型”社会组织工作体系，让“枢纽型”社会组织在政治上发挥桥梁纽带作用，在业务上发挥龙头聚合作用，在日常服务管理上发挥平台窗口作用，将社会组织分类分级联合起来。（2）加强党建“配导航”：建立党建工作委员会、党组织、党建工作办公室，推动党的组织和党的工作广泛覆盖。（3）完善服务“添动力”：建立购买社会组织服务制度，建立社会组织服务（孵化）一中心、多基地，开展一系列培训。（4）拓宽领域“搭平台”：开展社会组织公益性活动，建设商务楼宇工作站，凡是可以让社会组织做的事情，党和政府领导、支持社会组织来做。北京市的经验会给我们许多启发。

三是危机堵住的是老路、激发的是活力。回顾我国改革开放四十多年的历史，我们就会茅塞顿开、信心倍增。比如，十年“文革”结束后，国家实行改革开放政策，社会活力迸发。又如，从2003年“非典”反思出来的是科学发展观和加强社会建设。再如，在总结抗击新冠肺炎疫情经验基础上，习近平总书记号召“以共建共治共享拓展社会发展新局面”。只要我们正确总经验，及时补短板、堵漏洞、强弱项，不断推动创新实践，就一定能开创崭新局面、再上新的台阶。

四是应急管理体制改革迈出了重要步伐。2018年机构改革，从中央到地方，都设置应急管理机构，从体制上解决了应急服务管理统筹规划、综合协调、整体推进问题，也将有利于推动社会组织应急服务管理体系和能力现代化建设。

（三）化危为机，加快推动社会组织应急服务管理体系和能力现代化建设

要认真贯彻学习习近平新时代中国特色社会主义思想，特别是习近平总书记在全国抗击新冠肺炎疫情表彰大会上的重要讲话精神，站在统筹世界百年未有之大变局和中华民族伟大复兴全局的高度，补短板、堵漏洞、强弱项，完善体制机制，加强社会组织应急服务管理体系和能力现代化建设。

一是坚持问题导向，对症下药。要坚持从现实问题出发。当前社会组织建设的主要问题，就是上述“八个不适应”，归纳起来，就是社会组织应急服务管理体系和能力现代化建设不适应问题，具体到应急社会组织自身建设，就是“枢纽型”社会组织工作体系建设和能力发挥存在问题。

二是坚持需求导向，先办急事。哪些问题是老百姓最迫切需要解决的问题，我们就优先处理。了解了群众的迫切需求，就找到了工作的着力点。群众最需要的是专业化精准服务到位、应急性精细管理及时，但社会组织往往平时见不到人，关键时刻找不到人，没有社区、物业等更好使、管用。

三是坚持目标导向。有计划、有目标地向前推进。明确了目标，就明确了前进的方向和步骤。要抓住研究编制“十四五”规划的机遇，有计划安排部署，分步骤推进落实。

四是坚持创新导向。要创新思维、创新体制、创新机制、创新方法，以解决新形势下的新问题。

五是坚持效能导向。认真做该做、能做、有用、有效的事。平常工作盯得住、应急任务顶得起，使社会组织成为党和政府、广大人民群众信得过、用得上、离不开的队伍。

总之，社会组织建设的空间很大，要认真抓紧抓实抓好。

六、加快推进社会企业创新发展

早在2010年笔者在主持编制《北京市“十二五”时期社会建设规划纲要》时，就开始关注社会企业发展问题，并将其写进了该规划。最近几年，笔者一直在研究这个问题，并不断提出政策建议。

社会企业作为一个新概念，传入我国有20年左右。近年来，社会企业在创新社会治理、改善民生服务方面，产生了日益广泛的社会影响，探索出政府、市场、社会多方共赢的可持续发展模式，有望成为社会治理现代化的重要主体和促进经济转型、实现高质量发展的新生力量，但其社会认可度、政策支持度还不够。在城市化进程加快发展、人民群众生活需求水平不断提高的形势下，尤其需要更加积极向好的宏观政策、精准有效的行业政策予以支持，进而激发社会企业创新活力，使之成为当前稳就业、保民生、促消费的有力抓手，成为创新社会治理、改进公共服务、引领经济高质量发展的新引擎。

（一）关于社会企业的基本概念

不同国家情况不同，对社会企业的定义也有所不同。比如，英国政府的官方定义是：拥有基本的社会目标而不是以所有者利益最大化为动机的企业，其所获得的利润全部投入企业或社会之中。又如，韩国《社会企业育成法》将社会企业定义为：为脆弱阶层提供社会服务、提供就业岗位，或者给地区社会做出贡献来提高地区人民的生活质量等，即追求社会目的，也进行服务生产及拍卖等营业活动的企业。再如，芬兰《社会企业法案》将社会企业只限定在工作整合领域，即至少有30%的员工是残疾人和长期失业者，并为他们的工作支付正常和公平的工资。此外，社会企业还应是市场导向的企业，有自己的产品以及（或者）服务。

从各国实践来看，对社会企业的认定标准，基本涵盖"五有"：有明确的社会目标，有可持续的商业模式，有不同程度的资产锁定，有相对独立的利益相关方治理模式，有创新性和系统性变革。其认证主体也从政府、行业协会（联盟组织）到公司各不相同。认证指标的具体选取，则依据认证主体的价值倾向、现实需求和倡导方向而有所取舍和调整。

综合分析国外社会企业概念，结合我国国情，我们所理解的社会企业，是以社会效益最大化为目标，以服务民生为主体，依靠提供产品或服务等商业手段解决社会问题，并取得可测量的社会成果的企业组织。

综合分析国内外经验，社会企业的发展和认定可概括为"三阶段论"，即将社会企业分为初级、中级、高级三个阶段。发展阶段不同，认定标准也会有所变化。

1. 初级阶段：强调突破疆界、义利并举

在社会企业发展初级阶段，认定社会企业标准的核心是处理好社会目标优先与经济目标底线的关系。要努力突破公益行业领域与商业的界限，实现义利并举，关键在如下四条：

一是具有明确且优先的社会目标。社会企业创办的初衷直接指向社会痛点问题。追求社会效益最大化的内在属性，是社会企业运营的根本出发点和落脚点。与企业承担社会责任不同，社会企业将社会使命嵌入企业的结构、经营、管理和文化之中。比较典型的领域包括养老、环保、助残、文化、教育、医疗、社区服务、食品安全、防灾减灾等。

二是具有可持续的商业模式。社会企业同样生产产品或提供服务，使组织能够自我运转起来并具有一定的造血功能。综合国内外标准，笔者认同社会企业年收入中 50% 以上来自经营性收入，其中可以包括政府购买服务的收入。

三是具有保障社会目标优先的机制设计。具体包括有利益相关方参与的内部治理机制。比如，有服务对象和相关方参加的理事会、不依据出资比例平等享有决策的权利，还包括资产锁定形式、利润分配限制等方面。不同国家对社会企业资产锁定程度不同（见表 1）。社会企业应该在章程中对保障社会目标优先有明确的制度安排。

表 1　不同国家社会企业资产锁定情况

不允许利润分配	限定利润分配	利润分配不受限制
意大利、波兰	英国	芬兰
西班牙、葡萄牙	法国	美国
拉脱维亚	韩国	
资产归社会所有	**可分配一定比例资产**	**资产自由处置**
英国	波兰	法国、美国
	韩国	西班牙、希腊
		葡萄牙、立陶宛

四是具有明确可测量的社会效果。社会企业应能够明确阐释其项目或年度受益人数、资源节约、环境友好、员工保障、社会影响等方面的数据，具有明确的社会目标绩效考核指标与实施路径。在理想情况下，应该有社会企业实践前后社会效果的对比，以客观呈

现社会企业对所解决社会问题的实际效果。

2. 中级阶段：强调社会企业家精神

在社会企业发展的中级阶段，认定社会企业的标准除了初级阶段的一般性标准以外，要突出社会企业家精神的指标，具体包括：能够发现社会问题中的市场机会，能够以优势视角看待服务对象，坚持以人为本，能够最大化整合配置资源，创新性地解决社会问题，等等。

3. 高级阶段：强调系统性变革

在社会企业发展的高级阶段，认定社会企业的标准要突出系统的创新性和革命性，即社会企业不满足于授人以渔，还要改变整个捕鱼业，通过系统性变革，改变社会环境和制度体系，进而避免目标社会问题的发生。同时，也应该坚持更加严格的资产锁定原则。

社会企业发展是一场影响深远的社会创新运动，在不同的发展阶段，要把握的主要矛盾不同，对其认定的标准也应有所不同。如图1所示，在社会企业发展的初级阶段，宜根据初级阶段特征，把握一般性认定标准，鼓励更多有价值认同、有实践行动的机构参与其中。根据社会企业行业发展的成熟度，不断调整提升社会企业的认定标准。

图1　社会企业发展三阶段认定标准策略图

（二）我国社会企业的发展概况

“社会企业”概念传入我国后，从理论探讨到实践探索，都还在发展过程中。根据中国社会企业与影响力投资论坛发布的《中国社会企业与社会投资行业扫描调研报告 2019》，中国大陆地区有“自觉意识”的社会企业（认同自我社会企业身份且被行业认可）数量超过 1 600 家，“无意识”社会企业（按民非和农民合作社的一定比例估算）数量超过 175 万家。该调研报告对 371 家社会企业进行了问卷调查，其中 44% 的成立时间不足三年，七成以上为年收入不足百万的中小型组织，91.6% 的机构从事市场经营活动，61% 的机构禁止或限制利润分配，其主要服务领域为教育、社区发展、就业与技能、环境与能源、公益（社企）行业支持、医疗与健康、老年服务与产业、扶贫、艺术文化体育等。相当比例的社会企业直接或间接服务各类弱势群体，弱势群体在其服务对象总量中的占比平均高达 33%。2017 年社会企业总收入，按照低方案估算为 93 亿元，按照高方案估算为 22 143 亿元，占当年 GDP 的 2.7%。

截至 2019 年底，经国内最大的社会企业专业认证机构——社会企业服务平台（CSESC）认证的社会企业有 299 家，按使命和服务领域可分为 16 个大类，主要聚焦于民生服务与社区发展方面（见图 2）。

如图 3 所示，从认证社会企业的地域分布来看，四川、广东、北京位居前三，与这些地方经济社会发展和友好的政策环境高度相关。

伴随改革开放的深入，我国社会企业的发展环境不断优化。2017 年，有 4 家基金会和 2 家商业投资机构的社会影响力投资额均超过 5 000 万元。此外还有数十家基金会、商业机构和政府部门以社会影响力投资、公益创投等方式为社会企业提供 100 万～3 000 万元

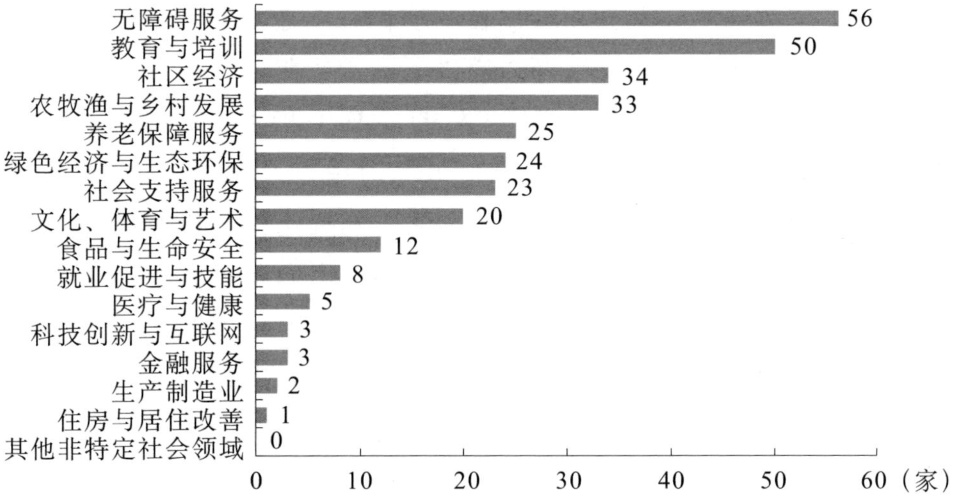

图 2　中国认证社会企业各领域及其数量分布图（2019）

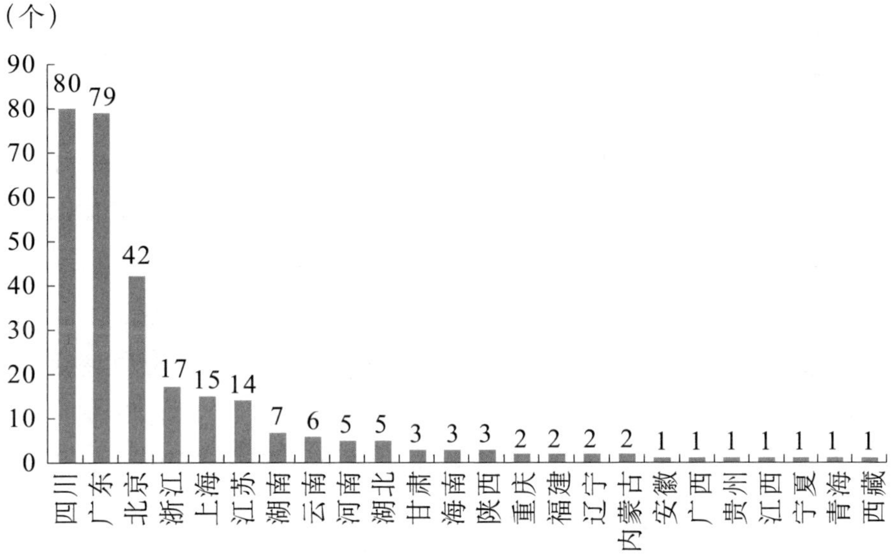

图 3　中国认证社会企业地域分布图（2019）

不等的投资。到 2020 年，全国的支持性机构达到 30～40 家，能够为社会企业提供孵化、认证、融资、能力建设、传播营销等服务。2018 年，北京，四川成都，广东深圳福田、佛山顺德四地政府在前期酝酿探索的基础上，相继出台实质性社会企业认证标准与扶持政策，为全国社会企业政策探索提供了宝贵经验。

早在 2011 年，北京市委印发的《关于加强和创新社会管理　全面推进社会建设的意见》和市委市政府印发的《北京市“十二五”时期社会建设规划纲要》就明确提出“积极扶持社会企业发展”，使北京成为全国最早在文件中提出鼓励社会企业发展的地区。2016 年，北京市委办公厅、市政府办公厅印发的《北京市“十三五”时期社会治理规划》更加重视社会企业的作用，将之作为创新社会服务的一支生力军，并提出系列工作部署。2017 年，北京市委社会工委、市社会办正式启动社会企业试点工作。2018 年，北京社会企业发展促进会成立，并在中国社会企业论坛北京峰会上发布了《北京市社会企业认证办法（试行）》。2019 年，北京首批认证 46 家社会企业，数量超过四川成都、广东佛山顺德。社会企业在参与首都大型社区治理和服务过程中作用凸显，得到市委高度重视，昌平区已出台社会企业认证和扶持办法。2020 年，北京市启动研究制定社会企业专项政策文件，有望进一步优化政策环境，构建伙伴关系，推进北京社会企业发展进入历史新阶段。

成都社会企业政策的创新特色在于，紧扣社区治理需要，突破性地由市场监督管理部门主管，开创了在企业名称中可以使用“社会企业”字样的先例。2017 年 9 月，成都市委市政府发布《关于深入推进城乡社区发展治理建设高品质和谐宜居生活社区的意见》，其中首次提出“鼓励社区探索创办服务居民的社会企业”。2018 年 4 月，成都市政府办公厅下发《关于培育社会企业促进社区发展治理的意见》，这是国内首个社会企业专项地方政府文件。2020 年，成都出台《关于深化和完善城镇居民小区治理的意见》，明确提出发展培育物业社会企业，将物业管理作为社区治理的主要抓手。

此外，深圳福田区站在打造全球社会影响力投资高地的战略全局来看待和扶持社会企业发展。佛山顺德是国内最早开展社会企业认证的地区，由社会创新中心（法定机构）来主管，显示出较好的跨界资源整合能力。

作为一个跨界创新的产物，我国社会企业发展还面临不少挑战。一是政府、社会及从业者本身对社会企业的认知度仍有待提升。社会企业需要更大范围的行业觉醒和政府及社会公众的认同。二是我国社会企业发展仍处于初级阶段，甚至有学者认为进入了瓶颈期，资金注入、政策扶持有限，难以发展和发挥作用。三是尽管政策普遍鼓励在公共服务领域引入市场机制或在产业发展中更注重社会和环境效益，但“社会企业”还从未作为专有名词出现在任何一份中央文件中，社会企业的宏观政策有待突破。

（三）新冠肺炎疫情给社会企业带来的“危”与“机”

新冠肺炎疫情防控对我国社会企业发展有明显影响。据《2020年初中国社会企业生存状况调研报告》，超过65%的受访社会企业面临经营困境，客户流失现象严重，同时流动资金、人力成本、租房成本等压力较大，急需金融政策支持、政府和大企业资源对接支持以及销售管理培训支持等；但“危”中也有“机”，体现在以下三方面：

一是抗疫期间，社会企业区别于普通企业的社会属性更加凸显，为提升社会企业的公众认知创造了条件。社会企业充分参与到抗疫之中，不仅为疫情严重的地区捐款、筹集物资，为公众普及新冠病毒相关知识，也充分发挥各自的业务优势，帮助解决疫情期间所显现的“特别时期社会问题”。例如，“绿之盟妈妈家”低价为社区居民提供生鲜产品和消毒产品，成都“馋爱善食”免费为社区空巢老人和居家隔离人员送餐，北京绿环智慧生态公司利用科技创新加强垃圾站点维护和废弃口罩的收集，佑新公司为重疫区特殊患者提供低价特效药，“益宝计划”为抗疫公益行动者提供免费保险保障等。

二是疫情大考下的基层治理短板，为优秀社会企业拓展业务带来新机遇。比如，在疫情防控中，社区物业成为参与一线防控的重要力量。金鸿新诚（北京）物业管理有限公司充分发挥党建引领作用，第一时间成立应急小组，制定预案，主动融入社区疫情防控体系履职尽责，还发挥资源优势筹集应急物资捐赠给区民政局、辖区居委会和困难居民，增加平价蔬菜预定配送等服务，保持 12345 市民热线零投诉，得到业主和属地政府的认可。该公司以承接老旧小区、物业弃管等问题小区物业服务为主要业务。公司章程规定盈利的 30% 不得分配，而是要反哺社区。在做好物业服务的同时，盘活小区闲置资源，开展增值服务，形成“物业服务 +”的多元化、可持续商业模式。在疫情考验下，该企业赢得了政府更大的信任，在老旧小区实施更新改造，在农村社区进一步拓展业务。

三是疫情带来的巨大社会需求和稳就业保民生政策红利，将成为后疫情时代社会企业发展的重要机遇。一方面，疫情引发的庞大民生服务需求，给社会企业发挥创新性解决社会问题的优势提供了广阔空间，特别是线上服务需求倒逼社会企业服务转型升级，更有助于产生规模化影响力，催生更多科技类社会企业，为科技向善提供更多应用场景。另一方面，2020 年政府工作报告明确提出以民生为导向支撑内需扩大的重大方略举措，首次提出“两新一重”建设，既促消费惠民生又调结构增后劲。国家重点投资的新型城镇化、加快恢复民生服务业等都为社会企业的发展提供了难得的历史机遇。人力资源和社会保障部等七部门印发《关于引导和鼓励高校毕业生到城乡社区就业创业的通知》，支持高校毕业生到城乡社区服务领域创业和灵活就业，并将其纳入就业、人才、城乡社区治理工作总体安排。这将为社会企业发展带来更大的市场和人才红利。

（四）加快推进社会企业发展的对策建议

面对新时代社会主要矛盾变化，叠加疫情防控及国际贸易形势对经济社会造成的冲击，加强和创新市域社会治理的紧迫性和挑战性陡然加大，有必要进一步在民生服务领域引入市场机制，大力发展社会企业，发挥其解决困难群体就业、精准服务民生、参与社会治理等多重价值与功能。主要对策建议如下：

一是要将“鼓励社会企业发展”作为基本政策。2013 年以来，国务院办公厅相继出台《关于政府向社会力量购买服务的指导意见》《关于在公共服务领域推广政府和社会资本合作模式的指导意见》《关于进一步激发社会领域投资活力的意见》，旨在提升人民群众获得感，挖掘社会领域投资潜力，培育经济发展新动能，实现经济社会协调发展。特别是 2021 年 12 月国家发展改革委等印发的《“十四五”公务服务规划》，首次将公共服务分为三个部分，并在基本公共服务和非基本公共服务的基础上，增加了生活服务建设内容。这是一个重大突破。要更好地落实中央政策，依靠传统公益组织以政府购买服务的方式往往不可持续，依托传统商业组织单靠经济利益驱动容易减损社会效益。社会企业以社会目标优先，充分发挥市场机制作用，依靠产品和服务可持续地解决社会问题、满足民生需求，无疑与中央政策精神高度契合，是当前实现稳就业、保民生、促消费的有力抓手，也是促进经济转型、实现高质量发展的新生动力，还是推进基层治理现代化的重要主体。应该明确提出“加快民生服务领域社会企业发展”要求，从国家层面释放支持社会企业发展的政策信号。促进社会企业发展，最重要的是营造良好的发展环境。其中，出台专项法律法规、确立合法性地位、明确认证标准、开放公共服务市场、提供扶持政策等，是发达国家的通行做法。我国要从实际出发，制定相关管理办法和政策措施，鼓励各地积极探索。

二是要将社会企业纳入“两新一重”建设投资范围，优化社会企业融资环境。新型城镇化建设包括提升城镇公共服务、改造老旧小区和发展社区服务业，这些都属于基层社会治理范畴，是社会企业创新创业的广阔领域。政府相关投资要给予社会企业平等市场机会，清理、废除与企业性质挂钩的不合理规定，在竞争评标中增加社会效益考察，引导养老、托幼、物业、家政、文体等民生领域企业朝社会企业转型。金融管理部门要引导各大商业银行、投融资机构增加普惠金融、绿色金融、社会影响力债券及影响力投资产品，提高社会企业贷款融资的可获得性；鼓励慈善信托发挥金融行业优势，探索设立支持社会企业发展的慈善信托，拓展社会企业融资渠道。

三是要分行业建立社会企业政策扶持体系。社会企业多样性、跨行业特色突出，应由综合性政府部门牵头推动，如发改委，并可内设社会企业促进发展机构。目前，社会领域行业政策改革意图明显，放开公共服务市场、扩大政府购买、激发市场和社会活力成为主旋律。应将教育、养老、医疗、助残、环保、农业农村、公共文化及体育、社区服务、物业管理等主管部门在行业政策中明确倡导社会企业发展模式。结合基层社会建设热点难点问题，在乡村治理中探索以社会企业模式实现乡村振兴的新路径。在城市社区中，引导物业企业等向社会企业转型，对社会企业参与老旧小区改造给予政策支持。政府购买服务项目应向社会企业开放，并使其享有同等条件下的优先采购权。

四是要开展社会企业试验区建设。总结北京，四川成都，广东深圳福田、佛山顺德等地实践经验，研究开展社会企业试验区建设。可就农业农村、医疗健康、文化体育、助残帮扶、养老服务、创新创业等某一领域全面落实现有优惠政策，同时推动市场监督、民政、财税等政策集成创新，设立社会企业引导资金，在全国开展社会企业试验区建设。探索社会企业认证办法，研究相关土地、融资、人才、税收优惠政策，在优化营商环境的大背景下进一步加大对社会企业的支持力度。鼓励社会企业行业组织和支持型机构发展。相关政府部门应积极与社会企业行业支持机构建立伙伴关系，合作设立社会企业孵化培育和服务平台，为社会企业全生命周期提供全方位服务。

五是要持续加强社会企业研究和宣传力度。国家社科基金要增加对社会企业研究的支持力度，重点资助社会企业基础理论及实践研究、社会影响力评估及社会企业政策研究。把社会企业的理论与实践纳入省部级领导干部培训，为中央部委和地方高层领导尝试社会企业实践提供认知基础。推广教育部在第五届中国“互联网+”大学生创新创业大赛首次设置“社会企业”组别的好做法，鼓励更多国家级大赛、示范区建设、试点项目增加社会企业内容，选拔奖励各领域优秀社会企业，提高从业者的身份认同和职业荣誉感。扩大对优秀社会企业和社会企业家的宣传力度，增进社会各界对社会企业的认知度。培育社会企业家群体，倡导社会企业家精神。相关部门应为优秀社会企业参与“一带一路”建设提供条件，以社会企业家为代表讲好中国故事。

七、推动“网格化 + ”体系创新发展

当下，网格化在基层治理中是个热词，许多人在说，许多地方在做，但理解不尽相同，做法也有差异。笔者理解，今天所说的网格化，是指网络化服务管理体系和格式化服务管理运行机制，简单地说，就是网络化服务、格式化管理，现在还要追加一句：是“网格化 +”工程。回顾网格化发展历史，展望网格化发展未来，大致包括三个阶段。

（一）初级阶段：城市管理网格单一发展“过去时”

网格化源于北京，准确来说，源于北京市东城区。2004 年，北京市东城区首创万米单元城管网格化管理新模式。2005 年，建设部[①]和北京市委市政府分别下发文件，在全国、全市推广东城区经验，这有力推动了城市管理精细化水平的提升。

（二）中级阶段：城市服务管理多网融合“进行时”

首先是扩展延伸。北京申奥成功、党的十七大报告提出加强社会建设，有力推动了城市管理和社会服务创新。除了城市管理系统外，北京市政法系统和社会建设系统也引入了网格化理念，在全市试行社会治安综合治理网格化和社会服务管理网格化，把网格化理念和方式

① 今住房和城乡建设部。

扩展延伸到治安维稳和社会建设领域。2010年初，中央要求全国各省（区、市）开展社会管理创新综合试点。当年7月，北京市委市政府召开全市社会服务管理创新推进大会，印发《北京市社会服务管理创新行动方案》①，推出40项创新措施，其中包括确定在东城、朝阳、顺义三区开展以网格化为重点的社会服务管理创新综合试点工作。至此，概念更广泛的网格化体系建设工作在全市乃至全国展开。

其次是融合发展。北京市社会服务管理创新推进大会召开后，全市各区县积极创新实践。比如：东城区是自下而上从社区网格化抓起，着力解决社区服务管理问题。朝阳区自上而下从区级层面抓起，提出构建“全模式网格化社会服务管理体系”，突出信息的全方位采集，突出指挥和监督双轴制衡，突出服务管理功能全面发挥，突出条块协同与部门联动，建立全区统一的9类基础数据库、16个专业数据库。信息平台集成10大模块，并细化为79个二级目录、439个三级目录和3 452个四级目录，构成“全模式”系统。西城区从中间突破，先抓街道网格化建设，在德胜街道试点，构建“全响应网格化社会服务管理体系”数据中心，汇集辖区“人”“地”“物”“事”“组织”等各类数据，服务平台信息与互联网对接，管理平台以内网为主，整合“条”“块”职能，汇聚政府、市场、社会力量，形成全面覆盖的社会服务管理网络、全体响应的社会服务管理机制。密云县②构建“一网建设、两级指挥、四级服务管理、6+N类力量整合”的工作格局，将所有社会服务管理内容“一网打尽”，将所有职能部门和社会力量整合到网格，初步形成“县镇指挥、部门履责、社会协同、多元参与”的新格局，努力实现“社会服务个性化、社会管理精细化、参与全体多元化、工作运行高效化”的目标。其他区县也有许多有益的探索。

① 北京市推出并将实施“社会服务管理创新行动方案”. 中国政府网，2010-07-21.

② 今北京市密云区。

在试点工作中，基层普遍反映的问题，一是网格化体系覆盖面不够，二是城管网、治安网、社会服务网融合不够，三是平台整合不够，四是规范化不够。在总结试点经验的基础上，2012 年 5 月 30 日，北京市网格化社会服务管理体系建设推进大会召开。大会提出，经过三到五年的努力，要基本实现网格化体系“全面覆盖、多网融合、一体运行”的目标。会议印发了加强北京市网格化体系建设“1+3”文件，包括一个指导意见、三个标准化规范。中央有关部门要求在全国推广北京市网格化服务管理模式。以此为标志，社会服务管理网格化体系建设在全市乃至全国推开。目前，全国总体还处于中级阶段，这个阶段网格化有如下三个特点：

第一，“新网格”无论是内涵还是外延，都有了质的飞跃。“新网格”以“格”为基础，以“网”为依托，着力构建的是社会服务管理信息化智能化运行系统。

为了表述方便，我们不妨把城管网格化叫作“老网格化”，把社会服务管理网格化叫作“新网格化”。“新网格化”以“格”为基础，以“网”为依托，实质上是构建社会服务管理信息化智能化运行系统。“新网格化”无疑传承了“老网格化”的基本理念，但在近几年社会服务管理实践的发展中已有了质的飞跃：“老网格化”仅限于市政管理，“新网格化”用于社会服务管理等各项工作；“老网格化”重管理，“新网格化”服务管理并重，而且强调服务为先，在服务中加强管理，在管理中体现服务；“老网格化”管物件，“新网格化”服务管理所有“人”“地”“物”“事”“组织”；“老网格化”强调管理责任到“格”，“新网格化”强调服务管理责任既要到“格”还要到“网”，以“格”为基础，以“网”为依托，以信息技术为支撑，以落实责任为核心，以整合力量、优化流程为重点，形成一个信息化智能化的社会服务管理体系。

第二，“新网格”汇“人”“地”“物”“事”“组织”于一身，集各方面力量于一体，整合信息、整合职能、整合力量、整合工作，构建的是集约化社会服务管理运行机制。

建设网格化社会服务管理体系的目的是构建“精细化管理、个性化服务、多元化参与、科学化运转”的社会服务管理工作体系和运行机制。基本原则：一是全面覆盖、无缝衔接，努力做到全区域、全天候、全模式、全响应、立体化社会服务管理；二是重心下沉、触角延伸，条块力量到“格”、服务管理进“网”；三是整合力量、协调联动，整合信息、职能、工作，基本不打破现有体制，尽可能不增加机构编制，不另起“炉灶”，不搞“两张皮”，全面统筹协调，条块有机结合，上下互相连通，横向互相联动；四是落实责任、强化监督，把社会服务管理的单位、人员、任务、责任落实到网格，形成责任体系，把技术监督、工作监督、社会监督落到实处，形成督促检查、核查反馈工作机制；五是因地制宜、注重实效，坚持从各区县、各街道乡镇、各社区实际出发，在遵循基本原则、统一规范基本标准的基础上鼓励探索创新，在完成“规定动作”的同时，允许有“自选动作”，在实践中逐步总结完善。

第三，“新网格”建设“一个网络系统、两级指挥中心、三级工作平台、四级信息支撑”，构建的是一个立体化工作运行机制。

按照全市网格化推进大会要求，北京市网格化社会服务管理体系建设的主要任务是：（1）科学划分网格，发挥主要功能；（2）搭建工作平台，实现资源整合；（3）健全运行机制，实现良性互动；（4）完善信息系统，提高工作效能；（5）健全监督体系，确保工作实效。核心是形成网络化社会服务管理工作体系、格式化社会服务管理运行机制，简单说就是网络化服务、格式化管理。

一是以“格”为基础。科学划分网格，明确工作责任，发挥主要功能，做到管用有效。网格划分以现有社区为基础，可以一个社区一格，也可以一个社区多格，关键是方便工作、方便群众。网格工作的主要职能是收集基础信息、反映群众需求、发现报告问题、排查化解矛盾、协助解决问题、动员公众参与。随着实践的发展和工作的深入，网格化服务将逐步扩展工作职能、搭载工作内容。

二是以“网”为依托。建设一个科学的网络系统，充分发挥区（县）、街道（乡镇）两级指挥中心作用，搭建区（县）、街道（乡镇）、社区三级工作平台，发挥市、区（县）、街道（乡镇）、社区四级信息支撑作用。在市委市政府的领导下，在有关部门宏观的指导下，在区（县）、街道（乡镇）的指挥下，以社区服务站为主要依托，搞好网格化社会服务管理。

三是构建网络化工作体系。整合条块和社会力量，按照工作职能、权限、责任，分类别到网格责任区服务管理，分层次到网络系统开展工作。

四是健全格式化运行机制。逐步健全信息采集维护机制、问题源头发现机制、任务协调处置机制、分层处理机制、综合管理执法机制，形成“信息采集、源头发现、任务分派、问题处置、核查反馈”的闭合工作流程，形成“更清晰地掌握情况、更及时地发现隐患、更迅速地处置事情、更有效地解决问题”的工作机制。

在整个工作系统中，社区（村）是基础，街道（乡镇）是枢纽，区（县）是指挥中心，市有关部门主要责任是宏观指导、服务基层。在整个运行机制中，自下而上反映问题、解决问题，自上而下重心下移、条块结合整合力量，互联互动搞好社会服务管理。

（三）高级阶段：“网格化 +”城乡服务管理体系“未来时”

“网格化 +”城乡服务管理体系是我国网格化体系建设未来发

展的方向。实际上，自2015年北京市已率先进入这个阶段。2015年，北京市委印发《关于深化北京市社会治理体制改革的意见》，明确提出要大力实施“网格化+”工程。十多年来，网格化体系建设在全国迅速推开并不断深化提升，成为我国基层治理的重要方式。但随着形势的发展，也有许多普遍存在的问题急需解决。一方面，从网格化体系自身建设来说，发展不平衡、不充分，特别是“信息孤岛”、“数据烟囱”、标准不一等问题还比较突出，急需实现全面覆盖、多网融合、统一规范、一体运行。另一方面，从网格化体系与现代信息化技术融合角度说，由于现代信息化技术快速发展，网格化有变成“传统技术”之势，即使是成熟的网格化体系平台，也是行政部门用得多，广大群众用得越来越少，因而，形不成互动，有的甚至形同虚设。这就需要网格化体系在内部机制不断完善的同时，与外部信息系统实现对接融合。其中，实施“网格化+”工程、构建“网格化+”体系，是切实可行的途径。主要是因为网格化体系建设已有较好基础，被广泛认同。要坚决防止“另起炉灶”、重复建设问题，坚决纠正各行其是、搞“两张皮”现象。

党的十九届四中全会明确提出大力推进“数字中国战略”的目标任务。在加强和创新社会治理中，要强化科技支撑，以网格化为依托，充分运用大数据、物联网、区块链、人工智能等新时代信息技术，实施“网格化+”工程，形成网格化信息大平台、数据大集成矩阵，为转变城乡服务管理方式，提升城乡治理现代化水平，实现城乡服务精准化、治理精细化提供保障。

实施“网格化+”工程的本质在于平台化、信息化、集成化，通过整合、完善、建设等方式搭建起多信息融合、多业务协同、多服务支撑、多方位监测、效能充分发挥的综合服务信息化管理平台，依托项目开展与关键技术运用，实现基层科学决策和基层治理能力的提升。

一是实现多信息融合。实现部门间信息资源的共建、共享、共用。互联网与社会治理的融合为信息资源的整合共享提供了机遇，但却又形成了信息孤岛 2.0 的窘境。据中央党校（国家行政学院）电子政务研究中心编写的《2019 移动政务服务发展报告》，全国微信政务类公众号已达到 14 万个，为居民提供服务的小程序多达 3 万个。2017 年，全国 70 个大中型城市就有 514 个政务 App，居民想要办成一件事，就需要下载多个 App 或者关注、注册多个公众号及小程序，各类线上平台看似帮助居民提高了办事效率，实际是在信息采集与信息分析应用方面因为归口不一致造成极大的信息浪费，部门之间没有真正跨越边界，实现协同融合，而是走了以往社会治理“多站式”服务的老路子。“网格化 +”工程将从避免数据的重复采集、分析，最大限度地提升信息资源的使用效率，最大限度地节省人力和物力出发，杜绝“指尖上的形式主义”，让信息有统一归口，为科学决策与科学治理夯实基础。

二是实现多业务协同。基层工作种类繁多，公安、计生、党建、综治、城管、社保、民政、信访、司法工商等部门之间缺乏有效协同与跨越边界，而基层社会治理的问题大多是需要多部门、各个职能相互协同配合，调用共同数据与服务力量才能完成，因此政府在传统社会治理中效率低下、流程烦琐。“网格化 +”工程在多数据融合的基础上，保障了各业务之间的界限跨越，做到了信息统一、网格高效，能确保各类事件当日清、动态管、处理快，做到“民有所呼，我有所应”，能够从源头上通过科技手段实现“街乡吹哨、部门报到”，整合各类协管员队伍、公益性就业岗位、社区（村）志愿者队伍，按照“专职力量一格一员、专业力量一员多格、兼职力量一格多员”的原则，将人员力量下沉到网格，充实基层工作队伍。对以往沉淀在基层工作各部门信息系统中的丰富数据资源进行统一深度挖掘，合理调配资源，避免人海战术和运动式采集，充分展现大数据等前沿技术在精准预测、智能决策方面的独特魅力。广东省推出的“粤省事”移动民生服务平台，在省级层面打通数据渠道，实现“政策通”“业务通”“数据通”，运用一个线上平台，居民可以关联身份证、社保卡、驾驶证等 59 类电子证照，将公安、民政、人社、教育等一系列部门资源进行整合，上线 687 项服务，其中 597 项实现“零跑动”，截至 2020 年 7 月，注册用户超过 1 339 万人，日访问量达到 832.4 万人次。类似的还有上海的“随申办”、浙江的“浙里办”、重庆的“渝快办”等线上平台，利用它们，省市一级的行政单位实现了“网格化 +”的多业务协同。而“网格化 +”工程的真正作用蕴藏在平台数据汇总后的分析与决策方面，但是这方面的功能在基层社会治理中未能得到有效体现与发挥，从这方面去推动技术的介入，将会有效提升决策的科学性和资源的充分利用。

三是实现多服务支撑。信息融合可以促进业务协同，而“网格化 +”工程的最终实现将体现在服务上，通过动员更多基层单位参与，有效实现多元主体参与共治，实现基层服务精准化，整合政府资源、社会资源、市场资源，探索可持续运营的服务体系，提供高质量的政务服务，提供有针对性的公共服务，开展具有可操作性的便民利民服务，推进共建共治共享的新型自治社区建设。贵阳市“社会和云”平台以“一平台 + 四应用”为核心内容，基于大数据技术以及数据挖掘搭建出社会综合治理的“城市大脑”，提供多元服务支撑起整个网格化治理体系。

四是实现多方位监测。“网格化 +”实施的出发点是为人民提供更优质的服务，提升基层治理服务效率。所谓多方位监测是指通过机制与监察等手段有效维护“网格化 +”工程的实施，使城市管理问题响应及时，使社会治理问题有迹可查，使公共服务主动积极。优化网格间沟通渠道、优化网格员管理体系、优化责权划分，用制度规范人、考核激励人、监察督促人等标准，为“网格化+”长期、健康、有效运转提供保障。浙江省舟山市普陀区社区警务融入“网格化管理、组团式服务”构建智慧型实战网格，并引入居民、内部等多方考核评价，在完成责任落实的同时保障服务结果，实现党政共抓、合力推动。多方位监测即是推动“网格化+”运行的外部动力，实施初期构建起完善的监测机制可保障“网格化+”工程的长期执行与服务落地。

五是实现效能充分发挥。目前，移动政务服务平台规划主要是按照政府部门进行分类，服务整合能力还比较薄弱。“网格化+”工程的实施要坚持以人民为中心的发展思想，搭建“以公众为中心”的引导服务模式。服务内容主要是面向所有对象的大众化应用，提供有针对性、个性化、跨部门的一体化、集成化、个性化、精准化服务，瞄准基层社会治理中的突出矛盾和问题，高效解决。要加强信息基础设施的建设与完善，实现网格化体系全面覆盖、多网一体、规范运行。要坚持网上网下相结合、格内格外相衔接、人防技防相融合。要切实维护国家和个人信息安全。

总之，构建网格化体系，是社会治理方式方法的革命。它突破了传统模式，从主要依靠“人海战术”走向依靠科技手段，从条块分割走向资源整合，从粗放管理走向精细管理，从“运动式”管理走向制度化管理。诚然，网格化社会服务管理还是一个新事物，发展无止境，创新无止境，完善无止境，关键是要坚持实践标准、群众拥护标准，做到科学而有效。

八、加强社会心理服务体系建设要关注的问题

近年来，我国经济快速转型，信息化水平不断提高，人们工作和生活的节奏加快，竞争压力加剧，各种负面社会心态随之而来。这些负面的社会心态可能会危害公民的身心健康，影响群众的社会认知，加剧社会的矛盾，进而可能会影响国家稳定。这一问题越来越受到党和政府的重视。党的十七大报告指出，要“加强和改进思想政治工作，注重人文关怀和心理疏导，用正确方式处理人际关系”[①]。党的十八大报告延续这一提法，并指出：“加强和改进思想政治工作，注重人文关怀和心理疏导，培育自尊自信、理性平和、积极向上的社会心态。”[②]在党的十九大报告中，党中央对心理工作的认识从“心理疏导”拓展为“社会心理服务体系建设”，其在“加强和创新社会治理”框架下提出“加强社会心理服务体系建设，培育自尊自信、理性平和、积极向上的社会心态”。报告强调社会心理服务体系建设是社会治理的组成部分，将建设社会心理服务体系推向前所未有的高度。多年来，笔者对社会心理服务体系建设一直有所关注，并有一系列研究成果。笔者认为，在社会治理的背景下，提高应急能力、加强社会心理服务体系建设要着重关注以下三个问题：

① 胡锦涛.高举中国特色社会主义伟大旗帜　为夺取全面建设小康社会新胜利而奋斗：在中国共产党第十七次全国代表大会上的报告.北京：人民出版社，2007.

② 胡锦涛.坚定不移沿着中国特色社会主义道路前进　为全面建成小康社会而奋斗：在中国共产党第十八次全国代表大会上的报告.北京：人民出版社，2012.

（一）提高社会心理服务主体的服务能力

提高社会心理服务主体的服务能力，应该以了解社会心理服务主体的服务现状为前提，只有在此基础上才能提出提高服务能力的针对性措施。社会心理服务主体主要包括专业人员、政府以及社会组织。专业人员是社会心理服务主体的重要组成部分，其服务能力至关重要。然而，当前所谓的专业社会心理服务人员水平参差不齐。从事社会心理服务工作的人员以兼职居多，有心理学、医学等相关专业背景的人员较少。社会心理服务人员文化程度普遍不高。另外，他们接受相关培训的时间短，培训的内容也有限，缺乏从业后系统的继续教育和进修机会。因此，有必要制定和完善“社会心理指导人才”认证与培训体系，以此壮大社会心理服务专业人员队伍，提高专业人员社会心理服务能力和服务质量。政府是社会心理服务过程中的决策人、协调人、统筹人和责任人。其需要具备良好的事务决策能力、沟通协调能力、资源整合能力以及责任控制能力。因此，目前亟须开发评估政府社会心理服务能力的指标体系，科学评估政府的社会心理服务能力。社会组织也是社会心理服务中不可或缺的一部分。然而，当前从事社会心理服务的社会组织较少，不能支撑整个社会构建社会心理服务体系。多数社会组织硬件设施较差，社会对其缺乏有效的监管机制和制度约束。此外，还缺乏测量其社会心理服务能力的指标体系。基于此，鼓励更多专业的社会组织开展社会心理服务、完善质量监管机制、建立社会组织社会心理服务能力的评价指标尤为关键。

（二）引导社会舆论，培育全体社会成员的阳光社会心态

引导社会舆论，培育全体社会成员的阳光社会心态是建设社会心理服务体系的关键环节，也是建成中国特色社会心理服务体系的基础。社会舆情监测是引导社会舆论的前提。社会舆论是指百姓之所想、所盼和所烦，是一定时期、一定范围的群众对社会现实的主观反映，是群体性的思想、心理、情绪、意见和要求的综合表现。在社会舆情传播过程中，正面社会舆情对社会和谐具有积极作用；相反，负面社会舆情则危害社会稳定。因此，政府应该建立有效的舆情管理机制，做到随时随地监督社会热点舆情话题，及时准确分析舆情发生的原因，进而采取相应措施引导社会舆论发展。社会心态是在一定时期的社会环境和文化的影响下形成的，社会中多数成员表现出的普遍的、一致的心理特点和行为模式，并成为影响每个个体成员行为的模板。其指向人的心理，不单是个体的心理，更多的是群体的心理。它是缓慢动态变化的，具有共同、突生、动态三个特征。

近年来，我国经济社会的不断发展使人们的物质生活愈加丰富，但人们的精神世界却并非如此。有学者指出，当下我国社会存在浮躁、喧嚣等消极社会心态。此外，也有学者认为我国居民中存在不公平感和仇富心理，急躁、焦虑心理，信任危机心理，冷漠以及极端化心理等消极社会心态。在此背景下，我们国家越来越重视社会心态培育工作，出台了一系列的政策文件，以培育全体社会成员的阳光社会心态。培育阳光社会心态就需要社会心理专业服务人员、政府以及社会组织等社会心理服务主体各司其职、团结协作。培育阳光社会心态可以采取线上和线下相结合的方式。线下形式主

要包括“和谐社会、幸福心态”的主题宣传活动、心理大讲堂以及团体活动等。主题宣传活动可以通过宣传册发放、专家讲座、社区广播等多种方式展开，主要针对社会价值观和社会认知方面的问题，选取“不骄不躁、持续奋进”“信任你我他、美好大家园”等主题进行宣讲。心理大讲堂主要化解社会情绪方面的问题，比如向居民传播焦虑等消极情绪心理的相关知识。团体活动可以采用室内主题游戏的形式，也可以在社区内开展友谊比赛、社区标志物的制作等活动。线上主要是在网络平台推出一系列相关课程，同时在试点社区进行专家线上答疑活动和主题推送活动。网络课程主要以专题形式按月推送不同主题课程，如“致敬新时代楷模”“祖国在我心中”等。还可以将“学习强国”平台推广到更广泛的人群中或者研发更符合大众学习的应用软件，使社会心态的培育工作更便捷、更高效。这里需要指出的是，在培育社会成员阳光社会心态的过程中应该参考心理学、社会学、教育学以及管理学等多学科、多领域的方式方法，如心理团体辅导、思想政治教育等。此外，培育社会成员的社会心态工作可以先从国有企业、中小学、各大高校开展，然后再到民办企业、个体组织以及社区居民，从而形成以局部带动整体的社会心态培育态势。

（三）有效解决社会成员的轻度心理问题并准确识别转介重度精神疾病患者

这主要是指社区和基层社会组织应该具备有效解决或者预防社会成员的轻度心理问题的能力，还应该具备准确识别社会成员的严重心理问题或重度精神疾病的能力，并能够妥善地将其转介至医疗系统。当前，国内多数研究表明，我国部分居民存在轻度心理健康问题，居民的整体心理健康水平有待提高。因此，与居民“距离”

最近、“联系”最多、“接触”最密切的社区和基层社会组织应该具备有效解决或者预防社会成员轻度心理问题的能力。社区和基层社会组织应该能够为存在轻度心理问题的居民进行个别心理咨询，也应该能够从居民需求出发定期开展“漏斗式”的心理健康服务。例如，可以从居民最关心、最烦恼的亲子教育、婆媳关系、婚姻家庭、老年关怀、压力调适、情绪管理能力提升、自我效能提升、人际交往能力提升以及学习能力提升等方面开展心理健康服务。心理健康服务内容及形式可以包括心理健康宣传活动、心理健康大讲堂、心理健康团体辅导以及心理健康个别辅导等，也可以根据各地区实际情况而定。由于转介重度精神疾病患者涉及教育、民政、政法以及医疗等其他系统，所以建立各系统心理健康服务分诊转介机制，较复杂，也较困难。若要提高社区和基层社会组织妥善转介重度精神疾病患者的能力，首先应该在社区、基层社会组织、教育、民政、政法、医疗等系统间形成心理健康服务协调合作模式，并在此基础上建立分诊转介机制。然而，目前以上各系统间几乎相互独立、各干各事，缺乏有效的协作机制。社区、基层社会组织、教育、民政、政法系统主要解决社区居民的轻度心理问题、儿童青少年成长性问题、特殊心理问题或者其他心理问题，却无法治疗重度精神疾病患者。医疗系统主要治疗重度精神疾病患者，若让其治疗轻度心理问题、儿童青少年成长性问题、特殊心理问题或者其他心理问题，则是“大材小用”。如果以上各系统间能够相互配合，共通协作，那么社区、基层社会组织、教育、民政、政法系统在接收重度精神疾病患者后就能够及时将其转介到医疗系统，医疗系统也能够将病症得到缓解的轻度心理疾病患者介绍到社区、基层社会组织、教育、民政以及政法等系统。这不仅能够促进各系统间的协调合作，也能够有针对性地满足社会成员的需求。社区、基层社会组织、教育、民政、政法以及医疗系统间的协调合作模式，以及分诊转介机制将有助于全社会建立良性的心理健康服务系统。

总之，在明确社会心理服务主体的服务现状，并且在有针对性地提高其服务能力的基础上，各社会心理服务主体要积极恪守职责，引导社会舆论，培育阳光社会心态。另外，社区、基层社会组织、教育、民政、政法以及医疗系统间应协调合作，建立分诊转介机制，形成心理健康服务的良性互动。在此基础上才能够切实加强社会心理服务体系建设，真正提高社会应急能力，进而使我们社会在面临突发事件时能够有效应对，临危不惧。

九、北京“街乡吹哨、部门报到”调查研究

习近平总书记在视察北京时强调指出，“要加快形成与世界城市相匹配的城市管理能力，城市管理目标、方法、模式都要现代化”①。街道在城市管理、经济发展、社区建设和社会综合治理等方面发挥着重要作用，是城市管理和社会治理的基础与保障。为全面贯彻习近平新时代中国特色社会主义思想，加快推进首都基层治理体系和治理能力现代化，推动城市管理工作重心下移，形成简约高效的城市基层管理体制，北京市创新性地开展了党建引领“街乡吹哨、部门报到”改革，推动街道管理体制改革向全面、纵深发展，取得了丰富的实践成果，经验值得总结推广。

（一）北京市街道管理体制面临的新挑战

随着首都经济社会的快速发展，人口结构发生深刻变化，各种服务管理工作向街道、社区聚集。人口总量大、流动人口多、人户分离现象突出、老龄化程度加深等情况，给基层社会治理和公共服务带来很大压力。特别是北京，驻区中央单位多，高校院所、部队大院多，需要打破行政壁垒，加强协同，主动参与基层社会治理。在首都发展形势下，“两级政府、三级管理、条专块统”管理框架的不适应性逐渐暴露出来，条块矛盾与冲突一直未能得到很好的解决。此外，面对城市管理任务激增的情况，街道从城市管理的“辅

① 习近平在北京考察 就建设首善之区提五点要求．新华网，2021-09-21.

责”地位上升到城市基层管理的“主责”地位，原有街道管理体制无法适应现有街道功能的变化，固有矛盾与问题也更加尖锐，这严重制约了治理能力现代化的进程，必须加以破解。

1. 街道工作缺乏明确法律依据

目前街道办事处的职责是根据“派出机关的性质、一级政权的任务”来确定的，甚至比乡镇的工作任务更多、压力更大。随着2009年全国人大宣布废止1954年颁布的《街道办事处条例》，街道办事处作为城市管理的基础层级，究竟应该做哪些事情、不应该做哪些事情，没有了明确的法律规定，街道管理工作难以做到依法行政，导致以行政代替法律，或者越权管理。

2. 街道办事处的责权利不对等

市、区政府及各职能部门的“漏斗效应”将大量的事务“漏”到街道一级，导致街道办事处“原来是个筐，现在是个缸”。虽然许多城市管理的任务层层落实到街道，但由于街道没有明确的职权，各机构虽有权管，但只对上级负责，造成“看得见的管不了，管得了的看不见”，出现了政府相关部门管事、街道办事处干活，或者政府相关部门收费、街道办事处管理的情况。

3. 街道办事处统筹手段欠缺

统筹辖区资源、整合部门工作力量仍主要以行政命令和私人感情沟通为主，缺少长效统筹机制，特别是对职能部门监督评价流于形式。由于缺乏相应的监督权、人事权和财权，街道对职能部门派驻街道的科队站所缺乏必要的约束力，对其工作的督促、检查、协调薄弱。另外，职能部门往往过多强调“属地管理”责任，将本应由职能部门来做的工作交给街道甚至社区居委会来完成且进行任务绩效考核。

4. 街道内设机构过多过细

多年来，为增加街道科级领导干部职数数量，扩大干部晋升空间，一般按照“3 人成科”的底线最大化设置街道内科室，街道一般设置了 25 个左右的职能科室，多的甚至达到 30 多个，且科室间界限分明，信息、资源联结不畅。同时，机构设置缺乏统一的标准，沿袭了上级党政机关的设置模式，面对大量临时的、突发的、专项的任务时，往往暴露出层级节制、程序僵化、人员调度困难等弊端，造成行政管理上的混乱。

5. 街道职责事项内容无限膨胀

街道办事处是执行政府决策和为辖区单位居民提供服务的机构，而实际承担着城市管理、社区服务、优抚救济、社会治安、文教卫生、计划生育、司法调解、群众生活等数十大类的任务。此外，各类评比创建工作及临时性任务等占用了街道办事处的大部分时间和精力，街道很难有时间和精力去统筹辖区发展，与其职能定位明显不对称。

6. 街居关系不明晰

街道办事处将职能部门下派的各项任务以行政命令方式交给社区承办，并对社区完成情况进行考核，造成社区居委会更多地扮演着政府特别是街道办事处“腿”的角色，街道办事处履行支持、指导和帮助社区建设的职能不到位，这在很大程度上弱化了社区的自治功能。

（二）党建引领"街乡吹哨、部门报到"改革路径

"街乡吹哨、部门报到"作为北京城市基层治理的一项重大改革，来自基层的创造，源于实践的探索。2016 年 5 月 14 日，北京市平谷区金海湖镇发生一起因非法盗采金矿引起的矿难事故，造成 6 亡 1 伤。多年来，类似这种非法盗采金矿、偷挖砂石等事件屡禁不止。为有效解决此类治理难题，平谷区委、区政府针对"乡镇和部门责任权力不匹配、协同机制不完善"的问题，将执法主导权下放到乡镇。北京市委市政府及时总结提升平谷区基层管理体制改革经验，印发了《关于党建引领街乡管理体制机制创新　实现"街乡吹哨、部门报到"的实施方案》，按照"重心下移、资源下沉、人员下行、政策下调、权力下放"的原则，开启了深化基层管理体制改革的序幕，以调整条块关系为核心，针对街道的功能定位、职责分工、运行方式和工作流程进行了全方位的试点创新和探索。

1. 街道职能定位的改革

为进一步明确街道职能定位，北京市印发《北京市街道党工委和办事处职责清单（试行）》（京编办发〔2018〕12 号文件），为街道提供履职底单，将其作为街道赋权和划分条块事权、理顺职责关系的依据，各区根据试点街道实际，进一步细化职能与任务，明确街道参与、协助、配合事项的主责部门，推进街道依法履职、高效协同发展。

一是明确街道的功能定位与组织性质。1954 年 12 月颁布的《城市街道办事处组织条例》，明确"我国城市街道办事处的性质为政府派出机关"。街道党工委是区委的派出机关，根据区委的授权，全面负责本地区党的建设，领导本地区的工作和基层社会治理，发挥总揽全局、协调各方的作用。街道办事处是区政府的派出机关，

依据法律法规的规定和区政府的授权，履行相应的政府职能。街道党工委和办事处的职能定位是，强化党的领导、统筹辖区工作，促进社会共治、维护安全稳定，协调城市管理、营造良好环境，组织公共服务、指导社区建设。这种双重的权力委托使得街道办事处不仅是国家权力的执行机关的延伸，更是执政党组织在街道层面的延伸。

二是制定街道党工委和办事处职责清单。确定街道党工委和办事处职能定位和主要职责，设置内设机构职责事项清单。试点街道通过制定各自的职责清单，结合街道自身的功能，有效厘清了街道与市、区部门之间的职能分工和职责关系，避免了上级职能部门的无序委托，有效遏制了街道负担日益加剧等问题。

三是明确街道六大基本职能定位。改革后的街道明确了六大基本职能，增加和完善了城市管理的职责内容，将社会服务职能列入其中。北京市街道的职能主要包括党群工作（15 项）、平安建设（20 项）、城市管理（23 项）、社区建设（19 项）、民生保障（22 项）、综合保障（12 项），充分体现了职能设置中对市民需求的关注，是整体性治理在街道层面的集中表现。改革后的街道六大基本职责定位，既有政府行政职能，又有联系居民的社会职能，实现了街道为辖区人民更美好的生活提供管理与服务的初衷。

2. 组织机构设置的改革

“两级政府、三级管理、四级网络”是计划经济时代城市管理体制的基本特点，从中央到地方各个层级在纵向间职能、职责和机构设置上高度统一。北京市以党建引领街乡管理体制机制创新，印发《关于开展街道各类机构综合设置和派驻机构属地化管理试点工作的指导意见》，综合设置街道各类机构，推进派驻机构属地化管理。

一是建立街道“大部制”组织模式。围绕首都功能核心区战略定位和发展阶段特征，将街道办原有各科室整合成几个大部门，对应街道职责清单 6 项基本职能，调整合并改革原科室的职能分工，人员也同步进行合并，将街道内设机构设置为综合办公室、党群工作办、平安建设办、城市管理办、社区建设办、民生保障办等，构建起“1+6+N”机构设置模式（见图 1）。

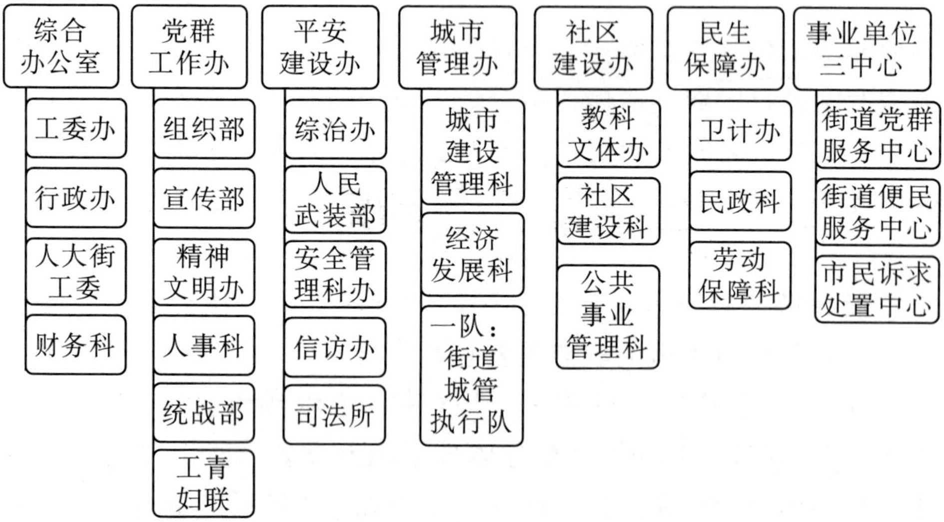

图 1　北京市试点街道办事处新机构设置情况

二是优化双重管理体制。对于适宜由街道管理的职能部门派出机构，由区域设置调整为按区划设置，实现“一街一所”，日常工作、编制、人员管理、经费管理由街道负责，实行以街道管理为主、上级部门进行业务指导的管理体制。改革后，街道城管执法队实行以街道办事处为主的双重管理体制，有助于厘清双重管理的管理权限，促进职能部门下沉后高效工作，最终实现“街乡吹哨、部门报到”。

三是合理配备人员编制。人员编制综合考虑街道运行基础编制和辖区常住人口、社会单位、辖区面积、流动人口、财政收入等指标要素，重新核定各街道人员编制数，制定街道行政编制、政法专项编制、行政执法专项编制、事业编制配备标准。街道人员编制实行总量管理，定期进行动态调整。改革着重在解决街道治理任务繁重与街道机构编制配置不足的矛盾。

四是重塑街道工作流程。改革后的街道机构实现了扁平化结构调整，通过减少原管理层级，增加管理幅度，统筹自上而下的行政任务与自下而上的民意诉求，构建了多维度、多向度工作流程。属于街道职能清单的事务，与之相应的大部门接办任务，调配人员快速处理并反馈给任务员；职责清单外的事务，街道则快速反馈给区级职能部门进行处理；紧急重大且需要多方协调的事务，街道则应吹哨预警，迅速与各层级职能部门联合执行，真正实现街道体制机制改革后的扁平化工作流程（见图 2）。

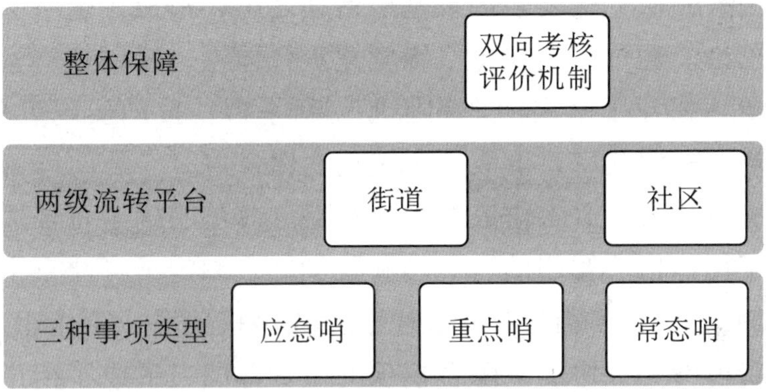

图 2　北京市“吹哨-报到”闭环机制示意图

（三）党建引领“街乡吹哨、部门报到”改革成效

2018 年 12 月 3 日，习近平总书记主持召开中央全面深化改革委员会第五次会议，审议通过了《“街乡吹哨、部门报到”——北京市推进党建引领基层治理体制机制创新的探索》，对北京市的做

法给予充分肯定[①]。党建引领“街乡吹哨、部门报到”以基层党建为统领，重塑了街道管理体制机制，抓住了城市管理体制改革的“牛鼻子”，实现了城市管理体制重心下移，较好地解决了专业与综合的关系，科学构建了大部制模式，整合街道管理资源，减少了行政管理层级，有效解决了职责交叉、多头分散、条块分割、管理碎片化等问题，构建了简约高效的基层管理体制，破解了面向社区面向群众“最后一公里”问题，形成了共建共治共享的城市治理格局，提高了城市治理社会化水平。

一是加强了党对基层治理的有效领导。改革坚持把党建引领贯穿始终，用党建统领基层治理，深化了区域化党建工作，构建了各领域党建互联互动融合发展的基层党建工作新格局，有效地把党的政治、组织优势转化为城市治理优势。以街道党工委和社区党委为核心，把各领域党建要素嵌入基层治理之中，形成了上下联动的基层党建网络。通过纵向完善三级党建责任体系、横向建立党建协调委员会等，搭建了基层治理和服务创新平台，推动实现事务共商、平台共建、资源共享，形成了区域化党建合力。

二是提升了街道工作依法治理水平。改革明确了责任边界，极大增强了街道依法履职的有效性和科学性，制定了《北京市街道办事处条例》，优化了街道权责关系、条块事权关系、工作职责关系，明确了街道参与、协助、配合事项的主责部门，形成了街道依法履职的边界线，更加充分和有效发挥了街道作为城市基层行政管理基本单元的治理功能，向上承接国家、市、区政府部门的指派工作，向下对接社区和居民，横向密切联系各类企事业单位和社会组织，构建了城市基层治理共同体新格局。

三是实现了向整体性治理的变革。改革整合了街道碎片化的行

① 习近平. 中央全面深化改革委员会第五次会议：深刻总结改革开放伟大成就宝贵经验 不断把新时代改革开放继续推向前进 . 央视网，2018-11-14.

政职责要素，减少了冗余的管理层级，重塑了紧凑型扁平化组织结构，再造了精简高效的行政流程。街道围绕党工委和办事处职能定位和主要职责，将职责清单逐一落实到各大部室，科学合理配备街道人员编制，下沉部门实行以街道办事处为主的双重管理体制，基本实现了职能专业化与权力制衡的双重效果，确保高效完成日常主要职责任务。随着"街乡吹哨、部门报到"的深入实施，街道逐渐具备了灵活应对临时性、紧急性、跨部门任务的能力，能够随时抽调相关人员临时成立"项目组"，调动资源力量完成任务，形成一个综合化、扁平化、高效化、责任清晰、回应性强的整体性基层政府。

四是基层治理机制更加科学有效。基本建立了基层治理的应急机制、服务群众的响应机制、抓落实"最后一公里"的工作机制。街道和部门各自职能相对明晰，其合理的反馈流程得到同步推进，形成了闭环良性反馈工作机制。"街乡吹哨、部门报到"机制打破原有自上而下的单向度评价路径，重视自下而上群众诉求的解决和满意度，同时对区级职能部门科站队所实施监督反馈，实现了上下双向考核评价机制的整体性治理。

十、怡海社区建设现代化的经验及启示

习近平总书记在党的十九大报告中指出，“必须多谋民生之利、多解民生之忧，在发展中补齐民生短板、促进社会公平正义，在幼有所育、学有所教、劳有所得、病有所医、老有所养、住有所居、弱有所扶上不断取得新进展”。在学习贯彻党的十九大精神的过程中，北京市委市政府坚持首善标准，在“七有”基础上增加了“五性”，即便利性、宜居性、安全性、多样性、公正性，形成全市加强社会建设、创新社会治理的奋斗目标和生动实践。丰台区新村街道怡海花园社区就是这个创建工作中的先进典型。

（一）怡海花园社区三十而立，建设成为全国文明社区

怡海花园社区始建于 1992 年，迄今走过了 30 年的发展道路。1992 年邓小平同志南方谈话发表后，北京市政府首次在香港举办招商引资会。侨资企业怡海集团投资兴建了这个社区。当时，这里还是京南城乡接合部一片杂草丛生的沙坑地。怡海集团主席王琳达给它起了一个美丽的名字：怡海花园社区。2006 年，这个社区建成了一个享誉京城的美丽花园社区。到 2021 年，怡海花园社区现有建筑面积 140 万平方米，居民楼 50 栋，常住居民 7 890 户，人口 2.88 万，其中，归侨侨眷、留学人员家庭 500 余户，近 2 000 人，是丰台区面积最大、侨界人士最多的社区。2019 年新中国成立 70

周年前夕，怡海花园社区被中国侨联、北京市侨联命名为“侨之家社区”。这是全国唯一一个以大型社区为单元命名的“侨之家”，是全国最大的“侨之家”。经过多年的努力，怡海花园社区形成了“幼有善育、学有优教、劳有厚得、病有良医、老有颐养、住有宜居、弱有众扶”的“七优”发展模式，走出了一条以党建带侨建促社建的发展道路，打造了北京“七有”“五性”社区建设示范样本。2020 年 11 月在全国精神文明建设表彰大会上，怡海花园社区荣获“全国文明单位”称号。怡海花园社区三十而立，站在了新的历史起点上。

（二）怡海创建“七优”，打造了“七有”“五性”社区样本

怡海着力建设“七优”服务体系，是北京“七有”“五性”社区创建的生动实践和示范样本。

一是幼有善育，让孩子从小受到良好教育。让社区与教育共成长，把怡海花园社区办成一流的教育园区，是怡海花园社区一开始的规划设计和目标追求。1997 年 5 月，怡海花园一期工程竣工，7 月第一批业主共计 800 余户入住。当年 12 月，北京丰台怡海幼儿园以及北京第二实验小学怡海分校、北京八中怡海分校筹备组成立。1998 年，第一批学生入园入校。如今，怡海花园社区已有基础教育校舍五所，包括：北京市怡海幼儿园（国际园）、北京市怡海幼儿园（南园）、北京第二实验小学怡海分校、北京市第八中学怡海分校、北京市第八中学怡海分校国际部，基础教育在校生超过 4 000 人。怡海花园社区的孩子们从小在家门口就可以受到良好的教育。

二是学有优教，办全国一流水平的教育。怡海教育硬件是一流的。怡海集团前后投资数亿元，大力加强教育基础设施建设。怡海学校配置的是国际一流的现代化配套设施。更重要的是，教育质量一流。怡海较早引进北京优质教育资源，与北京八中、北京实验二小合作办学。2004 年 7 月，北京八中怡海分校第一届高中生毕业时，文理科高考平均成绩就进入北京市前十名，其中文科平均成绩全市第一。2005 年，北京怡海幼儿园被评为“北京市民满意民办幼儿园”。2006 年 11 月，在近 300 家知名教育机构参与的“2006京城教育机构调查”活动中，北京八中怡海分校被评为“北京最具影响力的学校”“市民满意度最高的学校”“毕业生最具竞争力的学校”。2007 年 4 月，北京八中怡海分校国际部成立，当年正式招生。怡海中学连年高考本科升学率接近 100%。

三是劳有厚得，让更多的居民在社区就业。就业是民生之本。在怡海集团看来，解决就业不仅是政府的事，能让居民就近在社区就业，努力让每一个业主劳有所得、劳有厚得，也是企业应该履行的社会责任，成为社区服务的重要内容。怡海花园社区中的很多业主都在社区内学校、商铺等从业，更有许多人在社区物业集团工作。为增强社区居民的获得感，怡海花园社区还打造了侨创空间，致力于为回国创业者、自由职业者及新兴行业从业人员提供政策咨询、资本服务、创业辅导、创业培训等多元化服务，积极扶持“家门口创业”。居民在社区就近就业获得报酬，在服务管理社区家园中实现人生价值。

四是病有良医，开通便民绿色就医通道。怡海把“看病难”变成了“看病易”。怡海花园社区内设立了社区卫生服务站，设有 999 南四环急救站，几分钟就可到达，社区居民小病不用出社区，急病及时得到医疗救助，在社区内部即可实现“病有所医”。怡海花园社区周边医疗资源丰富，距离新天坛医院 1.5 公里，距离北京丰台医院1.3公里，车程约6分钟。为了解决社区居民看病难的问题，怡海花园社区卫生服务站与天坛医院、北京丰台医院建成紧密型“医联体”，开通绿色就医通道，让居民大病医治不出“一刻钟社区服务圈”。

五是老有颐养，让居民享受全方位养老服务。怡海花园社区探索建立了机构养老、日间照料、居家养老“三位一体”的综合性养老服务模式，让老年人在“家门口”享受专业化、个性化、便利化的全方位养老服务。怡海花园社区建有2 000多平方米的养老中心，有床位50张，设有单人间、双人间、多人间，以便满足不同类型客户的需求。同时，设有接待中心、呼叫中心、医务室、厨房、助浴室、阅览室、书画室、中医养生健康、护士站、多功能厅等适老化配套设施，专注于为高龄、失能、半失能老人提供颐养、照料、医疗、护理、康乐、短期托管等24小时优质、专业服务及助餐、助洁、助浴、助医、入户巡视、精神慰藉等居家入户服务，可满足老人吃、住、娱、医、养、护全方位需求。中心可为社区老人提供老年餐桌、送餐上门服务。同时，怡海花园社区老年大学让社区广大老年人“老有所学、老有所获、老有所乐、老有所为”，是文化养老的好去处。

六是住有宜居，社区便民利民服务应有尽有。怡海花园社区便民服务设施齐全，各类商业店铺、各种文体设施、各种便利服务项目一应俱全。居民们说，在社区比到大街购物还方便。怡海集团在社区内成立了怡海一家租赁中心，为居民提供高品质的租住产品与服务，也为业主提供专业的房屋托管委托出租业务。在怡海花园社区，业主可将房屋委托租赁中心出租，所有房源都会经过租赁中心的专业设计，统一装修，并配置原创家居及品牌家电等，同时，租赁中心还为租住居民提供租期租客保险、双周保洁、专业维修、家政服务、搬家等多项服务，为租客提供适宜的居住环境。物业公司为业主和租客提供便利服务。怡海花园社区坚持住户 1∶1 车位配比，并建立三个大型中心广场、1 个约 4 000 平方米的人工湖，社区绿化率达 47% 以上。配备社区警务站、微型消防站，实行 24 小时治安巡逻，让居民生活安心、居住放心。利用商业空间引入便民服务，构筑门类齐全的“一刻钟社区服务圈”，品牌连锁率达 65%，服务周边 4 万～5 万人，成为北京市生活性服务业示范街区。

七是弱有众扶，为社区提供精细化服务。怡海花园社区“扶弱”，已不仅仅是扶“人”，而是精细到了扶“弱项”，可以提供全方位的便民服务。比如，可以提供上门维修服务。怡海达丰物业有很多经过专业培训的维修工人，他们均具备专业技能，可以为业主提供门窗、空调维修及木工、水工、电工等服务。又如，可以提供专业的家政服务。服务人员均经过专业的家政服务培训。怡海家政推出了小时工、保姆、月嫂、护工“四位一体”的服务模式，极大地方便了社区居民生活。再如，为解决怡海花园社区老年人就餐问题，怡海达丰物业将现有员工食堂改造升级成为怡海花园社区老年餐厅，一日三餐为社区老弱病残人员提供服务。并且，可以根据老年人的身体特质及营养需求，提供口味清淡、营养均衡的简餐。社区老年群体可凭借老年卡享受专属优惠，社区餐厅也会为行动不便的独居老年人提供送餐入户服务。

（三）怡海花园社区建设经验带给许多启示

第一，坚持党建引领。党的领导是怡海花园社区发展的根本保障。党建引领作用，体现在怡海花园社区发展的全过程、工作的各个方面。各级党组织始终高度重视和大力支持怡海的建设和发展。2020 年 4 月 12 日，北京市委相关领导来到怡海花园社区，对怡海花园社区建设成就给予了充分肯定，对进一步做好新冠肺炎疫情防控、加强和创新基层社区治理提出了明确要求。在日常工作中，丰台区委和新村街道工委对怡海花园社区给予亲切关心和指导。怡海花园社区建立了社区区域化党建工作体系。怡海花园社区党委牵头，建立了由怡海集团、怡海教育集团、怡海达丰物业等辖区大单位的负责人和社区民警、人大代表、社区党员代表、居民代表参加的社区党建工作协调委员会，构建了党建统领、多元协同、社企共融共促的工作格局。

第二，坚持以侨为桥。王琳达是爱国华侨、中国侨联常委。怡海花园社区侨联是最基层侨联组织，王琳达亲自担任主席。怡海以侨为桥，充分发挥侨联桥梁纽带作用：一是架起了爱国主义的“友谊桥”。2019 年 6 月 29 日，承办了“京港相约一日行”活动。邀请香港大学等 6 所大学组成的大学生实习团到怡海花园社区参观交流，使香港大学生受到了生动的爱国主义教育。二是搭建社会公益“爱心桥”。2011 年，与中国华侨公益基金会共同发起了“怡海树人班”项目，连续 9 年资助甘肃景泰、江苏盐城、湖北沙市、四川西昌、河北衡水中学等各省（区、市）贫困学生完成高中学业，共资助 59 个班级，已有 800 余名学生完成高中学业，通过高考进入大学读书。在大灾大难面前，总有怡海人的爱心传递。在新冠肺炎疫情防控中，怡海花园社区多次组织捐献活动。2008 年开启“大爱行天下”系列公益活动以来，每年举办一届，至今已经举办 12 届。三是搭建社区建设“和谐桥”。怡海花园社区侨联作为基层“枢纽型”社会组织，充分发挥了桥梁纽带作用，在社区与基层社会组织服务管理中办了许多实事好事。怡海花园社区侨联志愿服务下设五个小队，包括：怡海花园社区侨联艺术团、怡海花园社区侨联法律志愿服务小队、怡海花园社区侨联社区志愿服务小队、怡海花园社区侨联科普志愿服务小队、红娘宋大姐志愿服务小队。怡海花园社区侨联志愿服务队是怡海花园社区公益服务、和谐社区建设的骨干力量。

第三，坚持教育为本。怡海花园社区是教育型社区。怡海教育是全生命周期的教育。怡海花园社区居民在家门口就能满足多元教育、终身教育。怡海花园社区不仅有良好的基础教育，还成立了早教中心，专注于为怡海花园社区内儿童及家庭提供高品质的早期教育课程和早期教育服务。怡海花园社区一直以来就重视老龄教育。早在2000年12月就创办了全国第一所社区老年大学——怡海老年大学。怡海教育是全方位服务的教育。怡海花园社区还创办了6家大型教育机构，为社区不同年龄层次、不同人群的教育需求提供多样化选择。

第四，坚持服务为先。怡海花园社区的根本魅力，不是漂亮的房子，而是一流的服务。怡海花园社区到处可见标语，写着“全心全意为居民服务”。经过多年的努力，怡海打造了“七有”“五性”的服务示范样本，将“七有”发展为“七优”，使社区成为国际一流和谐宜居社区。

第五，坚持共治为基。多年来，侨之家怡海花园社区在社区党委的领导下，推动社区组织、社会组织、社会企业、社区居民、社会单位“五社联动”、共建共治共享，形成了人人有责、人人尽责、人人享有的社区治理共同体。一是“社区吹哨、全员报到”。怡海花园社区党委是区域化“大党委”，居委会是区域性工作“总协管”。在怡海花园社区，可以做到“社区吹哨、全员报到”。怡海花园社区服务治理工作做得好，重要的是，社区党委、社区居委会牵头工作、兜底工作做得好。二是社会企业积极履行社会责任。侨之家怡海花园社区的一条成功经验是，社区与企业同进入、同成长，优势互补、共同治理。怡海物业集团、教育集团等社会企业与社区居委会优势互补，使怡海花园社区服务成为一个良性循环的闭合系统。生活是全方位服务，教育是生命全周期教育，养老是健康养老与文化养老相衔接。在社区服务中，怡海社会企业发挥了顶梁柱作用。三是社会组织活力迸发。特别是怡海花园社区侨联发挥了“枢纽型”社会组织作用，怡海花园社区志愿服务队发挥了骨干作用。2020 年，一个新的社区自治组织——怡海花园社区业主委员会又应运而生，使居民参与社区自治又多了一个新平台、新渠道。四是社区居民广泛参与。在新冠肺炎疫情防控中，紧邻新发地市场的怡海社区经受住了严峻考验，交出了一份优秀答卷。

第六，坚持文化为根。侨之家怡海花园社区形成了特有的社区文化，核心是十个字的“怡海花园社区精神”：“爱心、激情、认真、创新、坚持。”在怡海花园社区，爱心传递形成风尚。每天清晨，在小学门前都能看到这样的场景：家长送孩子的车刚停稳，就有人上前轻轻打开车门，帮助家长把孩子迎下来，牵手送进校门，而开车家长无须下车。这既方便了家长，又不影响交通。要知道，这些牵手人不是老师，也不是工作人员，而是家长们自发形成的志愿者。王琳达要求怡海社区工作人员对每一个人、每一件事情、每一个细节都要认真对待，努力做到精心、精准、精细、精致。就连与客人握手，都要求认认真真、充满力量，不能让人觉得有敷衍和无力之感。创新发展贯穿始终。在城乡接合部砂石坑上建成现代化社区，是创新；地产商办社区，是创新；在社区办教育，是创新；以党建带侨建促社建，更是创新。侨之家怡海花园社区发展模式本身就是社区治理体系和治理能力现代化的样本、典型。

参考文献

[1] 中共中央文献研究室 . 毛泽东文集：第 7 卷 . 北京：人民出版社，1999.
[2] 中共中央文献研究室 . 关于建国以来党的若干历史问题的决议注释本 . 北京：人民出版社，1983.
[3] 中共中央文献研究室 . 十八大以来重要文献选编：上 . 北京：中央文献出版社，2014.
[4] 习近平 . 坚持和完善中国特色社会主义制度　推进国家治理体系和治理能力现代化 . 北京：人民出版社，2019.
[5] 习近平 . 决胜全面建成小康社会　夺取新时代中国特色社会主义伟大胜利 . 北京：人民出版社，2017.
[6] 习近平 . 在庆祝中国共产党成立 100 周年大会上的讲话 . 北京：人民出版社，2021.
[7] 宋贵伦 . 十年磨一“建”：社会建设理论体系与实践路径研究 . 北京：中国人民大学出版社，2019.
[8] 北京社会企业蓝皮书课题组 . 北京社会企业发展报告（2019）. 北京：社会科学文献出版社，2020.

后　记

本书是著者在多年从事社会建设理论研究和实践探索基础上形成的成果。2007年10月，党的十七大召开，北京市委社会工作委员会、北京市社会建设工作办公室成立，我被任命为书记、主任，一直在这个岗位上工作了11年。11年来，通过艰辛探索形成了一系列理论研究成果，包括《北京社会建设概论》、《十年磨一“建”：社会建设理论体系与实践路径研究》(上、下册)、《回归社会建设：40年理论与实践研究》等著作。2018年底，我转任北京师范大学国家高端智库教授、博导，专职从事社会建设研究与教学工作。在多年理论研究和实践探索的基础上，近三年，我重点围绕“十四五”规划工作对社会建设现代化进行了有针对性的系统研究，形成了一系列成果。本书是集中体现。

本书是一部研究中国社会建设现代化发展道路的理论著作。我到国家高端智库工作这三年，正值“十三五”“十四五”两个五年规划转承期、“两个一百年”奋斗目标历史交汇期、“两个大局”机遇挑战交织期。党的十九届四中、五中、六中全会和习近平新时代中国特色社会主义思想指明了方向。这三年，我所写的研究文稿、所承接的研究课题，都是在这个大背景下，围绕中国社会建设现代化这个主题展开的。这些研究，有国家层面的、省市层面的，也有基层层面的，有宏观的、中观的，也有微观的，是全面系统的研究。本书定名为《中国社会建设现代化之路》，全书分上、中、下三篇展开，上篇为“宏观视域中的中国社会建设现代化顶层设计”，中篇为“中观视域中的市域社会建设现代化运行机制”，下篇为“微观视域中的基层社会建设现代化创新实践”，从全域视野研究了中国社会建设现代化理论体系和发展路径。我认为，中国社会建设现代化研究和推进，应当是理论与实践相结合的，应当是宏观、中观、微观全视域的，应当是顶层设计、中层运行、基层实践全方位的。关于宏观顶层设计，本书基于党的百年社会工作经验、我国“十四五”社会治理规划体系，对社会建设现代化进行综合研究，系统提出了构建社会建设现代化理论体系、制度体系、政策体系、运行体系、评价体系乃至话语体系的基本框架；关于中观运行机制，本书面对新形势、新任务、新要求进行研究探索，提出了构建市域社会治理现代化全域性、全面性、全程性、全员性运行机制的基本思路；关于基层创新实践，本书从统筹协调体制、党建引领机制、社会服务体系、基层治理共同体、街道体制改革、城乡社区建设、社会组织创新、社会企业发展、网格化体系建设、社工队伍建设、社会心理服务体系建设诸方面，总结了经验、探索了发展路径。这些研究，力求做到理论上有所创新，实践上有所探索。

本成果是在大家支持和帮助下取得的。国务院研究室原主任、北京师范大学中国社会管理研究院/社会学院院长魏礼群同志始终给予关心指导，并为本书作了序。在课题研究过程中，课题组成员贡献了大量智慧和心血。其中，北京市社会建设促进会学术委员会主任赵孟营教授、副会长兼秘书长杨积堂教授、副秘书长王瑞同志、学术助理梁家祺博士等全程倾心参与；北京市委社会工委的许多老同事，我校高端智库宋珊萍、李文、赵秋雁、陈炜等老师始终给予大力支持；国家乡村振兴局综合司原司长苏国霞等在乡村振兴专题研究，北京国际城市发展研究院院长连玉明、执行院长朱颖慧和我院副教授张汉等在市域社会治理专题研究中，北京市经济社会发展研究院副研究员于晓静在社会企业专题研究中，北京林业大学杨智辉教授等在社会心理服务体系建设专题研究中，我院副教授陈鹏在社会结构专题研究中，都给予了鼎力支持。我的硕士研究生杨明泽、刘壮壮在书稿核校等工作中做了大量工作。中国人民大学出版社郭晓明副社长、徐小玲编辑等为本书的出版工作给予了热情指导和大力支持。在此一并对所有关心、支持、帮助者表示衷心感谢！

中国社会建设现代化是一个崭新的理论和实践研究课题，本书只是初步探索，以抛砖引玉，书中不当之处，请予以批评指正。

宋贵伦

于北师大南院科研综合楼 405 室

2021 年 12 月 6 日

图书在版编目（CIP）数据

中国社会建设现代化之路 / 宋贵伦著. -- 北京：中国人民大学出版社，2022.4

ISBN 978-7-300-30358-1

Ⅰ. ①中… Ⅱ. ①宋… Ⅲ. ①现代化建设 - 研究 - 中国 Ⅳ. ①D61

中国版本图书馆CIP数据核字（2022）第033036号

中国社会建设现代化之路

宋贵伦　著

Zhongguo Shehui Jianshe Xiandaihua zhi Lu

出版发行	中国人民大学出版社		
社　　址	北京中关村大街31号	**邮政编码**	100080
电　　话	010-62511242（总编室）		010-62511770（质管部）
	010-82501766（邮购部）		010-62514148（门市部）
	010-62515195（发行公司）		010-62515275（盗版举报）
网　　址	http:www.crup.com.cn		
经　　销	新华书店		
印　　刷	涿州市星河印刷有限公司		
开　　本	720 mm × 1000 mm　1/16	**版　　次**	2022年4月第1版
印　　张	20.5 插页2	**印　　次**	2025年1月第2次印刷
字　　数	250 000	**定　　价**	86.00元